D1931746

Schulerinnerungen aus Niedersachsen

Herausgegeben
von
Günter Rickers

Husum

Umschlagbild: Burkhard David Friedrich Giesewell, „Die Neustädter Schule in Hannover 1830“
(Abdruck mit freundlicher Erlaubnis des Niedersächsischen Landesmuseums Hannover)

CIP-Titelaufnahme der Deutschen Bibliothek

Schulerinnerungen aus Niedersachsen / hrsg. von Günter Rickers. – Husum : Husum Druck- und Verlagsges., 1990.
(Husum-Taschenbuch)
ISBN 3-88042-473-X
NE: Rickers, Günter [Hrsg.]

© 1990 by Husum Druck- und Verlagsgesellschaft mbH u. Co. KG, Husum
Satz: Fotosatz Husum GmbH
Druck und Verarbeitung: Husum Druck- und Verlagsgesellschaft
Postfach 1480, D-2250 Husum
ISBN 3-88042-473-X

Einleitung

Ein Leben lang, bis ins hohe Alter, ist die Schule Gesprächsstoff für den Menschen, besonders die eigene Schulzeit. Das liegt sicherlich daran, daß die Schulzeit ein Lebensabschnitt ist, in dem das Kind und der Jugendliche nachhaltig geprägt und geformt werden. In der Schulklasse werden nicht nur Wissen und Erfahrungen vermittelt, sondern auch gemeinsam Freud und Leid geteilt. Kein Wunder, daß in Memoiren die Schulzeit oft einen so breiten Raum einnimmt!

In diesem Buch werden Schulerinnerungen aus drei Jahrhunderten vorgestellt, die aus dem heute von Niedersachsen umschlossenen Raum stammen. (Ältere Texte wurden der heutigen Rechtschreibung angepaßt.) Die Auswahl kann selbstverständlich nicht repräsentativ sein, dazu war das Schulwesen gerade in früheren Zeiten zu vielgestaltig und örtlich auch unterschiedlich. Es wurde versucht, solche Texte auszuwählen, die in besonders anschaulicher Weise über Schule berichten. Wir erfahren hier sozusagen „aus erster Hand", wie der Schulalltag damals ausgesehen hat.

Die Autobiographie hat als historische Quelle Grenzen: Der Autor sieht die Geschehnisse durch seine „persönliche Brille", was zu gelegentlichen Verzerrungen in der Darstellung der Wirklichkeit führen kann. Andererseits verleiht die Lebendigkeit vielen Autobiographien einen besonderen Reiz und macht das Lesen zum Vergnügen. Und: Kann möglicherweise nicht die Erinnerung – gerade älterer Menschen – der Wirklichkeit eher gerecht werden als die spontane Mitteilung bei einer Befragung oder die unmittelbare Beobachtung?

Wilhelm Busch schreibt hierzu in seinen Erinnerungen „Von mir über mich": „Kein Ding sieht so aus wie es ist. Am wenigsten der Mensch, dieser lederne Sack voller Kniffe und Pfiffe. Und auch abgesehn von den Kapriolen und Masken der Eitelkeit. Immer, wenn man was wissen will, muß man sich auf die zweifelhafte Dienerschaft des Kopfes und der Köpfe verlassen und erfährt nie recht, was passiert ist. Wer ist heutigen Tages noch so harmlos, daß er Weltgeschichten und Biographien für richtig hält? Sie gleichen den Sagen und Anekdoten, die Namen, Zeit und Ort benennen, um sich glaubhaft zu machen. Sind sie unterhaltlich erzählt, sind sie ermunternd und lehrreich, oder rührend und erbaulich, nun gut! so wollen wir's gelten lassen. Ist man aber nicht grad ein Professor der Beredsamkeit und sonst noch allerlei, was der Heilige Augustinus gewesen, und will doch partout über sich selbst was schreiben, dann wird man wohl am besten tun, man faßt sich kurz. Und so auch ich." (Und so müssen wir auf Schulerlebnisse dieses bekannten Niedersachsen leider verzichten.)

Die vorliegenden Erinnerungen stammen aus sehr bekannten Romanen, die nur wenig verschlüsselte Autobiographien sind – „Anton Reiser" von Karl Philipp Moritz, „Der Hungerpastor" von Wilhelm Raabe und „Der Weg zurück" von Erich Maria Remarque –, aus Memoiren bekannter Autoren und Autorinnen, aber auch aus Berichten von Personen, die kaum jemand kennt, die aber durch ihre lebendigen Schilderungen beeindrucken.

Zumeist stellen die Verfasser dar, wie sie die Schule als Schüler oder Schülerin erlebt haben. Es wurden jedoch auch einige weitere Texte herangezogen, in denen über die frühere Lehrerausbildung und über die Schulratstätigkeit berichtet wird. Diese andere Sichtweise hilft, einen etwas vollständigeren Eindruck vom damaligen Schulwesen zu erhalten.

Am Anfang steht das Erlebnis von Karl Philipp Moritz, wie er im Frühjahr 1771 das Gymnasium in Hannover bezieht. Hannover ist zu dieser Zeit die Landeshauptstadt des mit dem Königreich Großbritannien in Personalunion verbundenen Kurfürstentums Hannover. Die Stadt – ein bedeutendes gesellschaftliches und kulturelles Zentrum – zählt etwa 18 000 Einwohner.

In dieser Zeit vollziehen sich – wie in den meisten anderen Ländern auch – die entscheidenden Wandlungen zu einem modernen Schulwesen. Was in der zweiten Hälfte des 18. Jahrhunderts gerade im niederen Schulwesen geschieht, ist eng mit der Aufklärungsbewegung verknüpft.

In der Rangskala der Schulen stehen zu dieser Zeit Gymnasien bzw. Lateinschulen obenan. Sie haben sich stets als Vorbereitungsanstalten für die sogenannten gelehrten Berufe verstanden. Hier wird vor allem Latein gelernt, denn ein akademisches Studium ohne sehr weitgehende Lateinkenntnisse ist praktisch unmöglich. Es folgen dann eine Fülle von sehr unterschiedlichen Privatschulen – vornehmlich für Kinder wohlhabender Eltern –, daneben ist auch die Unterrichtung durch Hauslehrer weit verbreitet.

Weitaus die meisten Kinder – am Ende des 19. Jahrhunderts noch etwa 90 % – besuchen die niederen Schulen, Vorläufer der späteren Volksschule. Was die Lerninhalte betrifft, reicht die Skala vom Erlernen der Kulturtechniken Lesen, Schreiben, Rechnen, einem ausführlichen Religionsunterricht und sogar einigen naturkundlichen und historischen Kenntnissen – besonders in gut ausgebauten städtischen Schulen – bis hin zum Stammeln des

Abc und Herunterleiern des Vaterunser bei einem unfähigen Dorfschulmeister. Der Unterricht ist meist hart und streng, der Stock das wichtigste Lehrmittel. Das Auswendiglernen ist die beherrschende Form der Aneignung der weitgehend kirchlich geprägten Unterrichtsstoffe. Längst nicht alle Kinder besuchen eine Schule, diejenigen, die es tun, oft nur für wenige Jahre, auf dem Land obendrein vielfach nur während des Winterhalbjahres.

Rein organisatorisch ist diese Schule ein Anhängsel der Kirche, Pfarrer oder Superintendent sind die Dienstvorgesetzten des Lehrers – teilweise noch bis ins 20. Jahrhundert. Die Kirche verlangt Dienstleistungen von der Schule: Die Lehrer müssen mit ihren Schülern bei Gottesdiensten und anderen kirchlichen Veranstaltungen Chorgesang und Kirchenmusik bestreiten, bei Hochzeiten und Kindstaufen den Chor stellen und die „Leichen hinsingen".

Eine einheitliche Lehrerausbildung ist noch unbekannt. Für einen jungen Mann, der Lehrer werden möchte, ist es nicht einfach, sich die nötigen Kenntnisse und Fertigkeiten anzueignen. Als Gehilfe oder Unterlehrer geht er im Alter von 14 oder 15 Jahren – gerade selbst der Schule entwachsen und konfirmiert – zu einem erfahrenen Schulmeister, um bei ihm das Unterrichten zu erlernen.

Der bedeutendste Schritt zu einer Verbesserung der Lehrerausbildung war die Gründung des Schullehrer-Seminars in Hannover 1751, eines der ersten in Deutschland. Es entwickelte sich zu einer „pädagogischen Hochburg" des Landes. Die hier geleistete Arbeit war für die damalige Zeit vorbildlich. Bereits früher kamen aber schon wichtige Impulse aus Niedersachsen: Das Waisenhaus in Braunschweig war 1679 möglicherweise das erste, das sich in freilich sehr bescheidenem Rahmen mit der Ausbildung von Elementarlehrern befaßte.

Weitere Seminare entstanden in der ersten Hälfte des 19. Jahrhunderts, allerdings wurden noch längst nicht alle Volksschullehrer an Seminaren ausgebildet. Erst als Hannover 1866 preußische Provinz wurde, erfolgte ein schneller Ausbau von Seminaren und Präparanden und damit eine wirksame Anhebung des Ausbildungsniveaus. Sie wurden 1926 zugunsten von Pädagogischen Akademien aufgelöst.

Heute ist bisweilen die Klage zu hören, daß Erziehung und Unterricht für Lehrer und Schüler belastender werden und daß früher doch vieles einfacher und besser gewesen sei. Ein Blick in die Schule vergangener Zeiten stimmt jedoch nachdenklich. Die vorliegenden Erinnerungen machen deutlich, daß von einer „guten alten Zeit" wahrlich nicht gesprochen werden kann. Materielle Not und allgemeine Geringschätzung führten dazu, daß insbesondere die Volksschulen ihre Aufgabe kaum oder nur sehr schwer erfüllen konnten. Das war in Niedersachsen nicht anders als in anderen Ländern. Erst das 20. Jahrhundert sollte hier entscheidende Änderungen bringen.

Richtungweisendes wurde in Niedersachsen in der Lehrerbildung geleistet. Und es sei ein weiteres Vorbild genannt: In Niedersachsen befindet sich das einzige Schülerdenkmal Deutschlands, es steht in Bad Sachsa.

Günter Rickers

Auf dem Gymnasium in Hannover (1771)

Karl Philipp Moritz

Am Montagmorgen introduzierte ihn nun der Direktor B[allhorn] in die zweite Klasse des Lyzeums, wo der Konrektor und der Kantor unterrichteten. – Der Konrektor war zugleich Prediger, und Reiser hatte ihn oft predigen hören. – Er war es eben, dessen Art sich in seinem Priesterornat zu tragen, Reisern besonders gefiel, so daß er dieselbe mit einem gewissen Auf- und Niederbewegen des Kinns zuweilen nachzuahmen suchte. Auch war der Pastor G[rupen], so hieß er, noch ein sehr junger, der Kantor hingegen war ein alter und etwas hypochondrischer Mann.

In der zweiten Klasse waren schon ziemlich erwachsene junge Leute, und Reiser bildete sich nicht wenig darauf ein, nun ein *Sekundaner* zu sein.

Die Lehrstunden nahmen ihren Anfang: der Konrektor lehrte die Theologie, die Geschichte, den lateinischen Stil, und das griechische Neue Testament. – Der Kantor den Katechismus, die Geographie und die lateinische Grammatik. Des Morgens um 7 Uhr fingen die Stunden an, und dauerten bis 10, und des Nachmittags um 1 Uhr fingen sie wieder an, und dauerten bis um 4 Uhr. – Hier mußte nun also Reiser nebst zwanzig bis dreißig andern jungen Leuten, einen großen Teil seines damaligen Lebens zubringen. Es war also gewiß kein unwichtiger Umstand, wie diese Lehrstunden eingerichtet waren.

Alle Morgen früh wurde nach der vorgeschriebenen Ordnung zuerst ein Kapitel aus der Bibel gelesen, wie es jedesmal in der Reihe folgte, es mochte nun so lang oder kurz sein, wie es wollte. Darauf wurde denn nach einer gewissen Heilsordnung zweimal die Woche eine Art von Theologie doziert, worin z.B. die opera ad extra, und die opera ad intra vorkamen, die vorzüglich eingeprägt wurden. Unter den erstern wurden nämlich die Werke verstanden, woran alle drei Personen in der Gottheit teilnahmen, als die Schöpfung, Erlösung usw. ob sie gleich einer Person vorzüglich zugeschrieben werden; und unter den letztern wurde das verstanden, wodurch sich eine Person von der andern unterschied, und was ihr nur ganz allein zukommt, als die Zeugung des Sohnes vom Vater, das Ausgehen des Heiligen Geistes vom Vater und Sohn usw. Reiser hatte diese Unterschiede zwar schon auf dem Seminarium gelernet, aber es freute ihn doch sehr, daß er sie nun auch lateinisch zu benennen wußte. Die opera ad extra und die opera ad intra prägten sich ihm von dem theologischen Unterricht am tiefsten ein.

Zwei Stunden in der Woche trug der Konrektor eine Art von Universalgeschichte nach dem Holberg vor, und der Kantor lehrte die Geographie nach dem Hübner. Das war der ganze wissenschaftliche Unterricht. Alle übrige Zeit wurde auf die Erlernung der lateinischen Sprache verwandt. Diese war es denn auch allein, worin sich jemand Ruhm und Beifall erwerben konnte. Denn die Ordnung der Plätze richtete sich nur nach der Geschicklichkeit im Lateinischen.

Der Kantor hatte nun die Methode, daß er über eine Anzahl von Regeln aus der großen märkischen Grammatik wöchentlich einen kleinen Aufsatz diktierte, der ins Lateinische übersetzt werden mußte, und wo die Ausdrücke so gewählt waren, daß immer gerade die jedesmaligen grammatikalischen Regeln darauf konnten angewandt werden. Wer nun auf die Erklärung derselben am besten achtgegeben hatte, der konnte auch sein sogenanntes Exerzitium am besten machen, und sich dadurch zu einem höhern Platze hinaufarbeiten.

So sonderbar nun auch die um des Lateinischen willen zusammengelesenen deutschen Ausdrücke zuweilen klangen, so nützlich war doch im Grunde diese Übung, und solch einen Wetteifer erregte sie. – Denn binnen einem Jahre kam Reiser dadurch so weit, daß er ohne einen einzigen grammatikalischen Fehler Latein schrieb, und sich also in dieser Sprache richtiger, als in der deutschen ausdrückte. Denn im Lateinischen wußte er, wo er den Akkusativ und den Dativ setzen mußte. Im Deutschen aber hatte er nie daran gedacht, daß *mich* z. B. der Akkusativ und *mir* der Dativ sei, und daß man seine Muttersprache ebenso wie das Lateinische auch deklinieren und konjugieren müsse. – Indes faßte er doch unvermerkt einige allgemeine Begriffe, die er nachher auf seine Muttersprache anwenden konnte. – Er fing allmählich an, sich deutliche Begriffe von dem zu machen, was man Substantivum und Verbum nannte, welche er sonst noch oft verwechselte, wo sie aneinandergrenzten, als z. B. *gehn*, und *das Gehen*. Weil aber dergleichen Irrtümer in der lateinischen Ausarbeitung immer einen Fehler zu veranlassen pflegten, so wurde er beständig aufmerksamer darauf, und lernte auch die feinern Unterschiede zwischen den Redeteilen und ihren Abänderungen unvermerkt einsehen; so daß er sich nach einiger Zeit zuweilen selbst verwunderte, wie er vor kurzem noch solche auffallenden Fehler habe machen können.

Der Kantor pflegte unter jede lateinische Ausarbeitung, nachdem er an den Seiten mit roten Strichen die Anzahl der Fehler bemerkt hatte, sein vidi (ich habe es durchgesehen) zu setzen. Da nun Reiser dies vidi unter seinem ersten Exerzitium sahe, so glaubte er, es sei dies ein Wort, das er selbst immer ans Ende der Ausarbeitung schreiben müsse, und dessen Auslassung ihm der Kantor mit als einen Fehler angerechnet habe. Er schrieb also mit eigner Hand unter sein zweites Exerzitium vidi, worüber der Kantor und sein Sohn, der dabei war, laut auflachten, und ihm erklärten, was es hieße. – Auf einmal sahe nun Reiser seinen Irrtum, und konnte nicht begreifen, wie er nicht selbst auf die richtige Erklärung des vidi gefallen sei, da er doch sonst wohl wußte, was vidi hieß.

Es war ihm, als ob er mit Beschämung aus einer Art von *Dummheit* erwachte, die ihn angewandelt hatte. Und er wurde auf einige Augenblicke fast ebenso niedergeschlagen darüber, als da der Inspektor auf dem Seminarium einst zu ihm sagte: „Dummer Knabe“, indem er glaubte, daß er nicht einmal buchstabieren könne. Eine solche Art von wirklicher oder anscheinender Dummheit bei gewissen Vorfällen rührte zum Teil aus einem Mangel an Gegenwart des Geistes, zum Teil aus einer gewissen Ängstlichkeit oder auch Trägheit her, wodurch die natürliche Kraft des Denkens auf eine Zeitlang an ihrer freien Wirksamkeit gehindert wurde.

Noch eine Hauptlektion waren die Lebensbeschreibungen der griechischen Feldherrn vom Kornelius Nepos, wovon wöchentlich ein Kapitel aus der Lebensbeschreibung irgendeines Feldherrn auswendig mußte hergesagt werden. Diese Gedächtnisübungen wurden Reisern sehr leicht, weil er nicht sowohl die Worte, als die Sachen, sich einzuprägen suchte, welches er allemal des Abends vor dem Schlafengehen tat, und des Morgens, wenn er aufwachte, die Ideen weit heller und besser geordnet, als den Abend vorher, in seinem Gedächtnis wiederfand, gleichsam, als ob die Seele während dem Schlafen fortgearbeitet, und das, was sie einmal angefangen, nun während der gänzlichen Ruhe des Körpers, mit Muße vollendet hätte.

Alles was Reiser dem Gedächtnis anvertraute, pflegte er auf die Weise auswendig zu lernen [...]

Ob nun gleich zum Teil schon erwachsene Leute von siebzehn bis achtzehn Jahren in dieser Klasse saßen, so herrschten doch darin noch sehr erniedrigende Strafen. Der Konrektor sowohl als der Kantor teilten Ohrfeigen aus, und bedienten sich zu schärfern Züchtigungen der Peitsche, welche beständig auf dem Katheder lag; auch mußten diejenigen, welche etwas verbrochen hatten, manchmal zur Strafe am Katheder knien.

Reisern war der Gedanke schon unerträglich, sich jemals eine solche Strafe von Männern zuzuziehen, welche er als seine Lehrer im hohen Grade liebte und ehrte, und nichts eifriger wünschte, als sich wiederum ihre Liebe und Achtung zu erwerben. Welch eine Wirkung mußte es also auf ihn tun, da er einmal, ehe er sich's versahe, und ganz ohne seine Schuld, das Schicksal einiger seiner Mitschüler, welche wegen eines vorgefallenen Lärms, vom Konrektor mit der Peitsche bestraft wurden, teilen mußte. „Gleiche Brüder gleiche Kappen", sagte der Konrektor, da er an ihn kam, und hörte auf keine Entschuldigungen, drohte auch noch dazu, ihn bei dem Pastor M[arquard] zu verklagen. Das Gefühl seiner Unschuld beseelte Reisern mit einem edlen Trotze, und er drohte wieder, den Konrektor bei dem Pastor M[arquard] zu verklagen, daß er ihn unschuldigerweise auf eine so erniedrigende Art behandelte.

Reiser sagte dies mit der Stimme der unterdrückten Unschuld, und der Konrektor antwortete ihm kein Wort. Aber von der Zeit an, war auch alles Gefühl von Achtung und Liebe für den Konrektor, wie aus seinem Herzen weggeblasen. Und da der Konrektor nun einmal in seinen Strafen weiter keinen Unterschied machte, so achtete Reiser eine Ohrfeige oder einen Peitschenschlag von ihm ebenso wenig, als ob irgendein unvernünftiges Tier an ihn angerannt wäre. Und weil er nun sahe, daß es gleichviel war, ob er sich die Achtung dieses Lehrers zu erwerben suchte, oder nicht, so hing er auch nun seiner Neigung nach, und war nicht mehr aus Pflicht, sondern bloß wenn ihn die Sache interessierte aufmerksam. Er pflegte denn oft stundenlang mit seinem Freunde I[ffland] zu plaudern, mit dem er denn zuweilen gesellschaftlich am Katheder knien mußte. I[ffland] fand auch hierin Stoff, seinen Witz zu üben, indem er das Katheder, worauf sich der Konrektor mit den Ellenbogen gestützt hatte, mit dem Mecklenburgischen Wappen, und sich und Reisern mit den beiden Schildhaltern verglich. – I[ffland]s Schalkhaftigkeit war durch keine Strafen zu unterdrücken, ausgenommen durch eine, wo er einmal eine ganze Stunde lang mit dem Gesicht gegen den Ofen gekehrt stehen mußte, und also seinen Witz nicht spielen lassen, oder gegen jemand irgendeine Pantomime machen konnte. – Diese Strafe preßte ihm zum erstenmal Tränen aus, und er legte sich im Ernst aufs Bitten, welches er sonst nie tat. – So war die Disziplin des Konrektors beschaffen. – Es hatte einmal einer aus Versehen seine Nachtmütze statt des Buchs in die Tasche gesteckt, und er ließ ihn mit der Nachtmütze auf dem Kopfe eine Stunde lang vor der ganzen Klasse knien, worüber denn I[ffland] seinen tausend Spaß hatte, und seinen Nachbarn, die sich über seine Pantomime und seine drollichten Einfälle zuweilen des Lachens nicht enthalten konnten, manche Ohrfeige zuzog.

Was nun diese Disziplin des Konrektors auf das Gemüt und den Charakter seiner Untergebnen für eine Würkung getan, was für ein rühmliches Andenken er sich dadurch in den Herzen seiner Schüler gestiftet habe, und was für einen Kranz er sich dadurch erworben habe, mag seinem eigenen Gewissen anheimgestellt sein. – Wenn er sich denn oft so recht als ein Held gezeigt hatte, so pflegte er wohl zu sagen: „Ich bin keine Schlafmütze wie andre", und deutete damit, daß es jedermann merken konnte, auf seinen Kollegen, den Kantor, der ohngeachtet seiner hypochondrischen Laune, und einiger ihm anklebenden Pedanterie, ein weit besserer Mann war, als der Konrektor.

Nie hat Reiser von diesem einen Schlag bekommen, ob derselbe gleich sonst eben nicht karg mit Ohrfeigen, und ziemlich freigebig mit der Peitsche war. Aber er sahe doch ein, daß es Reisern im Ernst darum zu tun war, Strafe zu vermeiden, und nun schlug er doch nicht blindlings zu. Bei ihm lernte auch Reiser weit mehr, als bei dem Konrektor, weil er aus Pflicht aufmerksam war, wenn ihn gleich die Sache nicht interessierte. – Und da es ihm gelang, sich durch die lateinischen Ausarbeitungen bis zum ersten Platze hinauf zu arbeiten! wie aufmunternd war ihm nun das Lob des Kantors, und wie eindringend der Zuspruch desselben, daß er sich nun auf diesem Platze solle zu behaupten suchen. – Nun erteilte der Kantor immer dem ersten in der Klasse das Amt eines Zensors oder Aufsehers über das Betragen der übrigen, und da nun Reiser sich immer auf seinem ersten Platze behauptete, so gab ihm der Kantor den ehrenvollen Titel eines censor perpetuus oder immerwährenden Aufsehers. Er verwaltete dies Amt mit der größten Gewissenhaftigkeit und Unparteilichkeit, und sahe es oft mit Wehmut an, wie die Buben den guten Kantor, der freilich auch nicht immer den rechten Weg der Disziplin einschlug, ärgerten und ihm das Leben sauer machten, so daß derselbe oft in der Betrübnis seines Herzens ausrief, „quem dii odere, paedagogum fecere, wen die Götter haßten, den machten sie zum Schulmann".
– Für den Kantor hätte Reiser alles aufgeopfert, weil er nie ungerecht gegen ihn gewesen war, obgleich das Betragen desselben sonst auch nicht immer das freundlichste war.

Oppe hoge School in Stad

Fritz Biedenweg

As ik al seggt heww, bröcht Pastor Fr. min Broder un mi so wit, daß wi oppe latinsche School in Stad foer Sekundaner bestahn kunn. De ol Rekter vanne Stader School sparr sik wul erst'n beten, mi al na Sekunda to setten, wil dat ik noch so lütt un noch'n beten jung weer; awer Pastor Fr. de sett em dat utenanner, dat min Broder Hinnerk nich to jung weer, und dat ik doch dat sülwige lehrnt harr un gegen min Broder nich torügg stahn schull, un dat't nich god sin würr, uns uteneen to riten. Dat muß de ol Rekter denn ok togestahn.

Ik mutt seggen, dat mi dat in Stad toerst man slecht gefalln dä, un dat mi al son benaut Geföhl oeverfalln dä, as ik int Schipperdoor rinkeem. Hinnerk un ik wi weern oppen Dörpen jung un ok gröter worrn, un wi harrn buten Hus jümmer ne free un frische Natur voer uns hatt, un ok in'n Hus harrn wi in alle Rüüms herümschirrwarken kunnt, de der man antodrapen weern; un nu schulln wi uns in Stad mit sone lütte Dönns behelpen. Wi keem uns voer, as weern wi fastsett, as Vageln, de ut'n freen Felde opgrepen un int Bur inspunnt weern. Un wenn ik meen dä, de Straat weer foer mi free, denn weer dat ok noch nich so. Ik danz eenes Dags ganz ahne Arg de Hökerstraat hendal na'n Fischmarkt to, wo to de Tid noch de Hauptwach weer; un't weer Middagstid, as de School ut weer un ik harr mine Schoolböker ünnern Arm un wull de na Hus drägn. Un bi de Hauptwach würr jüst de Wach ümwesselt un de beiden Wachen stünn in twee Reegen eenanner gegenoewer, un voer jede Reeg stünn een Afzier, de harrn de Sabels trocken to'n Saluteern un darbi würd son Leed opspelt:

„Gott segn den König."

Ik meen nu, de Weg twüschendoer weer free un löp in son lütten Hunndraff mank de beidn Reegen Soldaten un bi de Afziern voerbi; un wil dat't jüst regent harr, pett ik bi min Hunndraff in son lütten Waterpool; un dat Water weer ok'n beten schetterich, un sprütt mine lewen Afziern an ere witten Hosen. Nu würrn de Afziern op mi to flöken un to schelln, dat ik al meen dä, ik schull arreteert warrn un voer't Kriegsgericht stellt. Awer de Saak löp noch god af.

Man ik seeg doch, dat mi de Straat nich alleen tohörn dä, un dat ik mi hier in Stad ok oppe Straat in de Rüümlichkeiten mehr beschränken müss, as ik dat van'n Voern anworrn weer.

Na, mit de Tid fünn ik mi doch in düsse Lebensverännerung

so'n beten torecht; un foer de Wetenschaften, de mi opliggen dähn, harr ik ok jo Rüüms genog.

Natohaln weer ok noch vel, afsonnerlich dat Griesch. – Darbi hett de ol Homer mi männigmal brüt. He harr vel mit Froenslüd to dohn, de ere Föt achter sik naslepen dähn. Un ik bedacht mi dat, wo se sik darbi anstellt harrn, un wo se de Föt arig wit achterut smeten harrn; un ik dach ok, wenn se nich oppe Näs falln wulln bi jüm er Achterutslan, so würrn se ern Oeverlif wuln beten risch dragen un sik darmit 'n beten op er Achterdeel smeten hebbn. Un ik glöw, mine Gedanken weern ok nich ganz unrecht; denn in dat Gangwark van de Froenslüd is vel bemaakt.

Awer de Konrekter S. de harr welk van sine Schölers inraat, se schulln keene Eier un keen Speck un ok nich to vel Botter eten, üm dat se nich van üppige Gedanken plagt würrn. Mi hett he't jüst nich seggt, un mit Eier un Speck würd ik ok nich foort. Awer dat kummt ok nich van Eier und Speck, wenn de Gedanken opregt ward doer de Böker.

As Homer van Paris vertelln deit, wo de Menelaus sine Fro stahln hett un se ok utsülmst mit em lopen is, un dat darüm tein Jahr lang'n groten Krieg föhrt is, un dat Menelaus den Röwer van sine Fro opletz voer Troja to faten kregn hett bi den Kinnreem van sine Pickelhuuw, un dat de Kinnreem afreten is, as Menelaus sinen Feind Paris meist de Kehl todreit harr, un dat mit dat Afriten Paris wedder Luft kregn hett un denn utreten is, un is na de Stadt lopen na sine leewe Helene, un hett sik mit er int Bett legt, un se hewwt denn spelt de Leew to plegen.

Wull schull dat nicht opregen! Un wenn dat nich gelln schall, denn müssen's sone junge Minschen, as so Schölers sünd, sülke Böker nich lesen laten. Dat Geföhl kann sik Een nich uten Lief riten. – Na, mi hett dat nich schaat. Wat mi opregen dä, dat weck ok glik sone filosofsche Gedanken in mi op, un mit dat Klamüstern verdreew ik mi de Plag.

As Hinnerk un ik al twee Jahr in Sekunda seten harrn un noch nich versett warrn schulln na Prima, wil dat dar noch wat an mankeern dä, do würd unse leewe Mutter de Tid 'n beten lang, un se würd unsen voerigen Lehrer in Hechthusen fragn, watt he meen'n dä, warüm dat wi oppe Stader School nich beter voerwarts keemn. Un Pastor Fr. de meen, se schull ins an den oln Rekter'n Breef schriebn un'n fette Goos mit hinschicken. Dat dä Mutter denn ok. Un de ol Rekter schreef er denn ok wedder, „dat em de Opmarksamkeit van wegen de schöne fette Goos freut harr, un dat he er ok wedder'n Freud maken künn, to betügen, dat ere Soehns opletz arige Foortschritte maakt harrn, un dat he hapen dä, se würrn nahstens ok na Prima versett". – Dat geschah denn ok op Ostern 1829.

Voer düsse Tid harrn wi den Relijoonsünnerricht bi bibelframe Lehrers hatt, un op de ern Globen un wat Pastor Fr. mi lehrt harr, bün ik ok konfermeert.

In Prima weer de ol Rekter V. Klassenlehrer, un de höl uns Schölers ok filosofsche Voerdräg. Un darbi füng he denn 'n ganz dulles Schimpend an op unse voerigen Lehrers, de he foer Mystikers schelln dä. He sett uns uteneen, wat dat'n Unsinn weer, wenn sülke Lüd dat Lebend na'n Dode foer uns annern Minschen so beschriebn dähn, dat dat mit Huuln un Tähnklappen noch nich ins afdahn weer; ne, dat't ok noch heeten dä:

Du wirst vor Stank vergehn,
Wenn Du Dein Aas wirst sehn,
Und fressen Kot im finstern Stall.

Dat weer luter dumm Tüg. Gott weer'n Geist un müss in Geist un in Wahrheit anbäet warrn. Wat de Mystikers uns seggt harrn, dat weern Loegen un Apendänz; un wenn de den Kopp hangn leten, un dat Irdische foer iteln Tand erklärn dähn, denn pipen se doch ut'n anner Lock. Wenn he'n Kiepenkerl seegen dä, oppe Straat, de 'n schönen Haasen op sine Kiep bunn harr, un he freue sik darto, den to köpen, un de Kiepenbur weer denn van ungefähr eerst bi sine Nawers, de Mystikers voerlopen; swupps harrn de em den Hasen voer de Näs' wegköfft, un he künn achterna blot den Geruch darvan ut jüm ere Koek opsnuben. Se leten sik alles got smecken op düsse Welt un bi jüm ere Heiligkeit un er Ogenverdrein weer to vel Verstellung.

Wo schull Een sik darto nu as sin Schöler verhohln? De ol Rekter stött dat ganze Lehrgebäud wedder üm, wat de voerigen Lehrers mi in'n Kopp torecht boot harrn. Ik harr mi al fix ant Hebräisch maakt, wat de oppen Paster studeern wulln, lehrn müssen; awer de ol Rekter verdürff mi dat Spill, indem dat he ok van dat „Dogma" un van de Globensartikel to vel dahlriten dä. Ik dach nu, wenn't so bestellt weer, dat de oln kloken Lüd sich üm de Reljohn nich eenig warrn künn, wo wackelich denn de Grund vanne ganze Lehr sin mücht, un dat et foer mi 'n grot Argerniß afgebn künn, wenn ik darnöst vanne Kanzel 'ne falsche Lehr verkündt harr, un welt ik meenn dä, mine Gemeende in'n Himmel rintopredigen, ik an't Enn nix as luter dumm Tüg herquäckelt harr. Un ik keem denn op de Flag, dat ik mi seggen dä: „Wat foer düsse Welt gelln mutt un wat recht is, dat moet de Rechtsgelehrten weten; darüm warr Du man Rechtsgelehrter un lat annere Lüd foern

Himmel sorgen." Op de Art sadel ik denn üm, un smeet mine hebräsche Bibel an'n Kanthaken.

To Ostern 1831 würr ik riep worrn sin, vanne Stader School tor Unversted aftogahn. Awer voer de Tid passeer der noch'n lütte Geschicht, de verursaken dä, dat ik un annere Schölers van de Stader School afgahn dähn, üm op 'ne annere School natoriepen.

Een van min' Mitschölers, de lütt K. ut Hambargen, harr van wegen sin Angesicht un sine Positur foer mi sone Antreckungskraft, dat ik em jümmer afteken müss. In een van de Schoolstünn, de wi inne eerste Afdeelung van Prima (de Selekta heten dä) bi'n oln Rekter harrn, un wo he uns ut de grote Grammattik van Zumpt inne Lehr van de Syntax ünnerrichten dä, harr ik den lütten K. ok afteekent, un wies dat Bild bi mine Mitschölers herüm. De ol Rekter kreeg dat to sehn un meen nu, dat schull em gelln, un smeet mi den „groten Zumpt" an'n Kopp, un fahr op de Afteeknung los, de welt dat ünnern Disch smeten würd, un he schree: „Ich siege oder sterbe!" Dat geew denn nu'n grotes Opsehn inne ganze Klass, wo meistendeels al arig opwassene junge Lüd insitten dähn, de an de twintig Jahr old weern. As nu de Stünn to Enn weer, do würd 'n grotes Beradslahn ünner uns Selektaner afholn, un wi beslöten, dat de Klass sik dat nich gefalln laten künn, dat de Rekter mi den Zumpt an'n Kopp smeten harr, un ik schull em dat seggen. Na ik sä't em denn ok inne nächste Klassenstünn; un sä, wat de Klass dat nich gelln laten wull, dat he mi dat Book an'n Kopp smeten harr, un he müch dat man togestahn, dat em dat nich tostahn dä. „Wie mein Lieber", antert mi de ol Rekter, „Sie wollen sich über mich beschweren? Was ich getan habe, das habe ich getan." Un he wull der nix van weten, dat he keen Recht darto hatt harr, mi sinen Zumpt an'n Kopp to smiten. Darop erhöw sik awer de ganze Klass, un wi verleeten alltohop de Schoolstünn, un wulln ok nich wedder hengahn na sin School. Daroewer keem de Saak denn voer den löblign Magistrat, de oewer de School to ordeneern harr. Un de Stadtrichter S. dä uns denn vermahn'n dat wi nich rebelsch warrn schulln, un sä, he harr't wul hört, dat welk van uns Schölers üm düsse Saak afgahn wulln vanne School. Dat künn jedermann hohln, as he wull un as de Oellern un de Voermünner darmit inverstahn weern. Awer de der blieben dähn, de dröffen sik gegen den Rekter un gegen de Lehrers nich opsetten. – Op de Art tröcken söß Schölers vanne School af, un ik as de Ursaak van den ganzen Striet mit Broder Hinnerk voeran. Unse leev Mutter de weer darmit ok inverstahn.

Bi düssen lütten Krawall twüschen uns Stader Schölers un unsen Rekter un den Stader Magistrat, de Harwstdags 1830 sik opsmiten dä, müch wull de sülwige Tidgeist de Hand mit in't Spil hatt hebben, de bald na de Tid in Polen un in Göttingen spalken dä, un op de Art würd sik uns Stader Krawall wul as'n lütten Voerlöper van de Polsche un de Göttinger Revolutschon ankiken laten, de to de Tid utbreken dähn.

Hauslehrer

Hermann Allmers

Habe ich nichts Ordentliches gelernt, so ist Vater zum wenigsten nicht schuld daran, da er es wahrlich nicht an Lehrern fehlen ließ. Es könnte aber auch gerade umgekehrt der Fall damit sein, denn „viele Köche verderben den Brei". Haben doch von meinem siebenten bis zu meinem fünfzehnten Jahre nicht weniger als sieben Hauslehrer nacheinander an mir herumgearbeitet. Jedesmal, wenn ein neuer ins Haus rückte, schlug er die Hände zusammen über seinen Vorgänger, und dann hieß es immer: „Aber Herr Allmers, in welchen Händen ist ihr armer Junge bisher gewesen? Da muß einmal gründlich umgekrempelt werden, eine durchaus neue Methode müssen wir einschlagen, sonst wird nichts daraus."

Und so bin ich siebenmal umgekrempelt worden, wahrlich keine Kleinigkeit. Es waren Prachtexemplare unter diesen Musensöhnen, vor allem die vier Seminaristen der ersten Jahre, deren Unterricht ich mit mehreren anderen Jungen genoß. Zuerst nahmen die Kinder einiger Familien des Ortes an meinem Hausunterrichte teil, später aber wurden mir als Schul- und Spielkameraden einige Knaben aus Oldenburg, Bremen usw. ins Haus genommen.

Der erste der Lehrer, Herr G., kam schon halb verdreht ins Haus und verließ es ganz verrückt. Er war ein merkwürdig dikkes, rundes Kerlchen und amüsierte das ganze Haus durch seine ungeheure Angst vor Katzen und Gespenstern. Wollten wir zur Unterbrechung einer langweiligen Unterrichtsstunde uns einmal den Spaß machen, ihn auf den Stuhl und vom Stuhl auf den Tisch hüpfen zu sehen, so brauchte nur einer von uns zu sagen: „Herr G., es kommt mir so vor, als ob irgendwo eine Katze in der Stube ist." Im Nu war er in die Höhe gefahren und auf den Tisch und trampelte und schrie so lange, bis wir mit Stöcken und Besenstielen unter Schränken und Kommoden rumort und die vermeintliche Katze hinausgejagt hatten. – Nie auch wagte er's, im Dunkeln von einer Stube zur andern über den Vorplatz zu gehen, wo es spuken sollte, und stieß einmal ein Mordsgeheul aus, als eine unserer Mägde sich ein weißes Laken umgehängt und als Gespenst dort hingestellt hatte.

Der zweite Seminarist war ein Erzwindbeutel und Liederlitz, der mich neunjährigen Knaben schon einmal, ohne daß ich eine Ahnung davon hatte, zu B. in ein sehr zweideutiges Haus mitnahm. Er mußte dort, wie er sagte, eine Cousine besuchen, und während er dieser eine vertrauliche Mitteilung zu machen hatte und das Zimmer verließ, unterhielt ich mich aufs beste mit einem hübschen Papagei. Später, ich war bereits achtzehn Jahre alt, ging ich mit Vater einmal an jenem Hause vorbei. „Sieh, Vater, da bin ich auch schon einmal darin gewesen“, sagte ich im Vorbeigehen. – Jener würdige Mentor aber ging später nach Amerika und soll dort am Galgen geendet sein.

Und nun der Dritte, wie so ganz anders war dieser. Alles an ihm und in ihm war Weihe und Würde, jeder Schritt und Tritt durchdacht und gemessen, jedes Wort bedeutsam und gewählt; ja eine solche selbstbewußte „wahre Gediegenheit“ erfüllte ihn, daß es ihm, wie er offen gestand, unbequem war, weil er doch so sehr selten einen passenden und seiner würdigen Umgang im Leben finden könne. Seine Rede begann er oft mit den Worten: „Ich als Philosoph und Menschenkenner“, was wir natürlich in stiller Bewunderung anhörten.

Der Vierte endlich, der eben über sein achtzehntes Jahr hinaus war, ist kurz abzufertigen: ein Hanswurst in Lebensgröße.

Das waren die vier ersten Männer, denen mein geistiges Heil anvertraut war, und ich muß es als ein Glück ansehen, daß ich damals sehr faul war und wenig von ihnen annahm. Ich wäre ein wundervoller Kerl geworden, wäre ich in ihre Fußstapfen getreten. Doch ging ich früh meine eigenen Wege.

Woher aber rührt es, daß später in dem so verdienten und verantwortungsvollen Berufe der Volksschullehrer solche sonderbaren Erscheinungen nicht ganz selten waren? Die Ursachen davon lagen, denke ich, im völlig Unharmonischen ihrer Entwicklung, die sich meistens in großen Gegensätzen bewegte. Die Mehrzahl dieser Lehrer verlebte ihre Jugend in niederen und sehr beschränkten Verhältnissen und ohne Umgang mit gebildeten Elementen. Plötzlich werden die jungen Leute dann ins Seminar gesteckt, und nun stopft und pfropft man einige Jahre hindurch aus Leibeskräften einen Wust nötigen und unnötigen Lernstoffes in sie hinein, einerlei ob sie das alles so schnell fassen und verdauen können oder nicht; während dieser Zeit aber sind sie der Welt und dem Leben so gut wie völlig entrückt. Kaum sind dann wieder diese Jahre des Zwanges vorüber, so sieht der eben noch vielfach gedrückte arme Kerl sich plötzlich ins Leben geworfen und als freier Herrscher an die Spitze der Schuljugend gestellt, ja im Dorfe als Autorität betrachtet. Solche Gegensätze lassen sich nicht immer plötzlich ausgleichen und vertragen [...]

Mit dem Jahre 1833 rückte der erste studierte Lehrer ins Haus, der Kandidat der Theologie von R. aus Otterndorf im Lande Hadeln, und es begann wiederum die Welt meiner Phantasie sich um ein Bedeutendes zu erweitern.

Er war ein Mann voll gediegener Kenntnisse und hatte den anregendsten Vortrag, mochte er lehren was er wollte. Höchst spannend waren namentlich seine geographischen und physikalischen Stunden, auch den Sprachen, alten wie neuen, wußte er die interessantesten Seiten abzugewinnen, vor allem aber blühend und begeisternd, ja oft wahrhaft hinreißend war sein Vortrag der alten Geschichte. Bis dahin hatte ich noch kaum ein Wort von Griechenland und Rom gehört, denn die unglücklichen Seminaristen wußten selbst nichts davon. Nun aber entfaltete sich mir die ganze sonnige Herrlichkeit althellenischer Schönheitswelt, die ganze riesenhafte Größe des alten Roms. Hohe Gestalten zogen vorüber, so echt menschlich fühlend und doch so göttlich verklärt, von Achill und Patroklos, Ajax und Odysseus bis zu Miltiades und Leonidas, Themistokles und Alkibiades und weiter bis auf den großen Alexander. Und so auch die Helden Roms. Dann ward das staatliche und sittliche Leben der Alten geschildert, und Grundrisse und Abbildungen zeigten, wie ihre Tempel, Theater, Thermen beschaffen waren, ihre Kleidung, Waffen und Geräte, und ich schaute bildlich ihre edelsten Werke der Plastik. Ich kann nicht sagen, wie tief und mächtig das alles mein junges Gemüt ergriff. All mein Schwärmen und Träumen ging nun auf einmal nach Griechenland und Rom; auch meine kälteren Schulgenossen wurden davon angesteckt, und selbst die übrige Dorfjugend suchte ich für meine teuren Helden zu erwärmen. Alle Spiele hatten jetzt klassische und historische Färbung; jede Schlacht, jedes bedeutende Ereignis aus der Geschichtsstunde wurde dramatisch dargestellt. Am meisten erfreuten uns die Thermopylen, die nicht genug aufgeführt werden konnten. Nur wollte keiner gern den Verräter Ephialtes spielen, und über diese Rolle mußte immer erst das Los entscheiden.

Die rauhe Tugend und Tapferkeit der Spartaner war überhaupt unser höchstes Vorbild; und wie früher in der altdeutschen Periode, übten wir uns auch jetzt wieder im Abhärten und Ertragen von Schmerz und Beschwerlichkeiten. Alles Unterzeug wurde entfernt, wenn es auch kalt war, ja bis tief in den Herbst hinein wurde im Freien gebadet; einmal habe ich zwei Tage hindurch keinen Bissen in den Mund genommen, um mich ans Hungern zu gewöhnen; und um gegen Schmerz unempfindlich zu werden, stießen wir mit Stopfnadeln und Pfriemen tief ins Fleisch hinein. Ein Mitschüler, Fritz Meinecke, ein wahrer Prachtjunge – er ist jetzt Farmer in Kalifornien – schnitt sich kaltblütig in den Arm seinen Namen, daß es tüchtig blutete und rieb dann Schießpulver hinein, damit er von Dauer sein sollte. Mit Wollust natürlich aß ich altspartanische Blutsuppe, zu deutsch Schwarzsauer.

Herr von R., selbst etwas exzentrisch, freute sich über unser Gebaren in der Seele und feuerte noch immer mehr dazu an, zum großen Ärger meiner guten Eltern, die das „dumme Zeug" durchaus nicht leiden wollten. So kam es einmal zwischen Vater und Herrn von R. zu heftigem Streite, denn beide waren gleich aufbrausend.

Nach anderthalb Jahren erhielt mein Lehrer die Rektorstelle zu Altenbruch im Lande Hadeln und ich wieder einen neuen Hauslehrer, einen Herrn B. aus Basbeck, der ebenfalls Kandidat der Theologie war, aber wieder von jenem ersten gründlich verschieden, gleich seiner neuen Methode.

Hager und hoch von Gestalt, mit schwarzen Augen und Haaren, bleichen Gesichts und von finsteren Zügen, war er ernst und ruhig; nie hörte man ihn erregt und lebendig sprechen oder gar lachen, und ebenso ernst, trocken und schwerfällig war seine Lehrweise. Mir war sein ganzes Wesen unverträglich. In all seinem Wissen und Denken aber war er von großer Klarheit und Tiefe.

Als leidenschaftlicher Jäger kannte er aufs genaueste die Naturgeschichte heimischer Tiere, namentlich der Vögel, und wäre, hätte er sich weiter darauf gelegt, vielleicht mit seiner scharfen Beobachtungsgabe ein hervorragender Naturforscher geworden.

Jeden Vogel kannte er, auch wenn er ihn gar nicht sah, am leisesten Laut; ja ob's ein alter oder junger, Männchen oder Weibchen war, wußte er zu unterscheiden und konnte von Tieren stundenlange Geschichten erzählen. Auch wie jedes schmeckte, wußte er und kannte keinen Ekel. Er hatte gebratene Maulwürfe und Ratten, gebackene Krähen und Habichte gespeist, er wußte Fuchs- und Hundefleisch zu unterscheiden und versuchte Schnecken und Regenwürmer, Hornissen und Schmeißfliegen, namentlich aber liebte er die pikante Säure der Ameisen; auch war er endlich ein eifriger Bienenzüchter; er wäre bei Johannes in der Wüste am Platze gewesen, allwo sich dieser von Heuschrecken und Honig ernährte.

Auf einer Jagd hatte er einen unglücklichen Fall getan und sich einen schmerzhaften Knieschaden zugezogen, so daß er nur mühevoll mit Hilfe eines Stockes gehen konnte; er saß daher fast immer auf den Stuhl gefesselt, während das kranke Bein auf einem Gestell ruhte. Mit Verschlimmerung des Übels verfiel er nach und nach in einen bis zu tiefer Schwermut gehenden Trübsinn. Seine Lust am Unterrichten verlor sich von Tag zu Tag, nur seine Jagdlust blieb, und in Ermangelung anderen Wildes behalf er sich damit, sich in den Garten zu setzen und von seinem Stuhl aus auf Stare und Sperlinge in den Kirschbäumen oder werfende Maulwürfe in den Beeten zu schießen oder bis spät in die Nacht hinein den Mardern und Iltissen des Daches aufzulauern. – Zu meiner Freude schied er schon nach einem halben Jahre.

In meinem kleinen behaglichen Stübchen, das einst unser Schulzimmer war und der stille Zeuge einer seligen Zeit, schreibe ich diese Zeilen. Freuen sollte mich's, wenn aus ihnen ein Hauch jener glückstrahlenden Tage wehen sollte, von denen sie jetzt erzählen werden. Aber ich weiß es schon, weit wird meine Schilderung hinter der Wahrheit zurückbleiben, denn ich kann's nicht beschreiben, welch ein gehobenes und für alle späteren Zeiten einflußreiches Leben das war, das nun in unserem Hause begann, als der letzte Lehrer einzog. Ein größerer Gegensatz als er und der ernste trübsinnige B. ließ sich kaum denken.

Alexis Doni hieß er, war der Sohn eines Predigers im Oldenburgischen, stammte aber aus demselben alten florentinischen Adelsgeschlechte wie jene beiden, Angelo und Maddalena Doni, die von Raffaels Hand (1505) gemalt, als die herrlichsten seiner Porträts die Sammlung des Pittipalastes schmücken. Es war, als ob auch in ihm noch das heiße Blut des Südens kochte. Er liebte und haßte gleich glühend, wenn auch nicht nachhaltig; er war leidenschaftlich, wie ich keinen gesehen, aufbrausend im Zorn bis zur Wildheit, leichtsinnig im höchsten Grade. Er war eine reichbegabte, dichterische Natur, sang zur Gitarre mit einer Innigkeit und einem Seelenausdruck, wie ich seitdem nicht wieder gehört habe, und war hinreißend als Redner. Eine mittelgroße Gestalt hatte er, vom schönsten Ebenmaß und gewaltiger Ausbildung der Muskeln, ein schönes Angesicht mit fast griechisch geformter Nase und das braune Auge blitzend, voll Leben und Ausdruck; so kann man sich wohl vorstellen, wie mächtig ein solcher Mensch auf meine leicht erregbare und empfängliche Natur wirken mußte.

Ich weiß es, als ob's keine Woche her ist: es war an einem schönen Septembertage, als er eintraf und gleich am ersten Abend durch sein freundliches, lebendiges Wesen alle Herzen in unserem Hause gewonnen hatte.

Schon ehe er kam, hatte er mir und meinem Freunde H. M. schriftlich einige Arbeiten aufgegeben, unter anderem einen Aufsatz über den Herbst. Während M. sich über alles mögliche verbreitete, hatte ich nur die Schönheit der Herbstlandschaft geschildert, und das Ding war, trotz seiner schwülstigen Überschwenglichkeit an vielen Stellen, im ganzen wohl nicht übel. Ihn aber überraschte der Ton darin aufs höchste. Als er gelesen, sah er mich erst lange staunend an, dann brach er freudig aus: „Lieber Junge, das ist ja ganz herrlich – du bist ein Dichter!" Dann zog er mich stürmisch an sein Herz und küßte mich, daß mir vor Herzenswonne schwindlig ward. Ich war nun sein Liebling und blieb's bis zu Ende; schwärmerisch liebte ich ihn wieder, ja ich erhub ihn fast zu meinem Abgott. War schon von je Aufsätze zu schreiben meine liebste Schularbeit, so ward diese Schriftstellerei von jetzt an zu einer wahren Wut: Himmel und Erde, Mensch und Tier, Pflanze und Stein, alles mußte geschildert und in Worten dargestellt werden, und unter allen meinen Aufsätzen prangte Numero eins als stete Zierde.

Dann waren es die deutschen Dichter, denen sich meine Seele zuwandte, und vor allem fesselte mich, wie es in jenen Lebensjahren gewöhnlich der Fall ist, Schiller. Donis Dichtungen waren, wenn sie gleich bis auf wenige keine tiefere Bedeutung hatten, oft in Schillers Ton gehalten, die meisten aber, und zwar die besten, erinnerten durchaus an die Art des jüngeren Stolberg. Es waren fast nur Balladen, in denen das Dunkle, Schauerliche und selbst oft das Gräßliche vorherrschte, der kalte Mord und das starre Entsetzen; und wenn er sie sang in der Dämmerung des sich neigenden Wintertags, wagte ich kaum zu atmen, und mich durchschauerten sie bis ins tiefste Herz. Meisterhaft dramatisch war auch sein Vortrag beim Lesen.

Der Winter verging, als ob's ein paar Wochen gewesen seien.

Das echte jubelvolle Leben aber begann in unserem Hause mit dem Frühlinge, wo vier Knaben einzogen, darunter ein paar liebe, prächtige Jungen. Es waren das Anton W., der später Schiffer ward und dann auf St. Thomas am gelben Fieber gestorben ist, Johann D., der bedeutendes Talent zum Zeichnen kundgab und jetzt Landschafter ist, und zwei Brüder, Ferdinand und Emil N., der erste ein kleiner, altkluger Stutzer, der bald wieder fortkam, der andere aber der freundlichste, liebenswürdigste Junge und eine reine Kindesseele. Alle waren sie Bremer und waren fröhliche wie gutherzige Bürschlein. Kräftige Hausmannskost, frische Landluft und das ungebundene Leben und Treiben ließen bald über alle echten Frohsinn kommen, eine liebenswürdige Ausgelassenheit, eine strotzende Gesundheit; und Mutter, namentlich aber Vater hatte seine helle Freude, wenn das Haus erdröhnte vom Tummeln und Lärmen. Doni war der Mittelpunkt, um den sich alles im Hause drehte, und durchsetzen konnte er bei meinen Eltern, was er nur wollte.

Glückliche Jahre

Wilhelm Raabe

Die Pforte, welche sich nun vor unserm Hans geöffnet hatte, führte, wie jeder, der durch sie schritt, weiß, nicht gleich in die weiten, hohen, herrlichen Säle, wo die weißen Marmorgestalten, die aus dem Schutt der klassischen Welt aufgegraben wurden, feierlich die Wände entlang stehen. Sowohl Hans als Moses fanden das sehr bald aus, doch ersterer hatte mit dem Faktum bitterer zu kämpfen als der letztere. Verwirrt und bestürzt stolperten beide auf der heiligen Schwelle und rutschten durch den abschüssigen Gang des Vokabulariums hinab in das grauenvolle Labyrinth der Deklinationen und Konjugationen, in welchem der Kollaborator Klopffleisch als erbarmungsloser Minotaur auf seine Opfer wartete. Aber Moses Freudenstein fand sich schnell wieder auf den Füßen, während Hans Unwirrsch noch längere Zeit kläglich auf dem Hinterteil sitzen blieb und verloren, verraten und verkauft um sich starrte. Die schnelle Fassungsgabe, das treffliche Gedächtnis des jüdischen Knaben hoben ihn schnell über die ersten Schwierigkeiten der gelehrten Laufbahn weg, und nur mühsam und keuchend konnte Hans ihm folgen.

Doch Wille ist Werk, sagt das Sprichwort, und Hans Unwirrsch hatte den besten Willen, seinen Freund nicht aus den Augen zu verlieren; alle Kraft setzte er daran, und der Kollaborator Klopffleisch respektierte den Willen seines Schülers.

Glückliche Jahre! Ach, wenn sie nur nicht so schnell vorüberrauschten, o Posthumus, liebster Posthumus!

Eben schien noch die heiße Julisonne durch die Fenster der Quinta auf unsere Köpfe, und wir schwitzten zu allem andern Schweiß dicke Angsttropfen über der zerlesenen Grammatik, während die Vögel draußen in den Bäumen uns auslachten und die Fliege, die frei über das blaue Heft spazierte, die frech um die Nase des Magisters summte, uns ein beneidenswertes Tier dünkte! Nun ist es schon Winter, Schnee liegt auf dem Boden und den Dächern und wird vom freien, lustigen Wind gegen die Fenster der Quarta gewirbelt. Der Wind und die tanzenden Flocken höhnen uns nicht weniger als die Sommervögel und die Fliegen; es gewährt uns nur eine sehr mangelhafte Genugtuung, daß wir uns nach Herzenslust über den Cornelius Nepos aufhalten dürfen, weil er seine Vorrede mit einem grammatikalischen Fehler anfängt und non dubito nicht mit quin konstruiert. Eine ganz andere Befriedigung würde es uns geben, wenn wir dem edlen Römer draußen auf dem Marktplatz die Qualen und den Jammer, welchen er über so manche Generation von Schulbuben gebracht hat, durch einen tüchtigen Hagel von Schneebällen heimzahlen könnten. O Posthumus, wie schnell rauschen die Jahre! Eben saßen wir noch als Tertianer wie junge Affen flegelhaft, zähnefletschend und schnatternd im Baum der Wissenschaften und fanden wenig Geschmack an den vielgepriesenen Früchten besagten Baumes: nun ist das auf einmal ganz anders geworden. Wir werden in der Sekunda mit „Sie" angeredet; weit in nebelgrauer Ferne liegt jene Zeit, wo wir selbst des Nachts in unsern Träumen nicht vor dem Rohrstock des Kollaborators Klopffleisch sicher waren – wir haben unter den Folgen der ersten Zigarre schauerlich, aber heldenhaft gelitten; einige von uns erweitern ihre Ansicht von ihrer gesellschaftlichen Stellung und Würde dadurch, daß sie Brillen von Fensterglas aufsetzen; wir fangen an, vor den Fenstern der ersten Klasse der Mädchenschule Parade zu machen, und einen Hauptgegenstand unserer Unterhaltungen bilden die Vorfälle der Tanzstunde. Grinsend stoßen wir einander unter den Tischen die Fäuste in die Seite, wenn der Konrektor Gnurrmann über einzelne Stellen und Szenen klassischer Dichtung schnell hinweggleitet oder sie ganz überschlägt; – wir haben diese Stellen natürlich längst und gründlich studiert und halten sie für die besten im Buche, und es ist ein Wunder, wenn unser Exemplar der „Odyssee" nicht stets da auseinanderfällt, wo Demodokos den Phäaken zur klingenden Harfe den schönen Gesang „über des Ares Lieb und der reizenden Aphrodite" singt. Es ist ein Glück, daß wir das andere Geschlecht in dieser blöden, bärenhaften Epoche unseres Daseins so sehr fürchten, daß das, was uns zum erstenmal so geheimnisvoll, so unverständlich wunderlich anzieht, uns zu gleicher Zeit in so respektvoller Entfernung zurückstößt. O selige Zeit, wo wir, ein Zwitterding von Knaben und Jüngling, im Grunde genommen mit unserer Existenz nicht das mindeste anzufangen wissen und zwischen Verständigkeit und Unsinn, angenehm für uns, sehr unangenehm aber für unsere lieben erwachsenen Angehörigen, in der Schwebe hängen.

Ganz anders sieht sich Welt und Leben von den Bänken der Prima an. Selbstgefühl entwickelte sich schon im vorigen Stadium im reichlichsten Maße in unserer Brust; jetzt steht es in voller Blüte, wir werden sehr kitzlig im Punkt der Ehre. Der Charakter entwickelt sich jetzt immer schneller, bei manchem steht er bereits vollkommen fest. So recht zufrieden sind wir freilich nicht mehr mit unserm Zustand; das Studententum lockt in zu großer Nähe, und fester noch als unser Charakter steht in unserer Seele die Form des Bartes, den wir in Jena oder Göttingen tragen werden. Unsere Stimme schnappt nicht mehr über, wohl aber öfters unsere Ansicht von der Achtung, welche uns die Herren Lehrer schuldig sind; es kann vorkommen, daß unsere Anschauung in diesem Punkte allzusehr von der des Professors Fackler abweicht und daß wir schnöderweise deshalb vom Maturitätsexamen zurückgesetzt werden.

O Posthumus, Posthumus, was würden wir darum geben, wenn wir die Jahre zwischen dem zehnten und dem zwanzigsten noch nicht hinter uns hätten! Sie hatten ihre Leiden und Ängste; aber wir sprechen doch am liebsten von ihnen, wenn wir graueköpfig, kahlköpfig abends im Goldenen Löwen oder Silbernen Lamm, im Kasino oder in der Harmonie unsere Stühle zusammenrücken und den Staub des Berufs abschütteln oder hinunterspülen! Wir vergessen darüber die Stunde, in welcher die Frau uns daheim erwartet, wir vergessen darüber die Aktenstöße, welche sich um unsern Schreibtisch türmen, die Nase, welche wir heute von einem hohen Vorgesetzten erhielten; wir vergessen darüber unsern Rheumatismus, unsere heiratsfähigen Töchter und unsern Hausherrn, der uns wieder um ein Drittel des Mietzinses gesteigert hat. Nur mit Mühe können wir bei der Nachhausekunft unserm ältesten Schlingel Eduard, welcher heute einen zwölfstündigen Karzer absaß, den gebührenden Ernst zeigen. Wir haben in demselben Karzer gesessen, und wenn seitdem die Wände nicht geweißt wären, so hätte unser hoffnungsvoller Sprößling mehr als eine der damaligen Lebensmaximen seines Erzeugers daran finden können. Aber die Wände sind glücklicherweise geweißt, und die Porträts des Oberlehrers Säger, welche damals unser Mitdulder Fritze Scharfnagel ebenso kühn als geistreich entwarf, sind heute durch ebenso kühne als geistreiche Karikaturen auf den Oberlehrer Dr. Scharfnagel ersetzt.

> Eheu fugaces, Posthume, Posthume
> Labuntur anni!

Moses Freudenstein und Hans Unwirrsch gingen ihren Weg durch die verschiedenen Klassen, aber in beiden haben wir dem Leser zwei Ausnahmen des Schülerlebens vor die Augen stellen müssen. In einer Ausnahmestellung befand sich Moses schon durch seine Nationalität und seine Religion, welche ihn hinderten, in dem Gemeinwesen des Gymnasiums gleichberechtigt mitzu„taten“ und mitzu„raten“; der Sohn der Witwe aber wurde durch seine Armut gezwungen, dem fröhlichen Gewimmel fernzubleiben. Wie früher gingen auch jetzt die beiden Freunde aus der Kröppelstraße vereinsamt auf einem Seitenpfade und warteten auf den Stundenschlag, durch welchen sie in die Mitte des Getümmels der Welt gerufen werden sollten.

Aus dem Dachstübchen, der Polterkammer, in welche sich einst der Meister Anton am Geburtstage seines Sohnes aus dem Weibertumult rettete, hatte Hans seine Studierstube gemacht. Hier hatte er seine wenigen Bücher und sein Tintenfaß aufgestellt, hier war er ein glücklicher Herrscher im Reich der Gedanken und Träume und hielt Zwiesprache mit allen Geistern, welche er heraufbeschwören konnte. Harte Kämpfe kämpfte er hier mit den Wächtern, welche vor den Pforten jeder Wissenschaft liegen, und überwältigte mit Schweiß und unsäglicher Mühe das, über welches der semitische Grammatiker Moses spielend hinwegschritt. Letzterer hatte den Vorteil, daß die Phantasie sich ihm nicht hindernd in den Weg stellte. Gradeaus ging er mit klarem Kopf und scharfen Augen; die verlockenden Wege, die seitab ins Grüne, aber auch in die wirre Wildnis führen, waren für ihn nicht da. Moses Freudenstein sah nicht, während der Doktor Fackler die schwierigen Satzbildungen des Thukydides konstruierte, hinaus auf die blauschimmernde Fläche des Ionischen Meeres, sah nicht auf der Meereshöhe die weißen Segel von Korzyra auftauchen, sah nicht die hundertundfünfzig Schiffe der Korinther von Chimerium heranschweben. Wenn der Professor von den Thraniten, Zygiten und Thalamiten, den Arten der Ruderer, sprach, so vernahm Moses Freudenstein nicht ihr Jauchzen, wie die Flotten aufeinanderstießen. Er vernahm nicht den Befehlruf der Stolarchen, das Krachen der Schiffsschnäbel, das Triumphgeschrei des Siegers, das Wehgeheul des Sinkenden; er sah nicht die blaue Flut rotgefärbt, sah sie nicht bedeckt mit Trümmern und Leichen; und wenn der Professor plötzlich eine Frage an ihn richtete, so fuhr er nicht ratlos und beschämt auf wie der arme Hans Unwirrsch, der all das eben Geschilderte sah und hörte, der aber ganz und gar vergessen hatte, daß es sich weniger um die Schlacht am Vorgebirge Leukimme und den Beginn des Peloponnesischen Krieges als um die Ansicht des Professors Fackler über die Konstruktion mit δε handelte.

Das Stader Lehrerseminar (um 1850)

Stoffer Harms

Das 1825 erbaute Seminargebäude zu Stade steht noch da. Mit seiner Vorderfront schaut es jetzt gelangweilt auf das nahe Salztor, klagend, daß die Innenwände nicht mehr wie einst widerhallen von froher Jugend Lust in Wort und Sang. Viele Dezennien durch war es die Alma mater für die Schulen der Herzogtümer Bremen und Verden.

Durch einen Neubau vor dem Hohentor ist das alte Seminargebäude seines Dienstes enthoben. Die früheren Insassen, die Zöglinge des Internats vor fünfzig Jahren, soweit sie noch leben, sind grau geworden, emeritiert und mögen nun wohl, mehr oder minder lächelnd oder kopfschüttelnd, Rückblicke tun auf jene Räume, in welchen sie einst auf erster Stufe zur Verwirklichung des Jugendtraumes lernend weilten.

Es war damals ja so leicht, so wenig kostspielig, in kurzer Frist eine auskömmliche Existenz zu finden, einen bescheidenen Hausstand zu gründen: einem Lehrer war das Schlagwort „Kampf ums Dasein" gänzlich fremd. Man konnte, wenn man es wollte, schon als Jüngling, bevor der Bart in Jericho gewachsen, breitspurig mit langer Pfeife und dito blauen Rockschößen einher spazieren, um als „Herr Präzeptor" Dörflern zu imponieren. Das lockte.

In vielen Fällen setzten sich pädagogisch unreife Existenzen behaglich fest, um beschaulich-genügsam im Bakelschwingen und Kohlbauen fortzuwurzeln bis ans Ende des Daseins. Väterchen war weit weg und das Seminar lag am Salztor.

Hatte der Konfirmand seinen Katechismus, Sprüche und Gesänge gut gelernt, war ihm das Schreiben, Geschriebenes lesen, Einmaleins auch rückwärts geläufig und war er sonst nicht auf den Kopf gefallen – dann hieß es wohl: Junge, werde Schulmeister! Entweder stutzte daraufhin ihn sein Pastor im laufenden Jahre noch etwas zu, oder er wurde von einem Hauptlehrer eines größeren Dorfes oder Fleckens als Gehülfe mit der Handhabe erster pädagogischer Griffe bekannt gemacht. Mehrfach dingten auch solche Dörfer, wo nur im Winter Schule gehalten wurde, einen jungen Angehenden in der unterrichtenden Zunft zum Züchter des Heranwuchses; wollte aber einer von der Pike auf schon in den Anfängen ernstlich und gründlich verfahren, wurde ein sommerliches Asyl im Dorfe Sittensen genommen, um hier in einem Vorkursus die wirkliche Befähigung zu einem Präzeptor zu erproben. Herr Organist Rosenbrok verstand es, in geschickter und handlicher Weise, die Jünglinge im Wissen, in der Theorie und Praxis des Berufes sichtlich zu fördern. Die vulgo genannte Schulmeisterfabrik in Sittensen hatte großen Zulauf. Das semestrale Honorar für Unterricht betrug zwei Taler; für jede Stunde Klavierunterricht genügten vier Schillinge (25 Pfennige), und die Dörfler waren für Kost und Logis, außer einer einmaligen Spende von zwei Himpten Roggen, mit vier Schilling pro Tag und pro Kopf zufrieden.

Präparand

Zur Aufnahme als Präparand genügte die Einsendung der schriftlichen Lösung eines selbstgewählten Rechen-Exempels. Die Gestellungs-Ordre erfolgte dann durch das Stader Intelligenzblatt. Acht Tage nach Ostern 1847 war unser Einzug in den Präparanden-Keller des Stader Seminars. Wir waren unserer dreißig, im Alter von 16–24 Jahren, Söhne von Lehrern, Subalternbeamten, Bauern, Handwerkern. Wir stellten unsere Koffer an die Seitenwände des Raumes und trugen unser Bett nach dem Schlafraum unterm Dache. Hatten wir dann der Reihe nach dem Herrn Inspektor Cammann unser Dasein konstatiert, fingen wir an, einen Happen zu genießen und uns gegenseitig ein wenig auf den Zahn zu fühlen.

In der Mitte unseres Kellerraumes stand ein langer Tisch, an dessen Längsseiten waren Bänke. Stühle waren nicht vorhanden. Der Fußboden war von Ziegelsteinen; die Wände wurden jedes Jahr frisch getüncht. Den Fenstern fehlten die Gardinen und lagen hoch – Ausschau zu halten war nicht möglich. Hier im Keller aßen und tranken wir, hier hausten wir in unserer freien Zeit, hier rauchten und ulkten wir; im Nebenraum, dem Waschkeller, wichsten wir unsere Stiefeln, wuschen wir unsere Hände, unsere Visage.

In der ersten Etage der Anstalt lag unser Hör- und Lernsaal. Täglich von 5–7, 8–12 morgens und 1–3, 5–6 nachmittags erhielten wir Unterricht.

Wir waren schlichte unerfahrene Burschen, die sich gutwillig in allem fügten. Auf Gourmands waren wir nicht zugeschnitten, Sport treiben war uns gänzlich fremd. Theater, Konzerte und Bälle zu besuchen erlaubte unsere Kasse nicht. In ein Wirtshaus zu gehen war uns verboten, und wer das zwanzigste Lebensjahr überschritten hatte, durfte nur im Keller rauchen. Bei einem Versuche, Schnurrbart oder gar Schlapphut zu tragen, würde sicher das höchste seminarische Strafmaß zur Anwendung gekommen sein.

Unser Aufmerken galt zunächst dem „Mann für alles", den Zerberus des Hauses. Jeder beanspruchte zu Auskünften, Dienstleistungen den alten Waterlookämpen mit dem geflügelten: „Mich wurds Pferd unters Leib weggeschossen!" Sonderlich wurde beachtet, daß er jeden Morgen, wenn er die gewichsten „Stiebeln" hinaufbrachte, mit dem Herrn „Intspikter", länger wie wohl nötig, konferierte. Daß er für gewisse häusliche Angelegenheiten als ein Sprachrohr der Zentralleitung sich kund gab, schien bemerkenswert. Der Bursche steckte zwar in einer gutmütigen und ehrlichen Haut, aber man konnte doch nicht wissen, ob der da oben über unser Wohlverhalten durch ihn nicht immer auf dem laufenden sei?

Wir wählten zu unserer Aufsicht und zum diplomatischen Verkehr mit der Zentralleitung einen Keller-Ältesten. Der erste Akt geistigen Mühens im Kellerheim war das Lesen der Seminarbibliothek entnommener Bücher. Das erste einzureichende Schriftstück figurierte als „Lebensbeschreibung". Die Rezension des Herrn Inspektors im Resümee darüber lautete: „Alles dürr und holperig, schablonenmäßige Wiederkehr fast in allen: ‚hatte von jeher große Lust, Schulmeister zu werden ... bin auch schon ein halb Jahr in Sittensen gewesen!' ..."

In unserem Präparandenkorps traten bald die Anlagen, Abstufungen, Abweichungen der Individuen durch ihre Ungleichheit in Sitten, Schliff und Manieren, im Wissen und Können merklich zutage. Während dem Mindestbegabten die Elemente des Wissens in ihren Anfängen noch böhmische Dörfer waren, konnte ein anderer, schon nach etlichen Jahren später, einen Wissensgipfel im „Doktormachen" erklimmen.

Unser Jüngster äußerte schon im ersten Debut die sichere Anwartschaft auf einstigen Ruf eines Bauern, der die größten Kartoffeln baue: denn den Säcken mit den bekannten Knollen war es ganz egal, wenn ihr Besitzinhaber sagte: es ist einerlei, ob ihr „für der Tür" oder „vor die Tür" steht. Obendrein trieb der Bursche einen Sport im Händelsuchen, im Balgen. „Fat'n" nannte er es. Hatte sich dann und wann einer dazu hergegeben, ihm im Torfkeller, unserm Mensurplatz, das Fell zu versohlen, im „Fat'n" mit den großen „Jung's", deren Spielplatz er heimlich in der Dämmerung aufsuchte, wurde er einmal gründlich verhauen, daß er blutend heimkehrte, und dieser Sport hatte ein Ende. Statt dessen hatte er in nächster Zeit die Genugtuung, daß er als Nichtraucher zu einer Zwangs-Kontribution nicht herangezogen werden konnte. Eines Morgens sind sämtliche Pfeifen aus den Kellerräumen verschwunden! Darob allgemeines Erstaunen – bis unser Zerberus erscheint und beflissen ist, uns fördersamst kund und zu wissen zu tun, daß kein Diebstahl, sondern eine Konfiskation aller Schmökstaken von zuständiger Seite stattgefunden habe. In Erwägung, daß großer Konsum des edlen Krautes für Gesundheit und Geldkasse nachteilig und das nach oben ziehende Nikotin-Parfüm nicht sonderlich sympathisch sei – habe der Herr „Intspikter" sämtliche Utensilien dieser Branche in Haft genommen. – Bei der Haftentlassung waren die Zwanzigjährigen und darüber kostenfrei, die Jüngeren zahlten bei Empfangnahme ihres Rohrs 4 Schillinge für die Armen. [...]

Tageslauf eines Seminaristen

Stade, Dienstag, den 1. Juni 185*, abends. Saure Woche das! Hab' beides: Orgelwoche und Kaffeewoche zugleich! Als Orgelwöchner habe ich morgens und abends bei der Andacht ein Präludium zu spielen und den Choral mit der Orgel zu begleiten. Mit dem Sauerbrei (Notenbuch) unter'm Arm, darf ich beim Beginn der Betstunde auch nicht mehr die Gesangnummer des zu singenden Chorals ins Sprechzimmer hineinrufen, sondern nur die Anfangsworte. Heute morgen rief ich: Wachet auf! ruft uns ... heute abend: Wiederum ein Tag dahin ... „Aber bitte, lieber Max, nicht so schreien; ich kann noch hören!" monierte der Alte.

Mit meinem Kaffeekochen morgens und nachmittags sind die anderen Vier auf unserer Stube auch unzufrieden. „Großvater" schalt: „Wenn Du die Kaffeewoche hast, müssen wir immer jeder zwei Schilling mehr in die Kaffeekasse geben. Du schüttest wohl zwei Lot mehr hinein – und lauern müssen wir auch ... klöhnst wohl immer mit Guste in der Küche."

Großvater ist doch nett. Wenn wir nach dem ersten Bimmeln halb 5 Uhr morgens uns noch einmal schläfrig umdrehen, nimmt er uns die Bettdecke, und einen Pferdekamm hat er an einer Kette an der Türseite befestigt, womit wir alle schnell durch den Haarpoll fahren, um mit letztem Glockenschlage gekämmt zu erscheinen. –

Heute mußte ich mich sputen: der Präparand-Bälgentreter auf seinem wichtigen Posten hatte schon seine drei Pedale niedergedrückt, und kaum hatte ich mein Präludienbuch hingestellt, saß auch schon der Alte auf seinem erhöhten Stuhl; welche Miene er bei der Heerschau machte, konnte ich in Eile nicht mehr beobachten.

In der Rechenstunde von 5 bis 6 Uhr haperte es: das Kopfrechnen, multiplizieren mit dreistelligen Zahlen, wollte nicht „flutschen". – Nun gab Herr Hahn uns für das Tafelrechnen einige Zinsaufzins-Exempel, die löste Wilhelm zuerst, die anderen kamen mit der Lösung sukzessiv hinterher. Hahn wurde ordentlich so'n bißchen erregt und forcierte das Wechseln im Überschlagen seiner langen Beine. Schließlich mußte ich das Bad kühlen: „Sie spielten ja ein Präludium aus A-moll – das paßt nicht zu ‚Wachet auf'" ... fort war er.

Schnell nahm ich den kleinen „Sötefleisch" zur Hand, um die Erklärung des 3. Artikels noch ein paarmal überzulesen, ehe der Alte käme. (Von 6–7 Uhr.)

Ich war der Zweite beim Hersagen, und es klappte, nur bei dem Satze: Gleich wie er die ganze ... ließ ich das erste Mal das Wort „sammlet" aus – und ich mußte noch mal hersagen. Da ging es. In dieser Katechismusstunde hat der Alte viel hersagen lassen, wenig repetiert und nur sieben Zeilen über die Reihenfolge der Stufen in der Heilordnung diktiert.

„Max, rasch Kaffee auf den Tisch!" hieß es um 7 Uhr; denn der Bäckerjunge mit den Rundstücken war schon da. In der Küche gießt Guste mir kochend Wasser in die Kanne, halte diese über die Flamme des Feuerherdes, um vorschriftsmäßig den Kaffee noch dreimal aufkochen zu lassen. „Warten Sie, die Kanne ist ja ganz schwarz", sagt Guste und wischt sie mit einem nassen Lappen rein.

„Sie werden noch mal ein famoses Hausmütterchen werden, Guste", sag' ich, streichele ihr die Backen und eile mit der Kaffeekanne nach oben. Die anderen hatten unterdes schon „Betten gemacht" und sind auch schon mit dem Stiefelwichsen, was wir im Gang vor der Stube tun, fertig. Nach dem Kaffee geht es Hals über Kopf ans Toilettemachen.

Von 8–9 Uhr nimmt der „Doktor" Lateinstunde; Fips hat in der ersten Knaben- und der Großvater in der ersten Mädchenklasse biblische Geschichte. Ich hatte Zeit bis 9 Uhr – nehme die Pfeife, wichse die Stiefel, mach mich fertig und – setzte mich an mein Schreibpult – um mich mit den alten Voll-, Halb- und Viertel-Göttern und Göttinnen Griechenlands grauer Vorzeit historisch herumzubalgen, denn firm muß ich darin sein. Die dreizehn angehenden Präparanden der oberen Knabenklasse sind schnutige Burschen, und wenn ich sie von 9–10 Uhr mit diesem Pensum traktiere, müssen sie meinen, ich hätte selbst einst da auf dem

Olymp mit der Klicke Allotria getrieben und kenne deswegen ihr Tun und Treiben aus dem ff. Emsig mit der Mythologie beschäftigt – kömmt der Alte.

„Lieber Max, Sie haben den Gang so voll Rauch gepafft, und nach der Hausordnung dürfen Sie nach 8 Uhr nicht mehr im Schlafrock sein! wollte ich Ihnen nur sagen." Er lächelt und geht wieder. Schlau neben mir spielt seine Czerny'schen Etüden weiter, und ich fahre mit dem Olymp fort. Nun schlägt es neun.

So aufmerksam wie heute sind die Bengels lange nicht gewesen. Rein enthusiasmiert waren sie, als ich ihnen Jupiter, Mars, Neptun – Nymphen und Najaden vorführte ... und wie spitzten sie die Mäuler beim Auftischen von Nektar und Ambrosia! –

Mit der Beendigung einer Kopfrechnenstunde in der 2. Knabenklasse hatte ich sechs Stunden Jagerei hinter mir. Nun wurde es bei uns etwas gemütlicher; nur der Dito wurde entbunden, so nennen wir das Probekatechisieren. Das war im Orgelsaal. Fünf Minuten nach 11 Uhr steht der Alte auf dem Katheder, vor ihm liegt ein Bogen mit Fragen und Antworten von Dito. Dieser steht vor 12 abkommandierten Schulbuben, fertig zur Attacke. Wir anderen sitzen breitspurig, stoisch, gelangweilt hinter den Schülern. Die naive Unschuld, der Dito, macht Miene, als wollte er in dieser Stunde die Welt erobern ... Na, wenigstens sollen die Kinder wissen: ein Seminarist ist doch ein Matador, und dem Alten, was die Hauptsache ist, will er durch die Gediegenheit seiner Katechese ein wenig imponieren.

„Wollen Sie anfangen, Dito".

Dito spricht ein Gebet, länger wie sonst üblich – kömmt in Ekstase, und die Einleitung beginnt mit einem lapsus arithmetik. Der Alte war übrigens mit seiner Katechisation über die sieben Seligpreisungen in der Bergpredigt (Matth. 5) recht zufrieden. „Sie versprachen sich wohl, lieber Dito, Sie wollten in der Einleitung wohl sagen: es lebten seit Adam wohl schon – nicht: es leben hunderttausend Millionen usw."

„Ach ja, Herr Inspektor, ja – ich versprach mich", sagte Dito. Für den guten Burschen waren Arbeit, Angst und Wehen überstanden, und wir gratulierten ihm zu der Riesensumme, die heute das Licht der Welt erblickte.

Das mittägliche Bimmeln der Hausglocke war heute wieder, wie meistens, süßklingend – harmonisch lockend. Unser Menü heute konnte, ohne Gewissensbisse, jeder Katholik jeden Freitag und jeder Vegetarianer jeden Tag siebenmal essen: Reis mit Pflaumen ist auch ein gesundes, leicht verdauliches Essen.

Großvater war nachdem 'n bißchen eingeduselt; kaum hatten

wir ihm eine schnell angefertigte Papiermütze leise aufs Haupt gestülpt, da wachte er auch schon wieder und schalt.

Von 1–2 Uhr hatte ich den Präparanden Schreibstunde zu geben. Wenn ich dann die Buchstaben auf der Wandtafel hübsch vorgeschrieben, ihre Rundungen und Ecken erklärt, auf dicke und Haarstriche aufmerksam gemacht habe, setzte ich mich wohl bei einem oder dem andern einen Augenblick hin. So auch heute. Das ist dann so eine recht gemütliche Stunde. Die großen Schüler, einige sind älter wie ich, waren heute wieder so folgsam, und bei diesen, wie auch heute morgen bei den dreizehn, schien es, als wenn sie sagen wollten: Der versteht es! Der kann was! Nun eben – Lehrer müssen ihren Schülern Respekt einflößen, und das kann man auch, wenn man sich an ihre Seite setzt, gemütlich plauscht oder mit Fremdwörtern, z.B. Mythologie, Kalligraphie usw., um sich schmeißt. Dem Doktor sagte ich auch, als wir beiden, nachdem wir noch eine Stunde in den Klassen unterrichtet, um 3 Uhr nach Bellevue gingen: „Hör', Doktor, viel bin ich heute just nicht angeschnöselt – es kann drei- bis viermal gewesen sein; es kömmt ja so genau nicht darauf an – aber das kann ich Dir sagen, in den zwei Stunden von 9–10 und 1–2 Uhr habe ich wirklich gespürt, daß man doch nicht immer tagelang eine große 0 hier in der Schöpfung ist!"

Die „Hohe Schule" in Wolfenbüttel

Gustav Stutzer

Aber nun muß ich endlich auf die Hauptsache kommen, auf die Schule.

Eintritt und Austritt erhielten einen sonderbaren Zusammenhang, fast wie Ursache und Wirkung in einem Strafprozesse.

In der dunklen, von dicken Mauern gebildeten Tertiaklasse (es soll eine alte Münzstätte gewesen sein) stand ein mächtiger Ofen, nicht von Eisen, sondern von Backsteinen. In der Mitte des Aufbaues befand sich ein nach den Querseiten durchgehendes Loch. Der alte Pedell Olfe hatte, weil es am Tage des Schulanfanges kalt war, vom Korridor aus etwas eingeheizt. Ein halbes Dutzend neue Tertianer, schlanke Jungens mit Ausnahme von mir, hatten sich vorzeitig eingefunden, dann strömte die alte Schar herein und begann ohne Verzug das überlieferte Spiel der Tertia, jeden Neueintretenden durch das Ofenloch zu ziehen. Die ganze Klasse war um den Ofen versammelt. Als die Reihe an mich Dicken kam, wehrte ich mich mit Leibeskräften und zeigte, was so ein naturwüchsiger Bursche zu leisten vermag. Schließlich überwältigt, bekam ich die Warnung: „Schreist du, so prügeln wir dich windelweich!" Einige Verständigere sagten: „Er ist zu dick, wir kriegen ihn nicht durch!" Als ich nun mitten in der Röhre steckte, tat sich die Tür auf, und herein trat der Klassenlehrer. Er riß mich rückwärts heraus. „Wer hat das getan? Zeige mir die Schlingel, die dich hineingesteckt haben!" Ich schwieg. „Bursche, ich will dich Mores lehren. Antworte!" „Nein!" erwiderte ich, „ich bin kein Fuchsschwanz." „Ich will dich schon fassen, mein Junge!" antwortete der Lehrer. Da läutete die Glocke zur – Andacht.

Der Mann hatte ganz recht, erfuhr die Urheber jedoch nie, trug mir aber den „frechen Ungehorsam", wie er mein Schweigen nach der Stunde unter vier Augen nannte, drei Jahre lang nach, bis ich das Gymnasium verlassen mußte. Jeder Junge wird es verstehen, daß ich von diesem ersten Tage an eine gewisse Achtung von seiten meiner Mitschüler genoß, und daß ich den Spitznamen „Dikker" erhielt. Kinder rechnen mit Tatsachen, nicht mit Worten. Die Großmutter ist gut, die ihren Enkeln nicht Worte, sondern etwa Schokolade mitbringt oder auf das Butterbrot noch Honig streicht. Der Dank der Klasse offenbarte sich dadurch, daß man heimlich tuschelnd einige Pfennige zusammenschoß, und daß der Anreger dieses Dankopfers in der Pause zum nächsten Fleischerladen lief, bei der Frau Röver eine „Wursteluffe" kaufte und sie mir mit den Worten in die Hand drückte: „Wir danken dir alle!“

Der Klassenlehrer setzte mich auf den untersten Platz und beging damit keine Ungerechtigkeit. Die schöne Stelle, die ich ¾ Jahr warm hielt, war noch zu hoch für mich. Ich wurde bald gewahr, daß sich mein Wissen nur durch weite Lücken auszeichnete. Zu den festen Aufgaben des „Plock“ gehörte es, die schmutzigen Tintenfässer zu reinigen, die leeren zu füllen, für die Kreide und den Hasenfuß an der Wandtafel durch den „Portier“ zu sorgen, und das alles unter der obersten Leitung des Primus, der den gewaltig großen, aber ziemlich leeren Klassenschrank verwaltete. In diesem befanden sich nur ein paar Wandkarten, zusammengerollt, ein zwei Fuß langer hölzerner Zirkel mit eisernen Spitzen und der – Stock, für dessen Erneuerung natürlich nicht der Primus, sondern nur der Unterste verantwortlich war. Da ich alle Holzsorten auf dem „Walle“ kannte, schnitt ich immer dicke Reiser ab, die aber fast jedesmal zur Verwunderung des exekutierenden Lehrers, zur Freude des Sträflings und der ganzen Klasse beim ersten Hiebe zerbrachen. So stand ich denn mit dem Ersten und seinem Schlüssel in häufigem Verkehr, aber auf gespanntem Fuße. Der Primus war ein hämischer Junge, dünn wie ein gemästeter Bindfaden, aber sattelfest in alledem, was ich nicht wußte, dazu über die Maßen fleißig, also nach Auffassung der meisten Lehrer ein tadelloser Musterknabe. Er quälte mich in der boshaftesten Weise und ließ mich oft nicht dazu kommen, in der einzigen Pause, die wir nach zwei Lehrstunden hatten, meine Semmel in Ruhe zu essen oder Vokabeln überzulernen. Ich sann auf Rache, und die Gelegenheit machte sich.

Wir hatten einen alten Mathematiklehrer, den Konrektor Buchheister. Er galt für einen hochgelehrten Mann. Wir kannten ihn nur von seiner übertrieben gutmütigen Seite und trieben die tollsten Allotria mit ihm. Trat er in die Klasse, so rief wohl ein Schüler: „Wie heißt er?“ und die Rotte Korah antwortete: „Buch heißt er!“ Auf seine Frage: „Wie heißt dieser Winkel?“ Antwort: „Spitz.“ „Aber dieser?“ Antwort irgendeines Schlingels: „Mops!“ Hätte der alte, liebenswürdige Herr einmal über unsere dummen Witze gelacht, so wäre der Spaß vorbeigewesen. Aber jedesmal folgte eine lange Untersuchung, die mit vollkommener Sicherheit ohne Erfolg blieb. In der Zeit konnte man so schön Exerzitia vergleichen, Genusregeln lernen, seine Semmeln anbeißen.

Eines Tages fing ich absichtlich in der Pause vor der Mathematikstunde mit dem Primus Krakehl an und steckte ihn dabei in den Klassenschrank, den ich zuschloß. Er brüllte und bollerte. Ich rief: „Seid alle mäuschenstill!“ Der Konrektor trat ein, blieb wie versteinert stehen über die unerhörte Ruhe und das dumpfe Geräusch im Schrank, bis ich mit dem Schlüssel hervortrat und den Schrank aufschloß. „Es war ja nur ein Spaß, Herr Konrektor." Der aber griff nach dem großen Zirkel und stürzte damit auf mich los. Da schrie die ganze Klasse laut auf. Ich aber sprang wie eine Katze über die Bänke.

Bald darauf kam an die Stelle des Konrektors ein neuer junger Mathematiklehrer, von dem ich nur noch zweierlei weiß. Erstens, daß er fast ohne Aufhören gähnte, und zweitens, daß keiner etwas bei ihm gelernt hat, was schlimme Folgen hatte. Denn keine andere Wissenschaft verlangt so festgegründete Fundamente.

Auf dem mit Betonung „Hohe Schule" genannten Gymnasium war die lateinische Sprache Herrscherin, und in der Tertia bestand der Unterricht darin wirklich nur, wie Lüders gesagt hatte, in Grammatik. Bei meinem Vater hatte ich die Helden des Cornelius Nepos bewundert, hier füllten ein paar Dutzend Verse aus Ovids Metamorphosen eine ganze Stunde aus. Dazu kamen die gereimten Genusregeln nach Zumpt oder Ellendt. Cäsars Bellum Gallicum, das langweiligste, was man sich vorstellen kann, wenn es langsam gelesen wird, quälte uns in drei wöchentlichen Stunden zwei volle Jahre. Und wie verdarb ich es auch mit dem Lehrer, als ich es einmal wagte, auf die Treulosigkeit und Wortbrüchigkeit Cäsars gegen einen edlen gallischen Heerführer hinzuweisen. „Du Naseweis", lautete die Antwort, „wir haben es hier nur mit der lateinischen Sprache zu tun." Mit Schaudern denke ich an die geisttötende Marter dieser vielen Stunden zurück. Dazu gab es fast jeden Tag schriftliche lateinische Hausarbeiten, die, an sich inhaltslos und öde, oft in zwei Stunden kaum zu erledigen waren. So saß man denn, über alle Vernunft angestrengt, bis in den späten Abend hinein bei einem Talglicht oder einer Öllampe, unfreudig über all den toten Formelkram und mit Seufzen an den folgenden Tag denkend, der dieselben Qualen brachte. Und ich saß dabei zwar ungestört, aber immer – allein! Die Unsicherheit meines Wissens trug wohl einen großen Teil von Schuld an meinem Unmute. Aber es war tatsächlich nicht so, als ob es sich darum handelte, geistige Fähigkeiten zu entwickeln und auszubilden und dabei das jugendliche Alter mit seiner romantischen Stimmung nur in etwas zu berücksichtigen, sondern darum, leere Säkke mit allen möglichen philologischen Spitzfindigkeiten vollzustopfen. Nicht mit Trauer, sondern mit Ingrimm denke ich heute noch an jene dreijährige Qual zurück.

Die Weltgeschichte wurde ungefähr ebenso ledern behandelt wie das Lateinische. Zahlen und Namen, und immer wieder Zahlen und Namen, mit denen wir, außer im Altertum, kaum irgendwelchen Sinn verbinden konnten. Deutsche Geschichte existierte in der Tertia überhaupt nur in Zahlen und Namen. Nur griechische und römische, und nicht Kultur-, sondern Kriegsgeschichte, habe ich da drei Jahre lang auswendig gelernt. Es war ja nach Ansicht des Lehrers viel wichtiger, in Athen und Rom Bescheid zu wissen als etwa in Deutschland oder Frankreich.

Französisch – schweigen wir davon! Deutsche Aufsätze, mein Steckenpferd, jeden Monat einen. Ich erinnere mich nur noch eines Themas: Der Zug Cäsars über die Alpen. Darin leistete ich mir den Satz, der unter dem Gelächter der Klasse vorgelesen wurde: „Wenn der ewige Schnee schmilzt." – Griechisch war fast noch schlimmer als Lateinisch. Der Lehrer, den wir „den Typto" nannten (das heißt: „ich schlage"), zeigte im Auswendiglernen eine barbarische Strenge; doch hielt ich, weil diese Sprache erst in Tertia angefangen wurde, und ich ein gutes Gedächtnis besaß, hierin mit den andern wenigstens gleichen Schritt. Nur ein Fach wurde meisterhaft gelehrt: Geographie. Die wenigen Stunden bei Dr. Rosenbaum bildeten für uns alle wahre Lichtpunkte in der Woche. Er forderte viel, aber er hätte das Doppelte verlangen können, und kein Schüler würde darüber geklagt haben. Wir lebten in den Ländern, mit den Völkern, die er behandelte, und ich habe seitdem und Zeit meines Lebens diese Wissenschaft geliebt. – Von den wöchentlich zwei Religionsstunden habe ich keinen blassen Schimmer mehr: von dem Konfirmandenunterricht, den leider nicht der liebe Pastor Beste erteilte, schäme ich mich fast ein Wort zu sagen. Endlose Vorträge über alle möglichen Eigenschaften Gottes langweilten uns sträflich, und der einzige Eindruck, der mir aus der Konfirmandenstunde geblieben, ist von schauderhafter Art. Der immer redend lebhaft vor- und rückwärtsgehende Prediger kam dem rotglühenden Ofen der Sakristei zu nahe und verbrannte sich den Teil, wo der Rücken aufhört, derartig, daß wir (nicht zu unserer Trauer) vier Wochen „frei hatten".

Ich muß sagen: Wenn ich alter Mann – und die Erfahrungen eines langen Lebens machen doch das Urteil milde – an meine Gymnasialzeit in Wolfenbüttel denke, stimme ich denen voll und ganz zu, welche die Unterrichtsart auf mancher damaligen deutschen gelehrten Schule auf das strengste verurteilen.

Aber ich habe noch einen dramatischen oder, wenn man will, tragischen Schluß hinzuzufügen.

Von der Geringwertigkeit meiner Leistungen aufrichtig überzeugt, hatte ich mir redlich Mühe gegeben. Nach einem Jahre aber ließ der Eifer nach. Die ewigen Wiederholungen und der unaufhörliche Kleinkram! Durch Übersetzungen nach Diktat (Extemporalien), durch welche der Platz in der Klasse bestimmt wurde, arbeitete ich mich im letzten Vierteljahre an die vierte Stelle, bei 30 bis 40 Schülern, in die Höhe, hielt mich da noch ein halbes Jahr und durfte fest darauf rechnen, Michaelis 1853, also nach 1½ Jahren, nach Obertertia versetzt zu werden. Nur die drei über mir Sitzenden wurden vom Klassenlehrer, der die Bestimmung darüber in der Hand hatte, für reif erklärt. Der ernste, sehr gewissenhafte Mann, dessen Charakter die höchste Achtung verdiente, handelte ohne Zweifel nach seiner Überzeugung, und es war gewiß ein großes Unrecht von mir, daß ich mich von da an befleißigte, so faul und nachlässig wie möglich zu sein. Aber welcher Schüler denkt denn daran, daß er für sich selbst arbeitet, für seine eigene Zukunft? In dem nächsten halben Jahre ging ich nur darauf aus, die Lehrer, außer Rosenbaum, zu ärgern. Ostern 1854 wurde ich versetzt, griff wieder fest zu und rückte zum 5. Platz auf.

Niemand bezweifelte, daß ich zu Ostern 1855 nach Sekunda versetzt würde. So kam die letzte Stunde vor den Ferien und mit ihr der Zettel aus der Brusttasche des Ordinarius, desselben, mit dem ich am ersten Tage meines Eintritts vor drei Jahren das Ereignis am Ofen gehabt hatte. Die Namen der Versetzten wurden vorgelesen, mein Name fehlte. Man sah mich von allen Seiten an. „Was soll das bedeuten?" fragte der leicht erregbare Mann: „Stutzer ist nicht versetzt!" Da sprang ich von meinem Sitze an der Fensternische auf und stand zitternd vor dem Ordinarius. „Setz dich!" Ich war keiner Bewegung mächtig. „Setz dich!" Mein böses, immer leidenschaftliches Blut raste mir durch den Körper. Die Hand des Lehrers berührte meine Schulter. Ich – es ist häßlich zu sagen – stieß sie zurück und ging hochaufgerichtet aus der Klasse, ohne Mütze und Bücher. Drei Stunden später beichtete ich meinen Eltern alles. Sie waren entsetzt, aber sie schalten mich nicht.

Vater sagte bald ganz ruhig: „An ein Zurückkehren ist nicht zu denken. Ich will an meinen Freund Lentz in Blankenburg schreiben, ob sie dich auf dem dortigen Gymnasium aufnehmen wollen." – Nach einigen Tagen traf die bejahende Antwort ein. Als Vater sie mir vorgelesen hatte, setzte er hinzu: „Das Alte ist vergangen", sagt der Apostel Paulus, aber er sagt dann weiter: „Siehe, es ist alles neu geworden. Das letztere Wort erfülle!" – Das war Weisheit der Erziehung!

Bei „Tante Wöbcken“

Helene Lange

Wie schon erwähnt, habe ich zwei Schulen besucht: zuerst mit einigen Dutzend Knaben und Mädchen zusammen die Elementarschule von „Tante Wöbcken“, dann die Krusesche höhere Mädchenschule.

Tante Wöbcken war eine ganz wohlwollende brave Seele, die wir Kinder wohl leiden mochten. Sie war natürlich nicht irgendwie für ihr Amt vorgebildet, sondern hatte es einfach mit dem Recht der „erwerbslosen Hinterbliebenen“ auf sich genommen. Wieviel sie von den Künsten, die zu übermitteln sie übernommen hatte, selbst verstand, kann ich nicht beurteilen; ich sehe sie nur immer in zwei Situationen vor mir: einmal mit der Brille auf der Nase unsere „Bruddel“ in den Strickarbeiten in Ordnung bringend, viel lebhafter aber noch, wie sie mit dem Holzlöffel in der Hand um die Türecke herum ins Zimmer guckte, mit der immer gleichen Frage: „Seid ihr auch artig?“ Wir waren nämlich, wenn die Küchenarbeit dringend wurde, zeitweise uns selbst überlassen, d.h. Tante Wöbcken würde das nicht zugegeben haben, denn sie hatte uns aus den Mitschülern einen Aufpasser oder eine Aufpasserin gesetzt. Ich habe später manchen Ämtermißbrauch gesehen, kaum je aber in dem Maße wie bei dieser Gesellschaft von Dreikäsehochs, bei denen ein unglaublicher Grad von „Korruption“ herrschte. Waren zwei sich „böse“, was natürlich alle Augenblicke vorkam, so konnte man die ganz unverfrorene Äußerung hören: „Warte nur, wenn ich das nächstemal aufpassen muß!“ Dann wurde unfehlbar, wenn man sich inzwischen nicht etwa wieder vertragen hatte, der Gegner als irgendwelches Vergehens schuldig zur Anzeige gebracht. Ich weiß bestimmt, daß ich mich nie daran beteiligt habe; vielleicht ist in meinem Leben kein Gefühl je so stark gewesen wie das für Gerechtigkeit. Und als ich einmal als Opfer dieser Methode zur Anzeige gelangte, habe ich der Urheberin in der nächsten Spielpause meine Auffassung der Sache handgreiflich klarzumachen versucht.

Soweit ich mich erinnern kann – ich kann höchstens fünf Jahre alt gewesen sein –, wurde der eigentliche Unterricht von Lene Wöbcken, einer Verwandten der alten Dame, erteilt. Sie faßte uns ohne alle Sentimentalität an und war mehr auf Furcht aus als auf Liebe in der Erziehung eingestellt. Aber eingepaukt wurden die Elemente irgendwie. Eindruck hat mir von dem Unterricht selbst nichts gemacht, nur ein persönliches Erlebnis, das zu Nutz und Frommen der Pädagogik hier aufbewahrt sein mag.

Ich erwähnte schon, daß ich lesen konnte, als ich zur Schule kam. „Speckters Fabeln", meines Bruders Fibel und erstes Lesebuch, waren mir ganz vertraut, und auch sonst las ich, was mir gerade vorkam. Nun wurde ich von Lene Wöbcken vor eine große Tafel gestellt, auf der b a = ba und dergleichen interessante Zusammenstellungen mehr zu sehen waren und vor der ich mich vollendet hilflos und dumm benahm. Denn es genügte nicht etwa, daß man die gedruckten Silben lesen konnte, man mußte erst buchstabieren und dann zusammenziehen. Als ich schüchtern bemerkte, ich hätte immer Wörter gelesen, wurde ich gefragt, was denn be u zeha bedeute, worauf ich nach scharfem Nachdenken erwiderte: Buzeha. Die Verfänglichkeit der nächsten Frage: was denn de u em em heiße, verstand ich nicht; erst das Gelächter der anderen und die Erklärung einer Mitschülerin brachten die unverständlichen Laute mit der Eigenschaft in Verbindung, deren Zusammenhang mit meiner kleinen Person mir nun allerdings richtig zu sein schien.

Wie lange der Zustand gänzlicher Verwirrung gedauert hat, in den mich die neue Art zu lesen versetzte, weiß ich nicht. Jedenfalls lauschte ich immer mit Neid nach einer Ecke der Klasse hinüber, wo die Fortgeschritteneren lasen, richtige Geschichten lasen, während wir zeichneten oder strickten. Und eines Tages nahm ich kurz entschlossen meine Fibel unter den Arm und ging zu den Lesenden, wo mir eine kleine Gefährtin gutherzig Platz machte. Lene Wöbcken merkte nichts oder sagte wenigstens nichts. So wäre die Auswanderung vollständig geglückt, wenn nicht eine Mitschülerin – ihr Name brennt noch heute in meiner Seele – die Sache gemerkt hätte. Sie erklärte kurz: „Wenn du mir morgen nicht etwas mitbringst, sage ich's nach." Die „Phantasie zum Katastrophalen" muß wohl schon damals in mir lebendig gewesen sein. Sie malte mir fürchterliche Folgen einer Entdeckung aus, unauslöschliche Schmach für die ganze Familie. So ergab ich mich in mein Schicksal und opferte dem Moloch. Die nun folgende Zeit, in der ich ihn täglich mit irgendeinem Besitztum aus meiner Puppenstube oder sonstigen kleinen Habe speisen mußte, dehnt sich in meiner Erinnerung endlos. In Wirklichkeit kann sie nur kurz gewesen sein, denn meine Habe war sehr gering. Jedenfalls war ich eines Tages genötigt, ohne Opfer anzutreten, denn als ich einen kleinen Puppenleuchter, den ich besonders liebte, noch wägend in der Hand hielt, nahm mein Vater ihn fort mit den Worten: „Du sollst kein Spielzeug mit in die Schule nehmen."

Meine Peinigerin mag die Hoffnungslosigkeit weiterer Erpressungsversuche eingesehen haben; jedenfalls hat sie mich schließlich in Ruhe gelassen. Diese nachdenkliche kleine Geschichte mag für die „Psychologie der frühen Kindheit“ und die Theorie von der angeborenen Güte der Kindesnatur, die man nur sich selbst zu überlassen braucht, vielleicht nicht ganz wertlos sein.

Noch eines mag erwähnt werden, was mir persönlich tief ging. Zu den Erziehungsmethoden bei Tante Wöbcken gehörte ein Pranger: „Schlingelbank“ genannt. Auf diese Bank kamen aber etwa nicht nur die „Schlingel“, sondern auch die Ungeschickten. Ich erinnere mich, einmal für „Bruddel“ dort gebüßt zu haben. Lange hielt ich das Strickzeug mit seiner hoffnungslosen Maschenverwirrung in beiden Fäustchen, sie hin und her bewegend, als ob ich strickte; mit glühender Sehnsucht dachte ich dabei an meine Mutter, die mir die Maschen, ohne ein Wort zu sagen, in Ordnung gebracht hätte. Ich hoffte, bis zum Ende der Stunde unentdeckt durchzuhalten und glücklich mit meinem Gestrick nach Hause zu kommen. Aber die Sache glückte nicht, und Tante Wöbcken übte Justiz. Das geschah zunächst vermittels eines Stöckchens, mit dem der Sünder in die offen gehaltene Hand einen tatsächlich rein symbolischen Streich erhielt, ehe er zum unverhohlenen Ergötzen der Klasse die Schlingelbank beziehen mußte. Rein symbolisch – aber die Schande, die fürchterliche Schande! Meine tiefe Abneigung gegen jede Art von Strafvollzug in der Schule, der das Kind der grausamen Öffentlichkeit der Klasse preisgibt, vor allem aber gegen das Prügelrecht der Lehrer mag da seine ersten Wurzeln haben.

Von Tante Wöbcken ging ich dann in Kruses Schule über, damals noch eine Mädchenvorschule, die sich erst später zur höheren Mädchenschule erweiterte. Ich habe freundlichere Erinnerungen an meine ersten Eindrücke dort. Besondere Freude machte mir eine unglaublich unpädagogische Übung, die damals wohl allgemein gewesen sein muß. Wir bekamen gedruckte Tafeln mit orthographisch falschen Worten und Sätzen, die wir richtig abschreiben mußten. Da mir durch das viele häusliche Lesen die Wortbilder fest und richtig vor Augen standen, war ich der Gelegenheit zur Auszeichnung froh; Mitschülerinnen, die in diesem Punkt schwächer waren, prägten sich natürlich die Bilder dieser falschen Wörter mit unfehlbarer Sicherheit ein. Zur Qual wurde mir dagegen das Französische, mit dem bald nach dem Eintritt begonnen sein muß, denn meine vergeblichen Versuche, an: „Venez ici, mon petit ami“ Interesse zu finden, fielen noch in meiner Mutter Lebzeit. Wenn man da nun sitzen sollte in der bekannten

Stellung: die Ellbogen aufgestützt und beide Zeigefinger in den Ohren, und sich diese vollständig gleichgültigen Laute einprägen, während Beckers Erzählungen aus der alten Welt winkten oder noch viel Schöneres, da war das Leben fast so schwer zu ertragen wie vor den blau und rot karierten Taschentüchern.

Noch viel Schöneres! Denn um diese Zeit war ich über meines Vaters Bücherschrank geraten und hatte eine kleine Schillerausgabe aus grauem Löschpapier entdeckt, aus der mir zuerst der Don Carlos in die Hand fiel. Auf dem Tritt am Fenster der elterlichen Wohnstube gingen mir die ersten Jamben auf wie eine Offenbarung. War das schön! Den Inhalt erfaßte ich natürlich nur als Stimmung – als meine Mutter mich heulend über dem Buch fand, konnte sie nur aus mir herausbringen, daß die Prinzessin Eboli ihren Schlüssel verloren habe. Aber ich weiß, daß mir auch das Schicksal der Mondekar sehr zu Herzen ging, die zehn Jahre fern von Madrid über etwas nachdenken sollte, das ich nicht verstand. Die Szene selbst sah ich zwar deutlich vor mir: sie spielte sich im Oldenburger Schloßgarten vor einem Tulpenbeet ab. Der Don Carlos wurde mir nicht fortgenommen; das widerfuhr mir etwas später aber mit Bürgers „Lenore", die ich in Wolffs poetischem Hausschatz mit glühenden Wangen las.

An diese häusliche Lektüre knüpfte sich dann wieder ein Schulerlebnis an. Wir durften einmal ein Gedicht nach freier Wahl lernen. Als ich zum Aufsagen aufgerufen wurde, hielt ich die Klasse in atemloser Spannung durch „Die Wehklage":

„Graus war die Nacht, und um den Giebel
Des alten Hauses heulte Sturm;
Der fromme Greis las in der Bibel,
Und sieben schlug's vom Kirchenturm.
Gott! rief Lenore mit Erbleichen,
Schon sieben und Georg nicht hier!
Sein dunkler Weg streift hin an Teichen,
Ach, welches Unglück ahnet mir!" usw.

Als ich in späteren Jahren das Gedicht einmal in dem Liederbuch für altmodische Leute: „Als der Großvater die Großmutter nahm" wieder las, stand mir bei der Stelle:

„Der Sohn des Försters in der Heide
War ihr verlobter Bräutigam,
Und glühend schlug ihr Herz vor Freude,
Wenn der geliebte Jüngling kam."

deutlich das etwas ratlose und verlegene Gesicht von Fräulein Kruse vor Augen. Obwohl man damals im allgemeinen der Jugend ihr „Recht auf den schlechten Geschmack“ noch nicht verkümmerte – auch die Begeisterung für den Struwelpeter blühte noch ungestört –, hörte nach diesem Vorkommnis die freie Wahl der zu lernenden Gedichte auf, was mir sehr leid tat, denn ich hatte noch ein wundervolles in Vorrat, das unser Mädchen Theda uns manchmal von Anfang bis zu Ende vorsang.

„In Mirtills zerfallner Hütte
Schimmerte die Lampe noch,
Als in seiner Laufbahn Mitte
Düster sich der Mond verkroch.“

Mit besonderem Nachdruck sang sie die Schlußstrophe, die denn auch nie ihres Eindrucks auf mich verfehlte:

„Walter, rief Mirtill erschrocken,
Walter, rief die Frau, mein Sohn!
Laß mich sehn das Mal der Pocken.
Ja, du bist's, verlor'ner Sohn! –
Schluchzend fliegen sie zusammen,
Küssen sich mit Feuerflammen,
Und ich wende meinen Blick
Von der Gruppe naß zurück.“

Zu den größten Ereignissen unserer kleinen Schule gehörten die Geburtstage der Schwestern Amalie und Agnes Kruse. Da war von „Schule“ nicht die Rede. Wir kamen etwas später als sonst – auch schon ein Genuß! – und fanden die Klasse festlich geschmückt. Unser Geschenk, zu dem vorher gesammelt und der Rat der nicht beteiligten Schwester eingeholt worden war, erregte zu unserer Befriedigung jedesmal ungeheure Überraschung. Dann aber kam das Schönste: wir setzten uns an unsere gewohnten Plätze, aber zu Schokolade und Kuchen. Fräulein Amalie Kruse aber hatte auf dem Platz, wo sie sonst unsere Gänsefedern schnitt – eine Beschäftigung, die sich gewöhnlich durch die ganze erste Stunde hinzog –, Andersens Märchen vor sich, und wir hörten aufgeregt und glücklich die Geschichte vom häßlichen jungen Entlein und vom kleinen und großen Klaus, oder von Däumelinchen und vom standhaften Zinnsoldaten. War das genossen und der Kuchen bis auf den letzten Krümel verzehrt, so spielte man „Heft heraus, Heft herein“ –, so wenigstens verstand ich es. In Wirklichkeit hieß das Spiel, bei dem immer die eine Hälfte der Kinder im Zimmer, die andere draußen war, „Hälft' heraus, Hälft' herein“. Wie es war, weiß ich nicht mehr, nur daß man sein Kinderdasein dabei in vollen Zügen genoß.

Dieses idyllische Matriarchat fand sein Ende, als wir „Höhere Töchterschule“ wurden. Die Eingliederung in einen großen Organismus, der stark vergrößerte Lehrkörper, der damit zusammenhängende weitere Abstand zwischen uns und den Lehrern brachte das von selbst mit sich. Aber man wuchs schnell in die größeren Verhältnisse hinein. Man fing auch allmählich an, sich zu fühlen und verteidigte gegenüber den Schülerinnen der älteren „Lasiusschen höheren Töchterschule“, die sich manchmal als vornehmer aufspielen wollten, seine Anstalt: man bekam Korpsgeist.

Wenn ich auf die nun folgende ernsthaftere Schulzeit zurückblicke, so kann ich nur sagen, sie ist eine durchaus glückliche gewesen. Es war ein guter, humaner, von innen heraus gebildeter Ton in der ganzen Schule. Man lernte nicht übermäßig; der Verstand wurde so weit geschont, daß man ihn nachher noch hatte. Mußte man aber einmal etwas schärfer heran, so fanden weder Kinder noch Eltern etwas darin: die Vokabel „Überbürdung“ war noch nicht erfunden. Im Gegenteil: wenn man einmal überflüssig im Hause herumstand, hieß es stets, man habe nicht genug Schularbeiten auf. Jedenfalls blieb reichlich Zeit zu allen möglichen Liebhabereien und harmlosen dummen Streichen in und außerhalb der Schule. Zwischen uns Schülerinnen bestand gute Kameradschaft; „Petzen“ galt als „gemein“; man half sich gegenseitig aus der Klemme. Über die Lehrer hatte man sehr bestimmte Meinungen; diesen entsprechend wurde der eine boykottiert, der andere verehrt; bei dem einen galt es als guter Ton, seine Arbeiten zu machen, bei dem anderen wäre das ein Verstoß gewesen. Kurz, wir waren die üblichen „höheren Töchter“, aber jedenfalls so glücklich in unserem Schulleben, daß ich, fünfzehnjährig, noch um ein Jahr Verlängerung bat, als mein Vater mir freistellte, die Schule schon zu verlassen.

Annerlinger Winterschool

Heinrich Behnken

Een kann sik hüüttodaags kuum dinken, wat dat domals för en Tostand int Schoolwesen von dat Königriek Hannover wör, ton mindsten in de lütten Dörper op de hoge Geest von de Landdrostei Stade.

In 'n Sommer schullen de Kinner ok en paar Stunnen den Dag na School gahn, naher kunnen se denn bi de Arbeiden op den Hoff helpen. So stünn dat in dat hannoversche Schoolgesetz, un dat hoge Konsistorium in Stade harr darto noch nögere „Bestimmungen“ erlaten.

Man, de hogen Herrn in Hannover un in Stade kunnen sik veel utklamüstern. In de Böker muchen se woll got Bescheed weten; aber wat wüssen se darvon, wo dat op 'n Hoff togüng, un wo got een dar de Kinner bruken kunn, ton mindsten in de hilde Tied? De Buern aber wüssen dat un schicken darüm de Kinner in 'n Sommer faken vele Weken nich na School. De Jungens müssen dat Veeh höden un de Deerns Mudder in 'n Huus helpen. De Schoolmeester leet jüm dar geern mit gewiehrn; denn he kunn de Tied ok got anners as to 't Ünnerrichten bruken. He kreeg in Annerlingen veertig Daler Gehalt dat Jahr över, un dat wör noch een von de betern Steden op de lütten Dörper. Dar kunn aber ok in de domalige Tied en Keerl mit sien Familje nich von leben. Darüm müß he sehn, dat he noch wat toverdenen dä. Darto harr he de Landwirtschaft. Bi de Annerlinger School wören veertig Morrn Land, Feld, Wischen un Törmoor. De müß de Schoolmester mit sien Fro bewirtschaften, un darto kunn he Sommerdaags de Tied beter to bruken as tot Schoolholen.

Meyer-Schoolmester aber verdeen sik ok noch op annere Art Geld. He wör en groden Schrievmeister, un darüm kömen de Buern to em, wenn se jichens wat to schrieben harrn. He sett jüm de „Ehestiftungen“ op; he wör Aukschonator un hööl Farken- un Schaapaukschonen af; un wenn se wat mit dat Amt in Bremervör to kriegen harrn, he bröch jüm de Schrift in de Reeg, un verdeen sik mit dat allens noch enen schönen Schillen Geld blangenbi.

In de Winterschool aber müssen de Kinner von acht bit Klock ölben, un 's Nömmerdags von een bit veer kommen, un denn güng dat för Eernst. Se müssen liern, dat jüm de Kopp roken dä un harrn alle Hannen vull to don.

De Winterschool wör nu al en paar Weken wedder in 'n Gang. Dat wör eben vör de erste Schoolstunn an den Dag. De Schoolstuuv wör proppenvull; se wör vör de föftig Kinner eenlich veel to lütt. Üm Platz to sparen, harrn blot de groden Kinner, de „al int Schrievbook wören“, Dischen vör sik. De annern seten blot op Bänk ahn Dischen. Wenn de schrieven oder reken schullen, denn müssen se de Schiefertafeln op de Knee stütten un sik dar denn as'n Flitzbagen över bögen.

In de Schoolstuuv maken de groden Jungens fix Spektakel; de Deerns aber seten, harrn de Finger in de Ohren bohrt, un liern vör Gewalt in den Kanjissen.

Jüst, as de Larm op dullsten wör, güng mit enen Swung de Döör op, un de Schoolmester köm rin. De Spektakel hör foorts op; blot Hannes Tibke un Klaus Brunkhorst, de sik jüst in de Wull harrn, de wören den Schoolmester nich foorts wies worrn, un de sehg noch, wo se sik prügeln däden. Se müssen na vörn kommen. De Schoolmester slööt sinen Disch op, kreeg den groden Haßelstock rut, un de beiden kregen ehr Fellvull, dat de Stock man so susen un de beiden Sünner ach un weh schreen däden. Denn güng Meyer achter sinen Disch stahn; alle Kinner müssen opstahn un singen „Aus meines Herzens Grunde sag ich dir Lob und Dank“. Denn müß de Deern, de an de Reeg wör, Luthers Morgensegen beden „Ich danke dir, mein lieber himmlischer Vater“; denn setten sik alltohoop wedder hin, un nu güng de School richtig an.

Meyer schreev an de lütje Wandtafel, de ganz gries wör un meist gar keen swarte Frav mehr harr, en „A“ an, dreih sik üm, keek mit sien scharpe Ogen de vöörsten Bankregen an un frag: „Welcher ist das?“.

De lütten Gäst antern, all op eenmal: „Das ist der ‚A'.“

„Aber welcher A ist das?“

„Das ist der große A“.

„Ihr schreibt jetzt den großen A. – Un de nicht flidig is oder allens blot so hinkliert, de kriggt naher düchtig wat op de Finger, dat weet ji ja. Nu mal los!“

Vörn güng nu dat Jickeln un Jackeln von de Griffel op de Tafeln los. Un nu harr för de Groden de sware Stunn slahn; nu güng dat ant „Verhören“, dat heet an dat Opseggen ut den Groden Kanjissen.

Ditmal harr Meyer jüm aber noch extra wat todacht. He sä: „Heute wollen wir mal den Großen Katechismus ganz von vorn wiederholen. – Jähä, da habt ihr euch woll nicht vor gehabt? Da seid ihr wohl rein as vor den Brägen geschlagen, was? Fangt ihr mal an, Hannes Tibke und Klaus Brunkhorst. Wollen mal sehen, was ihr ebenso gut aufsagen als euch prügeln könnt. Nu mal los: erstes Hauptstück, erste Frage!“

De beiden groden Jungens wören opstahn un maken bannig verstötte Gesichter. Se dachen aber: mit den allerersten Anfang kommt wi sachs noch enigermaßen trecht, un darüm füng Hannes an: „Frage eins: Wenn du die Welt und alles, was darinnen ist, vernünftig betrachtest, denkst du dann, daß sie von selbst entstanden ist?"

„Halt!" rööp de Schoolmester, „wie heißt es richtig?"

Engel Brandt wüß dat. Se sä: „Denkst du alsdann, daß sie von ohngefähr entstanden sei? Oder daß sie einen Urheber gehabt haben müßte?"

„Richtig. Sprichs nach, Hannes Tibke."

Hannes dä dat, un nu wör Klaus an de Reeg. De harr dat ditmal got. He bruuk blot to antern: „Die Welt muß einen Urheber haben, durch den sie geworden ist."

Man dat nöögste Mal harr Hannes dat got un Klaus slecht. Hannes sä blot: „Frage zwei: Warum urteilest du so?" Un Klaus füng an to stötern: „Auch die kleinste Hütte muß einen Baumeister haben. Wie könnte dann die Welt, dies große und schöne Wohnhaus ... große und schöne Wohnhaus ..." Engel rööp: „unzähliger Geschöpfe!"

Klaus: „Unzähliger Geschöpfe ... Geschöpfe ..."

Engel: „ohne einen weisen und mächtigen Urheber entstanden sein?"

„Gut, Engel!" sä de Schoolmester. „Wir wollen aber erst unsere beiden Prügelmeister noch 'n büschen weiter verhören, Los, Hannes Tibke: Wie kann man von dem Himmel ..."

Hannes: „Wie kann man von dem Himmel lernen, daß ein Gott sei."

Schoolmeester: „Und wie heißt es wirklich?"

Engel: „Wie kann man von dem Himmel und von der Erde lernen, daß ein Gott sei, der sie geschaffen hat?"

Hannes müß wedder naspreken, un Klaus köm mit de Antwoort ganz un gar ut de Spoor, so dat de Schoolmester sä: „Nun langt es aber reichlich, ihr beiden Fauljacks ihr! Kommt beide mal wieder her!"

De beiden groden Jungens kregen dat twete Fell vull.

Se bleben aber nich de eenzigen, de vört Brett müssen. Dar kömen noch mehr an den Disch üm sik ehr Dracht aftohelen, nich blot Jungens, sünnern ok Deerns, blot, dat de nix mit den Stock, sünnern wat mit de Rood kregen. De Lüüd, de op de Straat ant Schoolhuus vörbi kömen, hören faken en Wehgeschree un dachen denn: „Süh mal, de Schoolmeester is ja wedder düchtig an de Arbeit!"

Sien Arbeit bi de Groden bestünn vör allen int Verhören un int Prügeln. Klar maken dä he jüm gar nix; nich mal, wat de unbekannten Wöer bedüden schüllen, sett he jüm utanner, un de Kinner liern veel Kram und harrn keen Ahnung, wat se sik darbi dinken schullen.

As bi't Verhören alltohoop rankommen wören, müssen de Groden Schriefbook un Bibel vörnehmen un dat erste Kapitel afschrieben; de „Mittleren" schullen ut den Lütten Kanjissen dat erste Gebot op de Schiefertafeln schrieben. As he de beiden Afdelungen got ünnerbröcht harr, kömen de Lütten an de Reeg. Se müssen de Tafeln mit den groden A wegleggen un de Hahnenfibel vörnehmen.

De heet so, wiel op dat erste Blatt en Hahn afbildt wör, de apenbar luuthals kreihn dä. De schull woll de Kinner ut den Slaap opwecken. In de Fibel wör op de erste Siet in grode, fette Bookstaben dat grode un dat lütje Alphabet druckt. De müssen de Schoolanfänger erstmal utwennig liern. Wenn se all de krusen Gesellen kennen däden oder jüm doch so eingermaten in den Kopp harrn, denn güng op de nöögsten Siden dat Bookstabeern mit Silben los: be a: ba; be e; be; be i: bi; usw. Denn: ce a: ca; ce: ce; usw.; jümmer wör jede Vokal mit jeden Konsonanten tosamensett to Silben, de kenen Sinn harrn. De lütten Gäst seten, mit krumme Puckel över ehr Fibel böögt, wisen mit de Finger de Regen langs un dröhnen in 'n Chor: ef a: fa; ef e: fe; bit hin na zet a: za; Denn aber köm dat swarer; den köm en tweten Mitluder darto, un nu dröhn denn de ganze Chor: be er a: bra; be er e: bre – wedder dat ganze Abc dörch. Dat wör ton Starben langwilig, un männig een von de Lütten lees ok gar nich mit, sünnern dröhn blot so in Gesellschaft mit, wat he nu al bald utwennig wüß. Op disse Wies duer dat bi enige dree un veer Jahr, bit se blot halfwegs lesen kunnen, un männig een köm sien ganze Schooltied över en stümperig Lesen nich rut. Merrn in dat Bookstabeergedröhn rööp dat männigmal von achtern: „Herr Schläer (Schullehrer)! Will Er mir man mal meinen Pasen anspitzen?" Un denn köm ok al een von de groden Jungens op sien hölten Tüffeln den Gang langs trufft un hööl den Schoolmester sinen Goospasen hin. Meyer aber harr stännig sien Feddermeß op den Disch liggen un sneer de Goospasen, de stuuv worrn wören, wedder spitz. Un denn truff dat Kind wedder na sinen Platz trüch un schreev wider de Schöpfungsgeschicht af.

O, wo wör dat langwilig! Wo schrecklich lang duer in de School en Stunn! Wenn de grode Jung dat gar nich mehr utholen kunn, denn krööp he ünner den Disch un snööv sik dar de Nees ut. Denn wiel domals noch keen Kind in Annerlingen en Taschendook harr, so harr Meyer en streng Gebot utgahn laten, dat jeed een Kind, dat sik de Nees utsnuben wull, von wegen de Renlichkeit ünner den Disch krepen un dit Geschäft dar freehännig afdon müß. Dit Gesetz köm de groden Bengels got topaß. Wenn een von jüm dat gar nich mehr utholen kunn, denn krööp he ünner den Disch, trumpeet dar en beten an de Nees rüm un bleev denn en gode Tied ünnen. He kneep sinen Naver int Been, ton Teken, dat he ok en beten daalkommen schull. Un denn dreben se dar allerhand Undöög, un jüm düch, dat dat dar nerrn doch veel schöner wör as baben. Wenn aber gar to veel en lööpsche Nees harrn, un bald de Hälfscheed von de groden Jungens ünner 'n Disch seet, denn wör dat den Schoolmester doch bi lütten opfällig. Denn sä he: „Engel Brandt, komm du mal her, und laß die Kleinen weiter buchstabieren." Denn köm Engel, de böverste von de Deerns, stell sik vör de Lütten op un dä nu den Schoolmester sien Arbeit. De aber sett sik achter sinen Disch, hööl de Groden scharp in de Ogen, un mit de ehr Vergnögen in de Ünnerwelt wör dat erstmal ut.

Och, wat wör dat för en Glück, wenn endlich de beiden ersten Stunnen rüm wören! Denn köm de Freeviddelstunn! Denn lööp allens rut na den lütten Hoff oder op de Straat oder ok na Huus, üm sik en beten Fröhstück natoholen. Tied nog harrn se darto; denn de Schoolmester harr meist jüst so wenig Lust, wedder antofangen as se sülbens, un ut de Free*viddel*stunn wör meisttieds en Free*halve*stunn.

Un wenn denn opletzt ok de drütte Stunn rüm wör, denn wör erst de halve Dag to End. Namiddags Klock een güng de Quälkram frisch wedder los. Alleen de letzte Stunn wör männigmal ganz nett. Wenn dat düster Wäer wör, dat een in de Schoolstuuv nich recht wat mehr sehn kunn, denn müssen de Kinner singen, un se bölken denn de Gesäng, de in de Kark sungen warrn müssen. Oder de Schoolmester vertell jüm wat ut de Geschicht. Veel wüß he ja sülbens nich; aber de Franzosentied wör doch bi de öllern Lüüd noch ganz lebennig, un dar vertell he denn von, wat he „Gemeinnützige Kenntnisse" nömen dä. Dar hören de Kinner jümmer ganz nipp to. Dat Leiden wör, dat in de letzte Stunn ok de Opgaben för den annern Dag opgeben warrn däden. Dat wör jümmer wat ton Utwennigliern ut den Groden Kanjissen oder ut de Bibel oder ut dat Gesangbook. Denn müssen se to Huus sitten un liern, bit jüm de Kopp dumm un dösig wör.

Dar harr Micheels Lütje nich veel Last von. He kunn bannig got beholen, un ok de Sprüch, de he nich verstünn, güngen em licht nog in den Kopp. Un wiel de ganze Ünnerricht domols op Utwennigliern un Gedächtniskram ruutlööp, so hööl Meyer-Schoolmester em bald för dat klöökste Kind, dat he jemals in de School hatt harr.

He sä dat ok ins to Lütje sien Öllern. Mudder frei sik darto; de Vadder aber sä: „Wat helpt mi dat! Un wenn he teinmal de Klöökste in de ganze School is, för disse Welt is he doch to dumm!"

Wo he dat menen dä, wull de Schoolmester weten.

„He is so drömerig", anter Jehann Micheels. „Annere Jungens in sien Öller weet al, wat en gode Koh kösten deit, oder wat de Swien gelt. He hett dar kenn Ahnung von, gifft sik ok gar keen Möh, dat to beholen. He is spelerig mit dat Veeh un bedinkt nich, wat dar för 'n Kaptal in steken deit. Ne, mi wör leber, he wüß weniger in den Kanjissen, aber beter op den Hoff Bescheed."

Dar wüß de Schoolmester nich veel op to seggen. He wör ok nich de Mann darto, den Vadder to bedüden, dat Lüth woll en Minschenkind wör, dat erstmal mehr na binnen as na buten leben dä; dat erstmal mit allens, wat he hören un beleben dä, in sinen lütten Kopp trechtkommen muß, un dat sik darüm na buten hin tüffeliger anstell as männig een anner Kind in sien Öller, dat he anners wiet över wör.

Ne, dat kunn de Schoolmester den Vadder nich verklaren, wiel he dat sülbens nich wüß. De eenzige, de dar woll en Ahnung von harr, wenn se dat ok nich in klare Wöer utspreken kunn, dat wör Lütje sien Mudder, un vielleicht ok noch Tante Ilsabe. De hölen beide veel von den Jungen, un darüm much he bi jüm ok op allerleevsten wesen.

Das Clausthaler Gymnasium (um 1860)

Adolf Ey

Das Clausthaler Gymnasium lag an der Erzstraße mit dem Rükken nach dem alten Friedhofe, auf dem meine Eltern und Großeltern und Freunde und Bekannte jeder Art sanft ruhen. Zwei große weißangestrichene viereckige Häuser standen da, einander ähnlich wie Zwillinge, zwischen ihnen ein geräumiger viereckiger Platz zum Turnen. Das eine Gebäude war für die lateinischen Jungen, das andere für die Bürgerschüler.

Die Fenster waren für Clausthal ungewöhnlich groß, wurden auch nicht auf und nieder geschoben, sondern seitwärts. Der Fußboden bestand aus weißen Dielen, die leicht schmutzten und immer wieder gescheuert werden mußten. Die Bänke sahen hart mitgenommen aus. In der Prima fand ich nur noch halbe Tischplatten. Oben auf dem Boden war ein Bretterverschlag, der Karzer. Dort kam man „hinter die Latten".

Die Aula war nicht mehr als ein größeres Schulzimmer. Dort mußte ich in der Zeit des Tischrückens mit anderen spiritistisch beanlagten Jungen vor dem Lehrerkolleg einen großen runden Tisch in den gewünschten Geistertrab bringen, dort hielt unser Schülergesangverein unter dem guten Kameraden Kraft seine Übungen ab, dort schwitzte ich im Maturum und blieb bei meiner Abschiedsrede einmal bedenklich stecken.

Eine Glocke zum Schellen war nicht vorhanden. Die Freiviertelstunde wurde dadurch eröffnet und geschlossen, daß ein Lehrer das Fenster neben der Hoftür etwa zehnmal zuschlug.

Unser Klassenlehrer in der Sexta war der dritte Pastor. Er war wohlwollend wie alle meine Lehrer, verließ uns aber bald und wurde durch einen kleinen mageren Kollaborator ersetzt, dem der rechte Arm schief angeheilt war.

Es ist etwas Rührendes um solch einen Schulmeister jener Zeit. P. stand in Clausthal zwölf Jahre mit 400 Talern. Er hatte Frau und Kinder. Nur ein Finanzgenie konnte sich damit in der Gesellschaft erhalten. Nahrung und Kleidung mußten auf das nötigste beschränkt werden. P. hatte sich denn auch nach dieser Richtung so entwickelt, daß er in allen Vereinen zum Rechnungsführer gemacht wurde. Nachher ist er Direktor geworden und verhältnismäßig früh gestorben, wie wir sagten, an Unterernährung.

Das einzige Mal, daß ich in der Schule mit dem Stock gehauen bin, hat er besorgt. Ich war Bankältester oder, wie es unter uns hieß, Bankesel. Nun hatten wir, mein Vetter und ich, einen anderen zarten Bankesel zwischen uns und fanden ein Vergnügen daran, ihn wie einen Ball hin- und herzustoßen. P. kam hinzu. Ich mußte mich an den Katheder stellen, und der Rohrstock trat in Tätigkeit. Wie ich es bei Mutter gewohnt war, schrie ich aus Leibeskräften und war nachher beschämt und verwirrt, als ich sah, mit welcher stoischen Ruhe mein Vetter die Prügel ertrug. Dafür kriegte er auch mehr, was ich nicht für billig erachtete.

Da war ein Dr. Sch., ein langer Mann mit schmalen Backen. Der Backen erinnere ich mich, weil sie immer so seltsam wackelten, wenn er prügelte. Prügeln taten alle, und wir kannten es nicht anders. Dr. Sch. ist der einzige gewesen, der mich für Naturgeschichte angeregt hat. Unter anderem brachte er eine Sammlung von Vögeln, die er nach und nach uns vorführte und erklärte. Als er vom homo sapiens sprach, erwähnte er auch die Weisheitszähne. Mein Nachbar riet mir, ich sollte ihn einmal fragen, ob er sie schon hätte. Ich tat es, bekam aber keine Prügel dafür.

In Quinta empfing uns der Kollaborator R. Ein x-beiniger langer Herr mit einigen Strähnen Haares auf dem sonst kahlen Kopf. Diese Strähnen wußte er geschickt nach vorn herüberzuklappen. Ein gutmütiger lieber Mann. Soviel ich weiß, hat er es nur bis zum Subkonrektor gebracht.

Ich denke immer mit Freude an ihn. Er erzählte so nette Geschichten. Ob ich deshalb ein zweites Jahr bei ihm blieb?

Gern sprach er von Hildesheim, wo er katholische Verwandte hatte.

„Wenn ich dorthin komme", sagte er und setzte sich dabei auf das Tischbrett der vordersten Bank, „muß ich erst die Stiefel ausziehen. Da sehen sie denn nach, ob ich nicht einen Klumpfuß habe wie der Teufel, da ich ja Protestant bin. Auch fahren sie mir ins Haar wegen des Ansatzes zu Hörnchen."

Das schien uns bei seiner Glatze schon damals nicht ganz glaublich.

„In Hildesheim", erzählte er weiter, „hat jede Glocke ihren Vers. Die eine ruft: Korinthen, Rosinen, Korinthen, Rosinen, aber eine brummt: Kommt all zusamm, ihr Lumpenhund! Kommt all zusamm, ihr Lumpenhund!"

Dann wieder gab er uns allgemeine Weisheit.

„Kinder", sagte er, „traut nicht den Menschen auf ihr Reden hin! Begegnet mir da einer, zieht tief den Hut und sagt: Ihr Diener! Gut, sage ich, wenn das so ist, ziehen Sie mir mal den Stiefel aus! Das wollte er nicht."

Zwischendurch brachte er uns die Regeln der lateinischen Grammatik bei. An das Buch hielt er sich wenig, dafür gab er uns, wie er es nannte, seine Schusterregeln.

In Quarta hatten wir bei ihm Religion. Außer dem Auswendiglernen der vorgeschriebenen Hauptstücke lasen wir nur die Bibel. Ich weiß nicht, wie er die Auswahl traf, aber ohne Erklärung kam uns das zu Gesicht, was andere nur irgendwie gedeutelt oder gar nicht kennen lernten. Nur wollte es mir nicht in den Sinn, daß wir dafür am Quartalsschluß verschiedene Nummern bekamen. Die Religionsstunde fing er damit an, daß er sagte: wir sollten aufstehen. Er lehnte am Katheder mit gefalteten Händen wie im Gebet. So standen wir, bis er sagte: setzen!

In Tertia hatten wir Griechisch bei ihm. Wir lasen von dem göttlichen Schweinehirten Eumaeus. Da ging er vor den Bänken auf und nieder, wie wenn er eine Herde der grunzenden Säue vor sich her treibe mit den üblichen Zurufen, dann wieder gab er uns den Ziegenhirten und den Schafhirten. Mit der Hand auf dem Rücken lockte er die wolligen Lämmer.

Rechnen und Schreiben erteilte in Sexta und Quinta ein Lehrer der Bürgerschule. Ich habe den Mann in der Stunde nie ohne Rohrstock gesehen. Er ging zwischen den Bänken auf und nieder, und keiner war sicher, daß nicht das Stöckchen auf ihm tanzte.

Wir schrieben mit Zählen. Ein Junge sagte den Buchstaben, den wir schreiben mußten, und ein anderer zählte: eins, zwei, eins, zwei. Eins waren die feinen und zwei die dicken Striche. Nun sollten wir den zweiten Finger am Halter gestreckt halten. Das ist aber ein Kunststück nach meiner Erfahrung, und so klappte denn alle Augenblicke der Stock auf eine Kinderhand hernieder unter dem drolligen Vers, den der brave Pädagog mit näselnder Stimme immer wiederholte: Eins, zwei Finger herbei!

Ich machte noch seine nähere Bekanntschaft, da er mir im Rechnen Privatunterricht gab. Auch damals genügte nicht der Schulunterricht. Bei mir aber haben beide Arten nichts geholfen.

Wir saßen in seinem Hause an der großen Käsebank hinten in der Stube. Der Duft war säuerlich, und wenn es stille war, hörten wir die Molke langsam und eintönig in einen Topf heruntertropfen. Wenn seine Frau Kaffeevisite hatte, konnten wir unsere eigenen Gedanken nicht hören. Manchmal versteckte er dann den Stock und trat in die gute Stube. Bei uns aber war der Teufel los. Hiebe setzte es nachher doppelt. Im Herzen war der Mann nicht böse, nur die liebe Gewohnheit beherrschte ihn.

Unsern Kantor werde ich nie vergessen. Lang war er, hager, immer im schwarzen Rock, spitze Vatermörder und dicke schwarze Krawatte um den langen dürren Hals. Damals sangen nur Sexta und Quinta. Wir lachten, als er sagte: Auch die Prima müßte noch Singstunden haben. Das schien uns unglaublich und besonders den Primanern unter ihrer Würde.

Und der Kantor behielt Recht. Er hat in allen Klassen singen lassen. Zuletzt soll es toll bei ihm hergegangen sein. Das Gehalt blieb immer gering, und er blieb immer derselbe zufriedene gute Mann.

Geographie gab uns Dr. B., ein vielseitiger Gelehrter. In allen Sprachen wie in Mathematik gleich tüchtig, dazu musikalisch und ein Dichter. Er schrieb mehrere Dramen. Die Geographie in Quinta lag ihm wohl nicht. Zwei von uns mußten gewöhnlich an die Karte treten. Der eine tat zwölf Fragen, der andere mußte mit dem hinweisenden Stock sie beantworten. Natürlich verständigten sich die guten Kameraden, und die schlechten legten sich hinein. Eine Lieblingsfrage, die unter Freunden immer vorkam, war Reykjavik; denn in Island konnte man sich nicht irren.

Bei Dr. B. hatten wir auch Nachhilfestunde in der Klasse. Worin, ist mir nicht mehr klar. Nur weiß ich, daß die Jungen, die ihren Gutengroschen – so viel kostete die Stunde – nicht mitbrachten, gleich wieder nach Hause gehen und ihn holen mußten.

Den Klassenlehrer der Quarta, Subkonrektor Dr. V., hatten wir nur kurze Zeit. Bei seinem Weggange brachte jeder Humanist ein paar Gutegroschen zu einem Geschenk. Die Realisten hielten die Taschen zu. Dafür schüttelte Dr. V. auch nur uns beim Abschied die Hand. Alles wie's Recht ist.

Für ihn kam Dr. Schuster. Auch ein Mann vielseitiger Bildung. Er gab uns Deutsch, Latein und Griechisch, in den oberen Klassen Englisch. Durch ihn erkannte ich zuerst die Schönheit und Tiefe der englischen Literatur. In Prima lasen wir Shakespeare, und da er ihn verstand und empfand, erwachte auch in unseren Herzen eine Ahnung von dem, was herzerschütternd und herzerhebend in dem unvergleichlichen Briten lebte.

Ja, ich verdanke ihm viel. Ohne seine milde Beurteilung im Griechischen hätte ich auch die Bänke der Quarta zwei Jahre gedrückt. In Tertia bekam ich von ihm die erste und einzige Eins für eine Erzählung: Glück und Glas, wie leicht bricht das, von der natürlich meine Kameraden ihm gegenüber behaupteten: ich hätte sie abgeschrieben; denn es kam da etwas von einer goldumränderten Tasse vor, und die spielte damals in den Hoffmann-Nieritzschen Geschichten eine gewisse Rolle.

Dr. Schuster war auch ein vorzüglicher Deklamator und Redner. Bei der Schillerfeier 1859 riß er durch seine begeisterte Rede im Saale der goldenen Krone die dichtgedrängte Zuhörerschaft mit sich fort. Ich sehe ihn noch, wie er mit dem gesunden Arm – der andere war etwas verkrüppelt – das weiße Taschentuch schwenkte und den Manen Schillers ein Hoch ausbrachte.

Ihm verdanke ich es auch, daß ich in dem Gesangverein Cäcilie, hinter ihm stehend, den Elias und anderes einigermaßen korrekt mit einüben konnte. Fehlte er einmal, so irrte meine Stimme wie ein Kind im wilden Walde umher.

Als ich Primaner war, gab er mir zweimal Gelegenheit zu öffentlichem Auftreten. Statt seiner trug ich im Konzert Schillers „Eisenhammer" vor, den das Bergmusikkorps begleitete. Da meine Notenkenntnis nur gering war, hatte der Dirigent sich mit mir verabredet. Jedesmal, wenn er fiedelnd über das Blatt herübersah, legte ich los.

Wie fuhr das Publikum erschreckt zusammen, als ich in den Saal hinausschmetterte:

Gott selbst im Himmel hat gerichtet!

Zugleich erschütterte ein wütender Paukenschlag die Luft. Das einzige Lob, das ich nachher hörte, war: Hat der junge Mensch aber eine Stimme!

Das andere Mal handelte es sich um das Melodrama „Mozarts Leben". In der Prima hielten wir Proben ab. Ich trug den Schluß vor, und bei dem letzten Wort setzte der Beifall der Kameraden ein. Wir hatten es so gut eingeübt, daß mir fast graute, als im Konzert das Ende nahte, besonders nach der Ovation, die mir die Kerle schon vorher mitten im Stück bereitet hatten.

Es war da ein hübsches Mädchen, die Tochter eines Arztes. Sie saß in der ersten Reihe mir gerade gegenüber und hieß Konstanze. Mozart entschließt sich und ruft:

Konstanze soll ihr Name sein!

Als ich diese Worte hervorstieß, jubelten die Racker so ausgelassen, daß ich fast stecken blieb, und doch war es köstlich, so harmlos offen vor allen eine Liebeserklärung abgeben zu können.

Der Schluß kam. Der Beifall dahinten war betäubend und riß alles fort. Das Nachspiel des Orchesters verklang ungehört.

Wichtiger als alles und bestimmend für mein ganzes Leben war es, daß Dr. Schuster mich nachher durch seine Empfehlung an das Lyzeum II nach Hannover brachte, wo er Direktor des Realgymnasiums war.

Jeder Quartaner freute sich auf die Tertia. Das erschien all den kleinen Schlingeln als das Dorado unseres Pennals, denn dort kamen sie zu dem Konrektor Z. Jeder verlangte, grausam wie Kinder sind, auch zu erleben, wovon die Tertianer und Sekundaner so vergnügt erzählten.

Z. war, wie ich späterhin erfuhr, schon mit 20 Jahren in das Schulamt gekommen, hatte von Anfang an keine Zucht halten können und war nun das bemitleidenswerte Wesen, das vielleicht niemand so deutlich und wahr geschildert hat wie Hans Hoffmann in seinem Gymnasium zu Stolpenburg. Bei dem unglücklichen verärgerten Schulmeister, den Hoffmann da schildert, war ich erstaunt und glaubte oft, ich lese die Geschichte unseres armen Konrektors, so sehr stimmte sie mit dem, was ich gesehen hatte, überein.

Wir waren sehr enttäuscht, als gerade damals dem Konrektor das Ordinariat der Tertia genommen und Dr. Schuster übertragen wurde.

Die Tertia war die tollste Klasse. Sie war zweijährig. Der Penalismus trieb dort noch seine munteren Blüten. Die Regel verlangte, daß die Alten die Füchse verhauten. Die Schlacht ging denn auch los, nur daß wir ihnen zu stark waren und die Alten zwischen den Bänken in die Enge trieben.

Konnten sie uns auch nicht verhauen, so zeigten sie uns, wie der Konrektor, der uns etliche Stunden gab, geärgert wurde. Es war System darin, langjähriger, von einer Generation auf die andere übertragener Usus. Der Mann ging in Sklavenketten, und wir saßen und lachten, wenn er in seiner Wut damit klirrte.

Was erschien uns damals nicht lächerlich! So rief er einmal in seiner Verzweiflung: „Ihr macht meine Frau zur Witwe und meine Kinder zu Waisen." Und ein Schlingel zeigte den Finger und rief: „Herr Konrektor, für die Lenore sorg' ich!"

Lenore war seine Älteste, das schönste Mädchen in Clausthal. Ein andermal – es war in der Geisterspukzeit – rückte, als jeder mit gefalteten Händen scheinbar artig vor ihm saß, der Schultisch neben seinem Katheder wie ganz von selbst auf unsere Bänke los. Entsetzt fuhren wir auf, um den Ausreißer festzuhalten, und der Tumult war im Gange.

Da entrang sich seiner Brust: „Ihr seid ja eine ganz verfluchte Bande." Und durch die Klasse murmelte es: „Du sollst nicht fluchen, zaubern, schwören, lügen oder trügen."

Doch wozu? Das meiste würde heute unglaublich erscheinen. An dem Direktor hatte er nur geringen Halt.

Da war in der Nähe ein Zechenhaus, der Ludwiger Garten, wo Kaffee und Bier geschenkt wurde. Vor dem Hause stand ein mächtiger breitästiger Ahornbaum, und in diesem Baum befand sich eine Laube, zu der eine Leiter hinaufführte. Dort saßen die

Primaner mit Vorliebe, wenn sie bei dem Konrektor schwänzten. Eines Tages geht der Direktor darunter durch, sieht seine wackeren Schüler, winkt ihnen zu und ruft: „Na, es ist nur gut, daß es nicht in meiner Stunde ist!"

Mir selbst sagte der Direktor, als ich seinerzeit mit meiner Abiturientenrede bei ihm war: „Ja, sehen Sie, wollten wir gerecht sein, so müßten wir Schüler und Lehrer wegjagen."

Diese Gerechtigkeit wurde nicht geübt, und viel sittliches Empfinden und viel Gelegenheit zum Lernen ging Jahr um Jahr für die Harzer Jugend verloren.

Trotzdem verdanke ich Z. manche Anregung. Im Deutschen brachte er uns Dinge, die mich lebhaft beschäftigten. So Hebels alemannische Gedichte. Mit welcher Liebe wiederhole ich mir noch heute den Anfang von Hebels „Wiese":

Wo der Dengle-Geist in mitternächtige Stunde
Uffeme silberne Gschirr si goldeni Sägese denglet!

Wie wußte er mich für Platen zu interessieren!

Wir hätten gewiß viel bei ihm lernen können, Kenntnisse, Geschmack und guten Willen hatte er, aber alles ging in wüstem Lärm unter.

In der Prima sollten wir bei ihm den lateinischen Aufsatz schreiben. Auch ein vergeblich Bemühen. Aber fast wie ein Verbrechen erachte ich es, daß ihm dort die Religion übertragen wurde. Später habe ich es mehrfach gefunden, daß die Lehrer, denen übel mitgespielt wurde, wenn möglich nur Religionsstunde zu geben hatten. Auf Kosten des Verstandes mußte das Gemüt leiden.

Wenn einmal einer dazu riet, sie sollten den armen Mann schonen, damit er nicht drauf ginge, meinte die Masse: ohne diesen Ärger könne er nicht leben. Und gewissermaßen hatten sie recht; denn, war einmal die Parole: Ruhe halten, ausgegeben, dann war es ihm so unbehaglich, daß er uns provozierte, bis der alte Radau wieder fertig war. Auch ist er weit über siebzig alt geworden.

Was ist bedauernswerter als solch ein Lehrer!

Mathematik und Naturwissenschaften hatten wir bei einem Oberlehrer. Das war damals ein noch seltener Titel. Der Oberlehrer war langweilig, und Zoologie und Botanik sowie Physik sind mir leider deshalb fremd geblieben. Aber köstlich wars doch, wenn er mit uns botanische Exkursionen unternahm. Wir bekamen den Nachmittag frei, strichen über die Wiesen dahin, hoben aus den spärlichen Kartoffelfeldern ein paar Horste heraus, und, wenn wir eine schöne Stelle am Rande des Waldes gefunden hatten, zündeten wir ein Feuer an und warfen die Knollen in die glühende Asche. Zwei oder drei unterhielten sich mit dem Oberlehrer, wir andern mit den Bratkartoffeln.

Die Mathematik lag mir nicht, und doch wäre ich vielleicht in ihre Geheimnisse eingedrungen, wenn der Oberlehrer es verstanden hätte, uns anzuregen.

Wir unsererseits regten ihn zuweilen an. Eines Abends gingen einige zu ihm und riefen ihn auf die Straße: am Himmel wäre ein Phänomen, das wir uns nicht erklären könnten. Nach Westen hin erschien etwas wie ein Stern, es bewegte sich und leuchtete bald weiß, bald rot, bald blau. Er sah sich die Erscheinung an und sagte dann: er wollte sie uns morgen in der Klasse erklären.

Auf die Erklärung waren wir Bösewichter gespannt. Um die Bewegung des Gestirns zu verdeutlichen, sprach er von Luftwellen, wir mußten durch eine Glasscheibe auf den Hof sehen, er wurde immer begeisterter und für uns unklarer, bis endlich einer sagte: „Herr Oberlehrer, könnte es nicht ein Drache gewesen sein, an den ein Lampion gebunden war?"

Damals ließen die Jungen auf der Mühlenstraße solche Drachen steigen.

Um das Examen in der Mathematik bestehen zu können, nahm jeder Abiturient Privatunterricht bei einem Markscheider, der uns das Notwendigste eintrichterte. Unser Oberlehrer aber war stolz darauf, daß bei ihm seit langen Jahren alle im Maturum bestanden hatten.

Als ich in Tertia war, wurde die Schule in muntere Erregung versetzt durch einen kleinen vierschrötigen Mann mit einem Löwenkopf. Es war der Turnlehrer Metz, der seine edle Kunst auf den höheren Schulen des Königreichs in Schwung bringen sollte.

Was wir bisher geturnt hatten, war nicht der Rede wert. Da es in Clausthal jeden dritten Tag regnet, fiel die Übung sehr oft aus; denn eine Halle war nicht vorhanden. Die beiden Herren Lehrer, die uns anleiten sollten, wandelten nur auf und nieder und überließen es den Vorturnern. Jetzt aber kam ein frischer Zug hinein.

Metz nannte alle, selbst die Primaner, du, und wir durften ihn auch duzen. Mit einer Trompete leitete er die Übungen. Nach ihren Klängen lernten wir einen Dreitritt mit verschränkten Armen tanzen, den ich jetzt noch gern meinen Enkelkindern beibringe. Das war ein Leben! Jeder tat sein Bestes, und nach vier Wochen konnte er mit uns ein öffentliches Schauturnen veranstalten, bei dem Obrigkeit und Eltern Augen und Mund aufrissen.

Die Kantor-Schule in Lüneburg

Heinrich Siegfried

Nach Ablauf meines ersten Schuljahres bei der Privatlehrerin Schmidt wurde meine Weiterbildung in den elementaren Schulfächern in der Privatschule des Kantors Moritz gegen einen allvierteljährlich eingewickelten Taler gefördert. Der Genannte, ein früherer Seminarlehrer, wohnte im eigenen Hause an der Altstadt neben einem Sattlergeschäft. Auf dem geräumigen Hofe befand sich ein für Schulzwecke erbautes einstöckiges Haus. Das einzige Klassenzimmer nahm die ganze Grundfläche des Gebäudes ein, bis auf einen engen Vorraum. Hier stand eine hohe Leiter, die zum Boden führte, wo das Heizungsmaterial aufbewahrt wurde.

Einzig in seiner Art war der Zugang zum Schulhof. In der Unteren Ohlingerstraße zwischen den Grundstücken des Sattlers und eines Hökers befand sich ein schmaler Gang. Links von diesem die immer reparaturbedürftige Wand des Hökerhauses. Rechts ein nach Käse und Heringslake duftender Rinnstein, daneben die Planke des Sattlergrundstücks. Wir Jungen konnten uns nur im Gänsemarsch hindurchwinden. Die Wohlgerüche beachteten wir nicht.

Der erwähnte Vorraum ist mir besonders in Erinnerung geblieben. Wenn wir Jungen die Gesangverse nicht hersagen konnten, dann wurden wir zum Nachsitzen verurteilt, durften aber im Klassenzimmer nicht bleiben, weil wir dort Unfug getrieben hätten. Es blieb uns nur der enge Vorraum. Wir nahmen das Nachsitzen wörtlich und saßen – oft fünf Jungen – übereinander auf der hohen Leiter. Ein Junge mußte hinter der Tür aufpassen. Wenn der Kantor über den Hof kam, uns zu überhören, rutschten wir mit großer Geschwindigkeit die Leiter herunter. Hatten wir gelernt, so wurden wir mit Ermahnungen entlassen.

Der Kantor Moritz war eine imponierende Persönlichkeit. Bartloses ernstes Gesicht mit roten Backen. Großknochige Gestalt, etwas gebeugte Haltung, aber trotz des hohen Alters noch sehr rüstig. Er lachte selten, dann aber herzhaft. Sommer und Winter trug er einen alten langen Überzieher, in dessen weiten Ärmeln die Hände steckten. Im linken Mundwinkel sah man oft die Zungenspitze hervorgucken. Was ein Schüler nicht alles beobachtet! –

In Beziehung auf das Lehrziel unterschied sich unsere einklassige Schule nur wenig von der mehrklassigen Heiligengeistschule. Nur äußerlich war nach unserer Meinung ein großer Unterschied, denn die Volksschüler erschienen meistens in Holzpantoffeln, wir dagegen trugen Lederschuhe.

Die Lehrmethode unseres Kantors muß wohl gut gewesen sein, denn die meisten Jungen erreichten ein höheres Ziel als das der Volksschule in der damaligen Zeit. Besonders das Rechnen war sein Hauptfach. Ein halbes Jahr vor der Konfirmation hatte der älteste Jahrgang das Krancke'sche Rechenbuch für Landschulen durchgearbeitet. Dann machten wir uns noch mit einigen Kapiteln des Krancke'schen arithmetischen Rechenbuchs vertraut. Im allgemeinen war das Bestreben des Lehrers darauf gerichtet zu lehren, was im praktischen Leben am notwendigsten ist. Die Hauptfächer außer Rechnen und Religion waren: Schreiben, Lesen, Deutsch, Geschichte und Geographie.

Beim Geschichtsunterricht und beim Anblick der bunten Deutschlandkarte sagte er bereits 1865 die Einigung der deutschen Stämme unter Führung Preußens voraus, wie er es 1871 noch erleben durfte. Gelegentlich seiner Schilderungen nach 1866 über die Zustände des noch immer nicht ganz geeinigten Vaterlandes reizte er uns zum Widerspruch, indem ein Schüler ausrief, wie er im Elternhause gehört hätte: „Die Preußen haben aber Hannover gestohlen!“ Darauf erwiderte unser Kantor: „Was wißt Ihr dummen Jungen davon!“

Bei der Anwendung von Zuchtmitteln gab es einige Abstufungen. Brachte ein Schüler eine Falschrechnung, so war ihm das Prädikat: „Alte Nachtmütze!“ sicher, dazu noch eine Ohrfeige. Ungezogenheiten wurden mit einem Haselstock gesühnt. War das Vergehen aber ganz schlimm, dann erschien aus der Schublade eine geflochtene Hundepeitsche, deren biegsames Ende sich unsanft um die Beine schlängelte. Man pflegte zu sagen: „Schade was beizukommt!“

Nach Ablauf der Johannisferien brachten wir blumengeschmückte Kränze mit, die an den Wänden der Schulstube angebracht wurden. Die Mitte der Decke zierte eine Krone. Eine schöne, an die Sonnenwendfeier der vorchristlichen Germanen erinnernde Sitte, die wohl kaum noch gepflegt wird.

Die Plätze der Schüler wurden auf Grund einer Probeschrift verteilt, die wir nach den Osterferien mitbringen mußten. Das erste Mal passierte mir ein Mißverständnis. Unser Lehrer hatte gesagt, wir sollten eine Probeschrift mit Unterschrift liefern. Ich schrieb mit großer Sorgfalt aus dem Quietmeyer'schen Lesebuche einige Verse: „Ans Vaterland, ans teure schließ dich an“ usw. mit der Unterschrift: „Friedrich von Schiller“. Bei der Plätze-Verteilung wurde es mir heiß und kalt, denn mein Name wurde nicht aufgerufen. Da, endlich kam das letzte Blatt, meine Schrift. Lehrer und Schüler lachten; mir wurde indes doch der verdiente Platz und außerdem auf einige Wochen der Beiname: „Friedrich von Schiller“.

Auf unserem Hausboden entdeckte ich eine Flasche mit roter Tinte. In meiner Einfalt benutzte ich diese beim Schreiben des nächsten Aufsatzes, in dem Bewußtsein, etwas besonders Schönes zu leisten, ohne daran zu denken, daß diese Farbe zum Korrigieren dient. Erstaunt und gekränkt zugleich war mein Empfinden, als mir das Schreibheft links und rechts um die Ohren flog mit den begleitenden Worten: „Solltest lieber mit grüner Tinte schreiben!“

Ein großer Festtag war es für uns, wenn vor dem oben beschriebenen Zugang ein großer Leiterwagen stand. Dieser war hochgeschichtet mit Bundholz beladen. Dann hieß es: „Freiwillige vor!“ Und es meldeten sich alle. Indes die Kleinsten mußten verzichten, während die Größeren die Beförderung des Heizungsmaterials als eine wichtige und doch heitere Angelegenheit betrachteten. Wir bildeten eine Kette, und die Bunde wanderten von Hand zu Hand durch den Gang, über Schulhof und Leiter auf den Boden. Damit wurde Geld gespart und wir leisteten unserm guten Kantor diesen Dienst freudig und gern.

Wenn wir an schulfreien Nachmittagen am Graalwall zusahen, wie die Schüler des Gymnasiums unter Dr. Sauvins Leitung turnten, und wenn wir hörten, wie die Schüler der Seminar-Übungsschule so schön zweistimmig sangen, dann regte sich auch in uns der Wunsch nach Gesang- und Turn-Unterricht. Eines Tages stellten wir denn auch einen diesbezüglichen Antrag. Unser Kantor war überrascht. Seine Gedanken waren unschwer zu erraten. Gesang-Unterricht, das ginge ja wohl, denn wir sangen jeden Morgen vor Beginn des Unterrichts nach der Stimmgabel eine Strophe aus dem Gesangbuche. Auch war er Kantor an der Michaeliskirche. Aber Turnen, Laufen, Springen und Geräte-Übungen, da würde der 70jährige Herr sich nicht mehr mit abfinden können. Nach kurzer Überlegung ließ er sich wie folgt hören: „Jungens, ich will Euch etwas sagen. Wenn ein Kaufmann oder Handwerksmeister vor Ostern zu mir kommt mit der Bitte, ihm einen Jungen als Lehrling für sein Geschäft zu empfehlen, dann fragt er nicht, ob der empfohlene Junge turnen und singen kann, sondern er will erfahren, ob der Junge tüchtig rechnen und schreiben gelernt hat!“ Der Antrag war damit abgelehnt, und es blieb beim alten. Einige Jahre später konnte ich alles im Männer-Turnverein nachholen.

Und doch haben wir Jungen gelegentlich brav gesungen. In der Michaeliskirche fand eine Trauung statt. Soweit mir erinnerlich, heiratete die Tochter eines Generals einen Engländer. Die Braut wünschte bei der heiligen Handlung die Mitwirkung eines Knabenchors. Es wurden 20 gute Sänger ausgesucht. Am Vormittage fand eine Probe statt, und am Nachmittage nach der Traurede sangen wir mit leiser Orgelbegleitung so gut wir konnten. Nach Beendigung der Feier gab unser Kantor jedem Jungen für seine gute Leistung ein blankes Zweipfennigstück mit den Buchstaben G.R. und einer Krone darüber. Es war das einzigste Mal in meinem Leben, daß ich mit meiner Kehle Geld verdient habe.

Gelegentlich meiner Versetzung nach Lüneburg im Jahre 1885 besuchte ich meinen lieben Kantor, den ich im reiferen Lebensalter erst recht schätzen gelernt hatte. Er saß in einem Lehnstuhl, freute sich über die Anhänglichkeit, konnte sich jedoch – 90 Jahre alt – der Einzelheiten aus der Vergangenheit nicht mehr erinnern. Traurig über die Vergänglichkeit alles Irdischen verließ ich ihn.

Aufnahmeprüfung in Duderstadt

Karl Wüstefeld

Das Schuljahr begann damals im Herbst. Schon sechs Wochen vorher war der Sextanerkursus in Latein durchgearbeitet, worauf eine eifrige Wiederholung einsetzte. Es kam nun die Zeit heran, daß ich mich der Aufnahmeprüfung für die Quinta unterziehen mußte.

Eines Tages sagte der Lehrer zu mir: „In 14 Tagen beginnt in Duderstadt das Schuljahr. Du mußt nun vorher dein Examen machen, und zwar bei Herrn Professor von Hagen, deinem künftigen Klassenlehrer. Er ist ein Sohn des dortigen Amtsrichters. Angst brauchst du nicht zu haben, da du ja in allen Fächern gut beschlagen bist." Das war leichter gesagt als getan. Das Wort Examen legte sich wie ein Alp auf mein Gemüt. Dazu kam, daß der Examinator ein Professor und ein Herr von Hagen war.

Die Bezeichnung Professor hatte ich schon wiederholt gehört. Das waren die unerhört gelehrten Leute an der nahen Universität Göttingen! Zu dem „Professor" kam dann noch der Name von Hagen. Ich hatte einmal von meinem Lehrer das Nibelungenlied in Prosa erhalten und das Buch mit Heißhunger verschlungen. Mit lebhaftem Abscheu hatte mich der grimme Hagen von Tronje wegen seines hinterlistigen Verhaltens gegen Siegfried erfüllt. Nun führte der Duderstädter Professor gleichfalls den Namen Hagen! Und dann „Sohn des Amtsrichters von Hagen!" Von dessen Familie hatte ich auch schon gehört als einer besonders vornehmen. Man kann sich leicht denken, in welch gedrückter Stimmung ich mit meinem Lehrer zur Aufnahmeprüfung nach Duderstadt ging.

Wir begaben uns direkt zur Stadtpfarrei, wo Professor von Hagen wohnte. Der Lehrer klopfte an das betreffende Zimmer; es erfolgte aber kein Herein. Mir kam der Wunsch: Wäre doch der Herr nicht zu Hause! Der Lehrer klopfte zum zweiten Male, und zwar etwas stärker; aber es blieb ruhig im Zimmer. Was war ich froh, daß aus der Prüfung nun nichts werden würde! Aber ich hatte mich zu früh gefreut. Der Lehrer sagte: „Der Herr ist nicht zu Hause. Nun wollen wir mal bei Herrn Professor Derfin vorsprechen. Vielleicht kann der uns sagen, wo sich Herr von Hagen aufhält." Der Lehrer ging eine Treppe aufwärts. Ich folgte ihm zögernd, hegte aber die geheime Hoffnung, daß auch dieser Herr nicht zu Haus sein würde. Als der Lehrer vor der Tür haltmachte, um anzuklopfen, bemerkte ich, daß der Schlüssel in der Tür steckte, und meine Hoffnung wurde zunichte.

Auf das Klopfen des Lehrers folgte ein kräftiges Herein, worauf wir das Zimmer betraten. Hier befanden sich zwei geistliche Herren. Der Lehrer begrüßte beide, und auch ich gab jedem die Hand. Der Lehrer mußte auf dem Sofa Platz nehmen, während mir in seiner Nähe am Tische ein Rohrstuhl angewiesen wurde. Wie ich aus der Unterredung, die der Lehrer mit den Herren führte, entnahm, war der ältere Professor Derfin und der jüngere Professor von Hagen. Das Benehmen beider Herren gegen den Lehrer war äußerst freundlich und liebenswürdig, und meine Beklommenheit fing an, sich etwas zu legen. Nachdem die Geistlichen sich nach dem Befinden des Lehrers erkundigt hatten, sprach Professor Derfin: „Na, Herr Lehrer, Sie wollen uns sicher einen neuen ‚Studenten' bringen." (Die Gymnasiasten wurden früher in Duderstadt allgemein „Studenten" genannt.) Der Lehrer bejahte die Frage und teilte Näheres über unsere Familie mit. Dann erkundigte sich Derfin nach meinen Leistungen in der Schule, und zwar zunächst im Deutschen, dann im Rechnen und zuletzt im Lateinischen. Das Urteil des Lehrers lautete günstig, und das hob meinen Mut. Darauf fragte Derfin: „Wie schreibt man: Tiger – Tiegel – Fabrik – Maschine, April usw." Ich machte keinen Fehler. Sodann fragte er weiter: „Wieviel ist ½ mal ½?" Die Antwort lautete: ¼. „Und wieviel ist 2½ mal 2½?" Ich antwortete: 2½ = 5/2; 5/2 mal 5/2 = 25/4 = 6¼. Die Herren nickten freundlich mit dem Kopfe, und das hob meine Zuversicht.

Darauf kam die Prüfung im Lateinischen. Sie war kurz. Derfin sprach: „Gib mir die Übersetzung von: Orate, fratres." Ich antwortete: „Betet, Brüder!" „Nun erkläre den Satz sprachlich." „‚Orate' ist der Imperativ Pluralis von orare und heißt: betet. ‚fratres' ist der Vokativ Pluralis von frater und heißt: Brüder. Die Übersetzung lautet also: Betet, Brüder."

Nunmehr wandte sich von Hagen an mich mit den Worten: „Die Numeralia und die Deponentia hat der Herr Lehrer mit dir wohl schon durchgenommen?" Nachdem meinerseits ein Ja erfolgt war, fragte er weiter: „Wann bist du geboren?" Ich antwortete: „Im Jahre 1857." Darauf sprach er: „So, nun übersetze: Im Jahre 1857 bin ich geboren. Wenn du das fertig bringst, hast du dein Examen bestanden." Und zur Freude meines Lehrers konnte ich schlank und ohne Stockung übersetzen: „Anno millesimo octingentesimo quinquagesimo septimo natus sum." Herr von Hagen sagte: „Das hast du gut gemacht. Du bist in die Quinta aufgenommen." Dann gab er dem Lehrer die Hand und sprach: „Ich gratuliere! Sie haben fleißig gearbeitet." Diesen Worten schloß sich auch Derfin an.

Dorfschule Weene (um 1875)

Jann Berghaus

Noch war ich keine fünf Jahre alt, als der Weg aus dem häuslichen Leben zur Volksschule führte, aus dem engeren in einen sehr erweiterten Lebenskreis. Der Übergang bot aber keine besonderen Schwierigkeiten, da für den älteren Vetter Klaas gleichzeitig die Schulpflicht begann, und ein anderer Vetter, Heinrich, als „lüttje Mester" (Schulgehilfe) mein Lehrer wurde. Der nach bestehenden Vorschriften geprüfte und endgültig angestellte Lehrer suchte sich zu der Zeit ähnlich wie der Handwerksmeister unter den befähigten vierzehnjährigen Schülern einen aus, den er zu sich ins Haus nahm, unterrichtlich förderte und anleitete, die Kleinen zu unterrichten.

Da fanden sich auf dem geschützten Schulplatz an der Südseite des Schulhauses gegen 200 Schüler, Knaben und Mädchen, gleichzeitig ein. Welch ein Getümmel und Gewimmel! Welch ein Erleben für den Neuling! An dem für die damalige Zeit recht geräumigen Spielplatz führte der Hauptweg vorbei, aber nicht abgetrennt und abgegrenzt, so daß er von den Schulkindern für ihre Spiele mitbenutzt werden konnte. Es fuhren ja damals keine Autos und Motorräder, die das Leben gefährdeten, sondern nur hin und wieder die bekannten und langsamen Bauerngespanne. An der Westseite des Platzes stand das langgestreckte, schützende Pfarrhaus, einem Bauernhaus ähnlich, nur mit dem Unterschied, daß sich das Wohnhaus von den andern durch seine besondere Größe abhob.

Auf einmal ging dann der Ruf durch die lärmende Kinderschar: „D' Mester kummt!" Der alte, würdige, weißköpfige Herr trat mit seinem Lehrling den Weg zur schweren Tagesarbeit an. Nun stürmte alles ohne Regel, ohne Ordnung in das Schulhaus; jedes Kind bis auf die Anfänger wußte ja wie's Mäuslein sein Löchlein, seinen Platz zwischen Tischen und Bänken zu finden. Das Schulhaus war zwar kein „Schulpalast", aber doch ein recht ansehnliches Gebäude, einstöckig, langgestreckt von Westen nach Osten, „de groote School", die erste Klasse an der Ostseite, „de lüttje" an der entgegengesetzten. Zwischen beiden befand sich ein kleines „Portal".

Wir Kleinen wurden in der Klasse ganz hintenan gesetzt, am weitesten vom Lehrerpult entfernt. Da saßen wir dicht gedrängt, weil der Platz für die große Schülerzahl nicht reichte. Unsere Schulausrüstung war bescheiden: Schiefertafel – „Lei" genannt –,

Griffel und Fibel, das war alles. Tornister, Griffelkasten und dergleichen waren damals unbekannte Dinge. Mußte etwas auf der Tafel ausgewischt werden, spuckte man drauf und wischte mit dem Ärmel oder den Fingern darüber. Die Jungens steckten ihre Mütze unter den Tisch; die Mädchen behielten ihre Kappen auf dem Kopf.

Allmählich trat dann Stille ein. Die großen Schiebetüren zwischen beiden Klassen wurden geöffnet, und die Morgenandacht, die nie ausfiel, begann. Der Lehrer sang regelmäßig den Choral: „Morgenglanz der Ewigkeit, Licht vom unerschöpften Lichte, schick uns diese Morgenzeit deine Strahlen zu Gesichte, und vertreib durch deine Macht unsre Nacht." Dann folgte das Gebet; der Unterricht begann, die Schiebetüren wurden geschlossen.

Jeder Schultag begann mit einer Religionsstunde. Der Gehilfe las aus der biblischen Geschichte vor und fragte dann das Vorgelesene ab. Die beiden älteren Jahrgänge antworteten, und wir Anfänger waren stille Teilhaber, doch manchmal auch recht unruhige. Die deutsche Sprache verstanden wir nur brockenweise, und der Inhalt der Geschichte blieb uns so gut wie gänzlich fern und fremd. Man begann dem Plan nach mit dem Anfang der Bibel, mit der Schöpfungsgeschichte also, und der Jahreslauf führte durch biblische Geschichten des Alten und Neuen Testaments. Nach Ostern des kommenden Jahres wurde dann derselbe Weg von neuem betreten, diesmal aber mit erheblich größerem und besserem Erfolg für die, die bislang die Anfänger waren. Zu den biblischen Geschichten wurden Bibelsprüche, Gesangverse und Katechismusstücke gelernt. Wenn ich davon dies und jenes Wort behielt, je länger je mehr, und dies meiner Großmutter mitteilte, fand sie in der Regel leicht Anfang, Fortgang und Ende. Was die Schule mir nur stückweise zu geben vermochte, vollendete und rundete die gute Großmutter zum Ganzen, und so wurde es mein geistiges Eigentum, wenn auch nur gedächtnismäßig.

Nun zur zweiten Schulstunde! Sie war mit Schreib- und Leseunterricht belegt. Während die Größeren mit Abschreiben aus dem Lesebuch oder mit Schönschreiben beschäftigt waren, wurden wir Kleinen im Buchstabieren unterwiesen. Wir lernten das Abc, sagten es in Reimen auf: Abcdefg – hijklmnop usw. Und dann ging das Buchstabieren los, b a – ba, b e – be, b i – bi, b o – bo, b u – bu, d a – da usw. Schnell wurden Reime gemacht und auswendig gelernt:

Ba be bi bo bu
Da de di do du

Und dann kam's umgekehrt, der Selbstlaut voran: a b – ab,

e b – eb, i b – ib, o b – ob, u b – ub. Es gab auch mit Buchstaben und Silben bedruckte Tafeln. Da standen wir denn davor, der Lehrer zeigte und buchstabierte, wir wiederholten im Chor. Einige gaben acht, sahen hin, merkten auf und wiederholten richtig, andere dagegen blickten umher, sahen sonstwas und gaben gewisse artikulierte oder auch unartikulierte Laute in den Schulraum.

Bei stetigem Fortschreiten jedoch wurden die Silben sinnvoller; Wörter und kleine Sätze traten auf; die Eroberung der deutschen Sprache machte einen schüchternen Anfang. Das Endergebnis am Schluß des Schuljahrs aber war, daß wir lesen konnten, zwar nicht alle, aber doch die Mehrzahl. Die Fibel nahm man mit nach Hause, übte daheim mit Eltern oder Geschwistern, und das förderte ganz beträchtlich. Bei den Langsamen kam es vor, daß sie abends das Büchlein unter das Kopfkissen legten, damit nachts die Buchstaben durch den etwas harten Schädel in den Kopf hinein wüchsen.

Nach der zweiten Schulstunde, um 11 Uhr, war „Vör d' Dör Tied", d.h. Pause. Der Lehrer und sein Gehilfe gingen in die Wohnung, tranken Tee, und der alte Herr steckte sich die lange Pfeife an. Wir spielten oder tobten indessen auf dem Schulplatz. Manche begaben sich auch auf den Friedhof, der an der Nordseite unmittelbar an die Schule grenzte. Schonung der Gräber kam nicht in Betracht. Allerdings war damals eine wirkliche Pflege der Gräber eine Rarität. Größere Knaben versuchten auch wohl, mit einem Schieferstück über die Kirche zu werfen. Wieder andere entfernten sich nach dem etwa 50 m östlich der Schule gelegenen Wäldchen „Hilgenholt".

Die Bedürfnisanstalten, für die Pause so bedeutsam, spotteten aller Beschreibung; sie waren so beschmutzt, daß sie völlig unbenutzbar waren. Kinder wissen sich zu helfen. Die Knaben stellten sich an den Rand des Grabens an der Seite des Weges, und die Mädchen setzten sich auf den Traufstein an der Schulmauer entlang. Und so fand auch diese für Kinder so hochwichtige Angelegenheit eine Lösung, wenn auch nicht gerade eine hygienisch und ästhetisch befriedigende.

Die Teepause des Lehrers und insbesondere die unsere fanden nur zu schnell ein Ende. Der Lehrer trat aus dem Hause! Alles eilte wieder in den Schulraum. Es wurde noch gesungen oder gerechnet, und dies bedeutete für die Kleinen Zahlen und Ziffern malen.

Um 12 Uhr wurde der Unterricht mit Gebet geschlossen. Vor dem Anfang des Gebets eilten zwei Knaben zum nahen, für sich allein stehenden Kirchturm und läuteten am Seil die „Kleine Glocke". Es war das Mittagsläuten nicht nur für die Schule, sondern auch für die ganze Gemeinde, ein Klang für alle Ohren, der zum Mittagessen rief und eine kleine Arbeitspause verkündete. Uns Kindern wurde eine Stunde Freizeit beschert; um ein Uhr begann der Nachmittagsunterricht. Da die Zeit knapp bemessen war, wurde der Schulweg teils im Laufschritt zurückgelegt. Hastig wurde die Mahlzeit eingenommen, und schon eilte man wieder zur Schule. Einige Schüler aber wohnten 3 km und mehr von der Schule entfernt; sie mußten in der Klasse bleiben und sich mit Butterbroten begnügen. Sie machten dann die Umgebung des Schulhauses unsicher, und besonders bei unfreundlichem Wetter sprangen sie in der Klasse über Tische und Bänke; nur zu oft war die Klasse beim Unterrichtsbeginn völlig verstaubt.

Der Nachmittagsunterricht dauerte drei Stunden und verlief ähnlich wie am Vormittag, jedoch ohne Religionsunterricht; vereinzelt wurden noch Bibelsprüche und Gesangverse gelernt. So reihten sich die fünf ersten Wochentage aneinander; der Sonnabend aber war ganz schulfrei.

Aus den Wochen erwuchs das Jahr, hin und wieder durch Ferien unterbrochen. Als ein Jahr verflossen war, endete Heinrichs Lehrerlaufbahn; er wurde in den landwirtschaftlichen Betrieb der Eltern und Verwandten abberufen. Es kam ein neuer „Küstjes" (custos), Frerich war sein Name. Er wohnte in unserer Nähe, war mir wohl bekannt und wohl gesinnt. Mit Eifer und Fleiß ging der Vierzehnjährige an seine Aufgabe. Aber schon nach einem Jahre verließ er uns, um an die Präparande in Aurich zu gehen und den neu gewiesenen Weg der Lehrerbildung zu betreten. Der Stern des Schulgehilfenwesens war im Erlöschen.

Dafür lieferte auch der nachfolgende Gehilfe den Beweis. Man erzählte sich von ihm, daß er große Mühe habe, die Kinderschar in der Klasse zusammenzuhalten. Die Kleinen konnten zwar durch die Fenster nicht entweichen, denn Flügelfenster zum Öffnen gab es nicht. Um die Tür zu sichern, stemmte er sich im Fall der Not mit dem Rücken fest dagegen, die Türklinke hinter sich in den Händen haltend. Auch konnte der Fuß noch als drohende Waffe erhoben werden. Ein Entkommen war somit unmöglich gemacht.

Wie notwendig eine Besserung dieser Schulverhältnisse war, geht auch aus einer späteren Erzählung des Vorstehers der Präparande hervor. Als er unserm Frerich bei der Aufnahme die Frage vorlegte: „Wie konstruiert man einen Kreis?" antwortete Frerich: „Dann nehme ich einen Spell (Stecknadel) mit einem End

Band daran und drehe ihm rund darum zu." Der Vorsteher erzählte dies, um unsern Frerich als Beispiel hinzustellen, der nach so sehr bescheidenem Anfang seinen Weg mit großem Erfolg weiter verfolgte.

Auch die Behörde mußte wohl erkannt haben, daß in unserer Schule Abhilfe dringend notwendig sei. Deswegen wurde ein Gehilfe angestellt, der die Gehilfenzeit hinter sich gebracht und die erforderliche Prüfung abgelegt hatte. Er ging mit großem Eifer an seine Aufgabe und wollte Verbesserungen einführen. Die Mädchen sollten die Kappe in der Klasse abnehmen; auf dem Friedhof durfte nicht mehr gespielt werden; in den Pausen sollten sich die Schüler im Freien aufhalten. Mit Strenge ging er an die Durchführung der neuen Ordnung. Aber er fand Widerspruch und geriet mit der Kraft der Beharrung in Kollision. Eines Tages war eine Art Verschwörung unter den größeren Knaben zustande gekommen. Sie versammelten sich auf dem Friedhof, Stöcke unter Jacke und Westen, Steine in den Taschen verborgen. So erwartete man den Gehilfen, der auf seinem Pausengang vorüberkommen mußte. Er kam, wollte den Friedhof säubern, da gab es einen Kampf, den ich als Kleiner und Unbeteiligter von einem Stützpfeiler der Kirchenmauer aus beobachtete. Plötzlich traf den Gehilfen ein Stein am Kopf, er blutete, rief: „O weh" und verließ den Kampfplatz. Es erfolgte Anzeige; der Gendarm kam in die Schule. Darüber herrschte allgemeines Entsetzen; aber es wurde nichts herausgebracht, alle hielten dicht. Eine gewisse Furcht jedoch, insbesondere vor dem Gendarm – und hinter ihm stand ja das Gefängnis – erfüllte alle, und etwas Besserung trat ein. Dieser Gehilfe war der letzte in der Schule zu Weene.

Aus der „lüttjen School" bedarf ein besonderes Erlebnis der Erwähnung, das sich unvergeßlich meiner Erinnerung einprägte. Mein Vetter Klaas war mit Matthis in Streit geraten. Dieser hatte als Verwandter im Haus des Herrn Pastors Aufnahme gefunden und sollte neben dem Schulbesuch für das Gymnasium vorbereitet werden, war also schon etwas größer und stärker und siegte in diesem Kampf. Klaas lag am Boden, Matthis oben auf. Da riefen einige Kinder: „Jann, kumm! Matthis haut Klaas!" In großer Aufregung fing ich zu heulen an, zog meinen Klump (Holzschuh) vom Fuß, stürzte mich so bewaffnet in den Zweikampf und hieb auf Matthis ein. Klaas wurde frei, und Matthis zog jammernd in die Pastorei. Alle Kinder haben eine gewisse grausame Ader. Man machte mich bange: „Paß up! Nu kummt d' Pastor!" Die Kirchhofsschlacht, der Gendarm tauchten in der Erinnerung auf, auch der alte Pastor Fischer und der Backofen. In Sorge und innerer

Not verging mir die Zeit. Aber der verständige Pfarrer kam nicht und mischte sich nicht in Kinderangelegenheiten.

Erst sieben Jahre alt, wurde ich in die erste Klasse „in de groote School“ versetzt. Aus meinem Jahrgang, der noch in der zweiten Klasse verblieb, hatte man außer mir noch einige andere des Platzes wegen mitgenommen. Der alte Lehrer glaubte wohl auch, daß wir mit einigem Erfolg an seinem Unterricht teilnehmen könnten. Die Platzordnung blieb wie in der zweiten Klasse, die Jüngsten und Kleinsten saßen unten an, am weitesten vom Lehrer entfernt. Ich saß auf der untersten Bank und auf dieser als vorletzter. Der Kopf ragte nicht allzuweit über den Tisch hinaus. Gelegentlich setzte ich mich oben auf die Tischplatte, um besser sehen und hören zu können. Als ich einmal eine gute Antwort gegeben hatte, bemerkte der alte Herr freundlich: „Sieh, der Kleine weiß auch schon etwas!“

Neben mir saßen Jann Lübben, der mit seinen Eltern im Armenhause wohnte, und Hinnerk Aden, eines Hauptes länger als ich, der Sohn einer Arbeiterin. Wir drei hielten gute Kameradschaft. Wurde es uns allzu langweilig, versuchten wir uns die Zeit in geeigneter Weise zu vertreiben. Gelegentlich entdeckten wir, daß unter uns der Fußboden an der Wand morsch sei. Der nebenan gelegene Friedhof lag sehr hoch, die Schule viel tiefer. Daher stieg die Feuchtigkeit in der Mauer auf und verursachte den holzfressenden Schwamm. Dem halfen wir nach. Mit Nagel und Taschenmesser hatten wir bald ein so großes Loch geschafft, daß wir hindurchschlüpfen konnten. Der Fußboden lag hohl, und unten bot sich soviel Raum, daß wir uns dort kindergemäß beschäftigen konnten. Wir spielten mit Knickern, Knöpfen und Plötjes (Scherben). Jann Lübben besorgte eine Kerze und Rietsticken (Streichhölzer), um den dunklen Raum zu erhellen.

Diese Kinderherrlichkeiten fanden durch Reparaturarbeiten ein Ende. In der tagtäglichen Schularbeit wurden oft die Plätze gewechselt, verursacht nicht nur durch die Leistungen, sondern auch durch das Verhalten und Betragen. Es hieß dann: „Einen hinauf!“ oder: „Einen herunter!“ Es wurden wohl auch mit einem Schlag zwei oder drei Plätze erobert oder verloren. Dadurch wurden wir drei getrennt, und nach einem Jahr brachte uns die Versetzung aus der zweiten Klasse weiter an den Lehrer heran, und die Teilnahme am Unterricht wurde lebendiger und fruchtbarer.

Die Unterrichtsgegenstände blieben dieselben wie in der zweiten Klasse, aber der Lehrer katechisierte, erklärte und vertiefte die Unterrichtsstoffe, besonders im Religionsunterricht. In diesem

Fach wurde viel auswendig gelernt, oft recht mechanisch. Eines der größeren Mädchen las z.B. aus dem Gesangbuch eine Zeile des betreffenden Liedes laut vor, die ganze Klasse sprach im Chor nach. War ein Gesangvers zu Ende, fing man von vorne an. Dies wiederholte sich des öfteren, und so ging's weiter bis zum Ende. Dieses alles wickelte sich in einem singenden Ton und ohne deutliche Aussprache ab. Zu Hause mußte dann so lange nachgelernt werden, bis man den ganzen Gesang aufsagen konnte. Dabei kam dann nur zu oft ein völliges Mißverständnis zum Vorschein. Aus dem Weihnachtslied: „Lobt Gott, ihr Christen, alle gleich", wurde die letzte Strophe so aufgesagt: „Heut' schleußt er wieder auf die Tür zum schönen Paradeis; der Syrup steht nicht mehr dafür, Gott sei Lob, Ehr und Preis." Aus dem „Cherub" war „Syrup" geworden.

Für eine Vormittagsstunde war von 11 bis 12 Uhr Spruchlernen angesetzt. Der Lehrer bezeichnete im Katechismus die Bibelsprüche, die bei einem bestimmten Katechismusstück auswendig zu lernen seien. War dies geschehen, stopfte sich jedes Kind die Finger in die Ohren, fing zu summen an und lernte. Wer damit fertig war, begab sich ans Pult und sagte: „Mesterohm, ick kann't." Dann wurde abgehört, und wenn sich dies glatt abwickelte, konnte man unter Umständen schon vor 12 nach Hause gehen. Dies spornte beträchtlich an.

Der Deutschunterricht war im wesentlichen auf Schreib- und Leseübungen beschränkt. Das Schönschreiben ins Schreibheft nahm einen recht weiten Raum ein. Der Unterricht war aber nicht Klassen- oder Abteilungsunterricht, sondern jeder übte für sich. Um dies möglich zu machen, hatte der Lehrer auf Papierstreifen Vorschriften in Schönschrift angefertigt, die unter den Schülern ausgewechselt wurden. Eine solche Vorschrift zeigte z.B. den großen Buchstaben A und dazu einen Satz, in dem der Buchstabe Anwendung fand wie „Aller Anfang ist schwer". Zu dieser Übung wurde eine Schulstunde gebraucht. Zur nächsten Stunde kam eine neue Vorschrift an die Reihe. Auch die lateinische Schreibschrift wurde von den fortgeschrittenen Schülern geübt, sie wurde damals noch als „hollandsch" bezeichnet. Das Ergebnis dieses Unterrichts war durchweg besser als das des heutigen, nach dem die Schulentlassenen auch aus höheren Schulen kaum leserlich „hollandsch" zu schreiben vermögen.

Dem Leseunterricht lag ein umfangreiches Lesebuch zu Grunde, das auch deutlich die Spuren der Einwirkung einer neuen Zeit trug. Unter den geschichtlichen Lesestoffen fand man z.B. die Reichsgründung und Darstellungen von den letzten Kriegen.

Auch Beschreibungen von Landschaften wie der Lüneburger Heide und vom Harz, von seltsamen außereuropäischen Tieren hatten einen Platz gefunden. Das war für unsere Schule ein bedeutsamer Fortschritt. Der Leseunterricht selbst verlief in mechanischen Bahnen. Oben wurde zu lesen angefangen; nach der Reihe las jedes Kind einen Satz. Die Schwächeren zählten an den Punkten ab, was für sie herankam und bereiteten ihren Satz vor, damit sie nicht unangenehm auffielen. Las aber einmal ein Kind bei einem ganz kurzen Satz über einen Punkt hinweg, war alle Überlegung und Vorbereitung durchkreuzt worden. Der Unterrichtsgewinn war immer für diejenigen der größte, die mit Trieb und Interesse gern lernten und weiterstrebten.

Dies galt insbesondere für den Rechenunterricht. Jedes Kind rechnete für sich aus dem Rechenbuch. Die Kontrolle, ob eine Aufgabe richtig gerechnet war, ergab sich aus den beigefügten Antworten, die auf den letzten Seiten des Buches zu finden waren. Wollte das Richtige nicht herauskommen, fragten die kleineren die größeren Schüler um Beistand, und im äußersten Falle ging man ans Pult zum Lehrer und sagte: „Mesterohm, ick kann 't nich maken!" Dann rechnete er vor und erklärte und fragte schließlich: „Kannst du's nun?" Und dann ging's in der Reihe der gleichartigen Aufgaben wieder weiter. Die Hauptsache war, daß man gewisse Regeln lernte, die man beim Rechnen zu befolgen hatte. Beim Dreisatz (Regeldetri) mußte man z.B. das mittlere mit dem letzten Glied malnehmen und das Ergebnis durch das Vorderglied teilen. Dabei kam alles auf den richtigen Ansatz an. Ich kam sehr schnell voran, da das Rechnen mir ganz besondere Freude machte. Zahlen und ihre Anwendung haben etwas Klares an sich. Mit elf Jahren rechnete ich mit den Brüchen vollkommen sicher.

In dem sogenannten Sachunterricht – Geschichte, Geographie, Naturgeschichte und Naturkunde – wurde so gut wie nichts gelehrt und gelernt. Aus der Geographie erinnere ich mich, daß der Lehrer die Namen der Länder Europas mit den Hauptstädten an die Wandtafel schrieb. Dies wurde von uns abgeschrieben und auswendig gelernt: Belgien – Brüssel, Dänemark – Kopenhagen, Deutschland – Berlin usw. Wir hatten in der Schule zwar eine Wandkarte von Deutschland, aber sie wurde nicht gebraucht. Sie war mit Stangen an einem Schulbalken befestigt und führte dort oben ein völlig geruhsames Dasein. Doch kam es gelegentlich vor, daß einige große Jungen während der Pause auf die Tische kletterten und die Karte abrollen ließen. Posten wurden ausgestellt, die Obacht zu geben hatten, ob der Lehrer im Anzuge war. Gegen unangenehme Überraschungen mußte man sich sichern. Staunend standen wir dann vor dem seltsamen Bild, lasen Namen und suchten deren Bedeutung.

Dieses Schulleben hatte im Laufe des Jahres einen Höhepunkt in dem sogenannten Judikaexamen. Ein Sonntag der Passionszeit trägt bekanntlich die Bezeichnung Judika und fällt in das Ende des Schuljahres. Von alters her sollte dann vor der ganzen Gemeinde in der Kirche darüber öffentlich Rechenschaft abgelegt werden, ob die Kinder im Glauben und in allerlei nützlichen Kenntnissen wohl unterwiesen worden seien. Für uns Kinder wurde „Judika" ein Fest, aber nicht so für Mütter und Lehrer. Die Mütter mußten darauf bedacht sein, daß die Kinder „sich vor der ganzen Gemeinde auch sehen lassen durften". Da gab's dann für die Jungen eine neue Mütze, ein neues Halstüchlein oder wohl gar ein ganzes „Packje". Und dann erst die Mädchen! Die Mütter setzten ihren Stolz darein, sie in allerbeste Form zu bringen. Manche Mütter, namentlich die ärmeren, mögen sorgenvolle Tage gehabt haben! Eine Mutter kann es doch nicht haben, daß ihr Kind gegen andere zurückstehen soll oder muß.

Aber der Lehrer, der eigentliche Mittelpunkt dieses großen Tages! Schon fünf und noch mehr Wochen vor dem großen Ereignis saß, sann und dokterte er an dem Gespräch, das mit den Schülern zu halten war. Sorgfältig wurde alles in Fragen und Antworten zu Papier gebracht, in der Schularbeit aber alles Planmäßige durchkreuzt. Der Lehrer diktierte uns die Antworten. Dann fragte er nach seinem Konzept, und wir lasen dazu die aufgeschriebenen Antworten im Chor. Dies wurde solange fortgesetzt, bis es „auswendig klappte". Am beängstigenden Tag mußte alles wie am Schnürchen gehen.

Geistliche Lieder, zum „Gespräch" passend oder auch nicht, wurden fleißig geübt. Sie hatten den Namen Aria, wurden von Jahr zu Jahr sorgfältig gesammelt, auch solche, die nicht gerade für den Festtag bestimmt waren, bis man ein daumendickes Buch voll geschrieben hatte. Solche Ariabücher findet man noch heutigentags in den Häusern der Landleute.

Der Judikasonntag rückte langsam aber sicher heran, und endlich war er da. Nachmittags um 2 Uhr begann die „Kirche". Lange vorher sammelten sich die Menschen um Schule und Kirche, um die von allen Seiten heranrückenden Mütter mit den festlich geschmückten Kindern zu erwarten und zu beurteilen. Wer sich als Beobachter unter die Menge mischte, konnte dann dort alle Arten Stimmen, die aus dem menschlichen Herzen kommen, vernehmen, je nachdem, wie's dort beschaffen war. Da sprach die

Stimme des Wohlwollens, der Anerkennung, ja der Bewunderung, aber auch Neid und Mißgunst blieben nicht stumm unter der Oberfläche. Die Glocken läuteten; die Menge sammelte sich im Gotteshause, die Orgel brauste, die Gemeinde sang – und dann traten währenddem die Kinder aus den Bänken auf den langen Kirchgang, eine Reihe Mädchen, eine Reihe Knaben. Eine Aria oder auch ein Choral leiteten das Examen ein. Darauf folgte das vorbereitete „Gespräch". Wie die Antworten im Chor klappten! Und wenn ich so im stillen den Lehrergreis beobachtete, zitterten doch die welken Hände, die das Fragebuch hielten.

Zwischendurch an passender Stelle und zum Schluß wurde wieder gesungen, wobei wir unser Bestes taten. Dann folgte aber ein Akt, der nicht vorbereitet war. Der Lehrer trat an die Bank des Pastors und erbat von diesem eine Leseaufgabe. Ein oder mehrere Kapitel aus dem Bibelbuche wurden aufgegeben, und nun mußte der Beweis der Lesefertigkeit erbracht werden. Das oberste Mädchen begann, und danach ertönten die Stimmen der Reihe nach bis ganz nach unten und dann die Knabenreihe hinauf bis zum letzten. Von jedem Kind mußte ein Bibelvers gelesen werden. Stockungen durften nicht eintreten. Aber die große Aufregung so mancher Gemüter ließ dies nicht ganz vermeiden. Endlich kam das Schlußlied! Der Lehrer begab sich auf den Orgelboden zu seiner geliebten Orgel, die er meisterhaft spielte, und nun erklang das letzte Lied mit Orgelklang und Kindersang aus sorgenbefreiten Herzen. Zu Hause war das Judika mit allem Drum und Dran noch lange Gegenstand der Unterhaltung. Die Arias erklangen noch oft am Feuerherd.

An drei aufeinanderfolgenden Sonntagen traten in dieser Weise sechs Lehrer mit ihren Schulklassen auf, denn auch die „Nebenschulen", so genannt im Gegensatz zu den „Kirchschulen", waren als zugehörig zur Kirchgemeinde zur öffentlichen Prüfung in der Kirche zu Weene verpflichtet. Dadurch gab es in der ganzen Gemeinde durch Vergleichung der Lehrer und Schulen viel Unterhaltungsstoff, und die Schulen standen eine Zeitlang im Mittelpunkt des Interesses.

Jedes Ding hat zwei Seiten und wohl noch mehr, und „wat de een sien Uhl is, is de anner sien Nachtigall", pflegt man wohl zu sagen. Kehrte der unabweisbare Tod in ein Haus ein, manchmal unter besonders betrüblichen und harten Umständen, dann herrschten dort bitterer Schmerz und tiefe Trauer. Für uns Schulkinder hatte solch ein Ereignis ein zweites Gesicht. Der Lehrer mußte sich als Küster und Organist am Begräbnis beteiligen, und wir waren zum mindesten am Nachmittag schulfrei. Und „schulfrei" macht alle Kinder froh. In besonderen Fällen gab's gar einen ganzen schulfreien Tag. Dies hatte seine Ursache darin, daß im Trauerhause am Vormittag auch eine Feier abgehalten wurde, woran der Lehrer mit dem Pfarrer teilnehmen mußte.

Doch nicht alle Kinder wurden der gleichen Freude teilhaftig. Ungefähr ein Dutzend Knaben wurden zum Singen bestimmt, sie bildeten sozusagen den „Leichenchor". Zu diesen kam auch ich in recht frühen Jahren. Bei jedem Begräbnis stellten wir uns einige hundert Meter vom Friedhof entfernt mit unserm Lehrer an dem Weg auf, auf dem die Leiche herangefahren wurde. Im gegebenen Augenblick traten wir an, der Lehrer hinter uns, und wir sangen im Weitergehen: „Wenn mein Stündlein vorhanden ist, zu ziehn des Todes Straße, begleit du mich, Herr Jesu Christ, dein Hilf' mich nicht verlasse." Am Eingangstor zum Friedhof wurde Halt gemacht. Dort stand die Totenbahre. Der Leichenwagen hielt. Die tief verschleierten Frauen, die vor dem Sarg auf der Wagenbank saßen, stiegen ab; der Leichenzug ordnete sich streng nach dem Verwandtschaftsgrade zum Verstorbenen; die Träger hoben den Sarg vom Wagen auf die Bahre, setzten einen Augenblick die Mütze ab, hoben die Bahre auf die Schulter, die Totenglocken setzten ein, und wir schritten wieder voran und sangen: „Jesus, meine Zuversicht und mein Heiland, ist im Leben." Der Leichenzug, geführt vom Totengräber, bewegte sich um den Friedhof, immer in Richtung der Sonnenbewegung, bis zum offenen Grab. Die Bahre wurde abgesetzt, der Sarg ins Grab gesenkt, der Pfarrer sprach liturgische Segensworte, und wir sangen: „Nun laßt uns den Leib begraben, an dem wir keinen Zweifel haben, er werd am jüngsten Tag auferstehn und unverweslich hervorgehn." Der Gesang erklang so lange, bis der Sarg mit der ausgehobenen Erde bedeckt war.

Es lag wohl in der eigenartigen Geistesverfassung der Zeit, daß man am Grabe nicht etwa leise fließende Tränen und stilles Weinen beobachtete, man vernahm vielmehr ein lautes Schluchzen, ja Heulen, furchtbar anzuhören. Es wurde damals überhaupt viel geweint, nicht nur am Grabe, sondern auch während des Gottesdienstes und der Betstunden. Kaum hatte die Predigt begonnen, schon hörte man hie und da in der Kirche das Schluchzen, und dies wirkte ansteckend, bis schließlich die ganze anwesende Frauenwelt in lautes Weinen geriet, niemand wollte zurückbleiben. Die Männer waren standhafter und machten nicht mit. Im Weinen zeigte man damals auch äußerlich und beweiskräftig, wie groß die innere Zerknirschung war und wie tief das unermeßliche Sündenelend empfunden wurde. Derselbe Vorgang wickelte sich in den Betstunden ab, die sonntags nach zweimaligem Gottesdienst abends in den Häusern abwechselnd abgehalten und von den „Frommen und Bekehrten“ und denen, die es werden wollten, besucht wurden. Kam man an einem solchen Haus vorbei, war das Gejammer gruselig anzuhören. Wie Pfarrer und Vorbeter dabei ihre Gedanken zusammenhielten, erscheint mir noch heute rätselhaft. Genug – es war eine Zeit des Weinens, und Tod und Grab boten dazu genugsam Veranlassung. Wir Kinder wurden von dem allen tief ergriffen.

War die Trauerfeier in der Kirche beendet, begab sich die Trauergemeinde in das Sterbehaus, und bei den größeren Begräbnissen der Herdbesitzer nahmen auch wir Sänger an der dargebotenen Bewirtung teil. Das war für uns Kinder ein Fest! Wir bekamen Weißbrot, soviel wir essen konnten und wollten, und reichlich Butter dazu. Auch erhielten wir gesüßtes Warmbier. Jeder entwickelte dann im Essen und Trinken seine höchste Leistungsfähigkeit.

Den hohen Genuß von uns Kindern kann man sich erst dann recht vorstellen, wenn man bedenkt, daß es damals im Dorf nur dreimal im Jahre Weißbrot gab, nämlich zu Ostern, Pfingsten und Weihnachten. Zu diesen hohen Festzeiten wurden fünfzig Pfund Weizenmehl verbacken. Zum Begräbnis waren aber ganz andere Mengen erforderlich. Als mein Großvater starb, wurden 200 Pfund Weizenmehl, 1½ hl Bier und dazu verschiedene Krüge mit Schnaps – Doornkaat – beschafft. Um über die notwendige Butter verfügen zu können, brachten die Dorfbewohner, die das vermochten, je 1 Pfund Butter. Über die Geber wurde ein Verzeichnis geführt, das im „großen Schrank“ in der Dokumentenlade aufbewahrt wurde, damit man jederzeit nachlesen konnte, wem man zu Gegendiensten verpflichtet war. Überhaupt wurden alle Dienste am Toten – Verkleiden der Leiche, Einsargung, Läuten, Grabesfahrt, Einladungen, Bewirtungsarbeiten und dergleichen – als Ehrendienste von den Nachbarn verrichtet. Verwandte waren davon streng ausgeschlossen.

Auf der Dreschdiele war für uns Kinder der Tisch hergerichtet und gedeckt, dort schmausten wir, im Vorderhause die Erwachsenen. Daß sich dabei Auswüchse namentlich im Schnapsgenuß zeigten, liegt auf der Hand. Es gibt immer und überall Menschen, die den „Hals“ nicht voll genug kriegen können.

Nach der Trauerfeier, dem Tröstelbeer, wurde von den in Rest gebliebenen „Stuten“ an nahe Verwandte und Nachbarn herumgetragen. Pastor und Lehrer waren damit bereits vor dem Begräbnis beehrt worden.

Noch ein besonderer Brauch bei Todesfällen möge erwähnt werden. Gelegentlich wurde unser Lehrer aufgefordert, eine „Aria" auf den Verstorbenen zu dichten, dessen Inhalt auf das vergangene Leben Bezug nehmen mußte. Das kostete eine besondere Gebühr, einen Negenstüver (= 50 Pfennig). Da das Lied nun in der Kirche mit Orgelbegleitung von uns gesungen werden mußte, dichtete der Lehrer diese Aria in einem solchen Versmaß, daß wir es nach der bekannten Melodie „Ich hab mich ergeben" singen konnten. Daß diese nun als Trauermelodie passend war, darf wohl nicht gesagt werden, tat damals aber der Wirkung keinen Eintrag, auch das nicht, daß wir in einer Art patriotischer Begeisterung aus „voller Kehl und frischer Brust" sangen.

In einem solchen Falle wurde auch der Pastor gebeten, einen Lebenslauf des Verstorbenen, seine Personalien aufzustellen – Personal im Volkmund genannt – und nach der Predigt von der Kanzel zu verlesen. Dies kostete eine besondere Gebühr von achttein Stüver oder 1 Mark. Aria und „Personal" wurden in Abschriften in der Familienbibel als bedeutsame Andenken treu aufbewahrt.

Die Lichtblicke in unserem Sängerleben reichten aber nicht aus, alle bei der Stange zu halten. Die Freiheit winkte, und ein ganzer oder halber schulfreier Tag lockte mehr als ein gelegentlicher Festschmaus. So fielen denn nach und nach manche ab, da Zwang nicht bestand. Weil der Chor jedoch bestehen bleiben und die Sitte gewahrt werden mußte, wurde ein Lohnsystem eingeführt: jeder Sänger bekam ein Fievtehalf, das sind 25 Pfennig. Dies wirkte, denn damit konnte damals ein Kind etwas anfangen, ein Taschenmesser, einen Ball und dergleichen kaufen, sonst nur zu oft unerreichbare Schätze. Die Situation war wieder einmal gerettet.

„Nicht schulgemäß“

Theodor Lessing

Als ich sechs Jahre alt geworden war, ein zarter Knabe mit bleichem Teint und blauschwarzen Locken, hieß es eines Tages: „Nun kommst du in die Schule.“ Darauf soll ich gefragt haben, ob ich nun auch wie die Großen an den Sonntagen frei bekäme, und da man mir diese Freiheit verhieß, so hatte ich den innigen Wunsch, in die dritte Vorklasse aufgenommen zu werden. Der Ranzen mit Seehundsfell, die hellgraue Federbüchse und vor allem die Butterbrotdose, gelb lackiert, mit der Aufschrift „Guten Appetit“ verlockten zu herrlichen Aussichten.

Ein eisgraues Männchen trat eines Morgens in das Spielzimmer, um mich für die neue Welt vorzubereiten. Er zog eine Handvoll vergoldeter Nüsse aus der Tasche, legte eine Nuß vereinzelt und dann eine zweite dazu und fragte, wie viele Nüsse das seien, und da ich antwortete „zwei Nüsse“, so lobte er mich und sagte: „Jetzt kannst du rechnen.“ So dachte ich mir das Rechnen leicht und bestätigte auch willig, daß eine weitere Nuß, zu den zweien hinzugefügt, der Nüsse drei ergäbe. Aber als die Fragen vertrackter wurden, da begann ich zu ermüden, und als er zu fragen nicht aufhörte, heulte ich und entschied: „Rechnen will ich nicht.“

Aber auch mit dem Lesen erging es nicht anders. Der bunte Apfel und das komische Eselein lockten zwar in die Fibel, aber als aus der Bilderschau wieder nur unangenehme Fragen heraussprangen, da merkte ich, daß die Großen den Kindern nur darum schöne Bilder zeigen, um sie in das Dickicht des Denkens zu verstoßen.

„Es wird im Klassenunterricht besser gehn“, meinte der Alte, aber als ich nun am Georgenwall in der Schulklasse unter dreißig andern Knaben saß, da begann erst das richtige Trauerspiel. So oft Herr Meier mich auch ermahnte: „Paß auf“, immer blickte ich gerade dorthin, wohin ich nicht blicken sollte. Nach dem Vogel vor dem Fenster, nach der Wolke, die sich im Fensterglas spiegelte, nach den Feuerfunken, den Wassertropfen, und die Verträumtheit erwies sich als unaustreibbar. Ich war der Klassenpluck und blieb es durch vierzehn Jahre, wunderlich unbelehrbar. Als ein Beispiel dieser eigentümlichen Unbelehrbarkeit bekam ich in späteren Jahren oft das folgende Geschehnis vorgehalten. Der Straßenübergang von unserm Hause zu dem gegenüber liegenden Café Robby (heute Café Kröpcke) galt als gefährlich für einen kleinen Knaben, denn an dieser Ecke kreuzten viele Pferdebahnen. Darum wurde ich von Fräulein Mohwinkel über den Platz hinübergeleitet, und es war mir anbefohlen, vormittags nach Schulschluß so lange zu warten, bis das Fräulein komme und mich hole. Nun geschah es aber einmal, daß aus irgendeinem Grunde der Unterricht um eine Stunde früher beendet wurde, und da kein Fräulein da war, so ging ich allein bis vor unser Haus; dort aber erinnerte ich mich an das Verbot, ging zur Schule zurück und von der Schule wieder ans Haus und so hinüber und herüber, bis endlich das Fräulein kam, auf das warten zu müssen mir eingeprägt war.

Wenn ich solcher Züge von Dumpfheit mich später schämte, so denke ich an ein anderes Ereignis, das in mein siebentes Lebensjahr fällt, mit großem Vergnügen, denn bei ihm offenbarte sich der wachgewordene Wille.

Im Jahre 1879 kam der greise Kaiser Wilhelm I. zum ersten Male nach Hannover, empfangen von allen Behörden, Verbänden und Vereinen der Stadt. Es waren dreizehn Jahre seit der Angliederung an Preußen verflossen. Der siegreiche Krieg gegen Frankreich hatte Preußen an die Spitze des deutschen Reiches gebracht. Die Menschen vergessen schnell. Die Bevölkerung Hannovers war zum größeren Teil für Kaiser und Reich gewonnen. Der achtzigjährige Monarch eroberte alle Herzen, als er die Stadt zu seiner zweiten Residenzstadt ernannte. Als sein Statthalter wohnte Prinz Albrecht im Leineschloß. Ihn besuchten Kaiser und Kaiserin mit sämtlichen Prinzen, mit Reichskanzler, Kriegsminister und Generalität. Die Straße zum Bahnhof, deren Mitte eine schöne Akazienallee schmückte, war den Schulen eingeräumt. Alle Kinder der Stadt bildeten Spalier. Die festlichen Equipagen fuhren langsam durch die Gasse der Kinder. Lange vorher war uns die Geschichte des großen Krieges von 1870 erzählt worden. Unsere Lehrer waren ja alle gute Preußen, „Kuckucks", wie die alten Hannoveraner sagten, indem sie den preußischen Adler, den die Soldaten als Kokarde an der Mütze trugen, als einen Kuckuck deuteten, „der in fremde Nester seine Eier legt", wonach noch heute in Hannover eine Fluchformel üblich blieb: „Scheer dich zum Kuckuck."

Versunken in Träumerei konnte ich von all den deutschen Heldengeschichten immer nur das Eine auffassen, daß Bismarck unserm Könige die Pferde, die Springbrunnen, die Gärten von Herrenhausen fortgenommen habe, das Gewächshaus, das Schloß mit den blauen Jalousien und alle die mir vertrauten Herrlichkeiten. Alles hatte Bismarck fortgenommen. Bloß weil der gute König nicht beim Kriegführen hatte helfen wollen. Was ging mich denn eigentlich der Krieg mit Frankreich an? Ich träumte, daß wenn ich erst groß und stark geworden wäre, Bismarck zum Zweikampf gefordert werden solle. Ich würde ihn besiegen, dann aber edel sein und ihm sein Leben schenken. Und um die Hohenzollern auszusöhnen, gedachte ich die Prinzessin Margarete zu heiraten, die jüngste Enkelin des Kaisers. Mit der wollte ich in Herrenhausen wohnen und über Hannover herrschen. Wenn ich, wie es damals üblich war, von den Erwachsenen gefragt wurde: „Hast du auch eine Braut?“ dann antwortete ich stets „Prinzessin Margarete“. Sie war die Erwählte meiner Träume, hat aber später den König von Griechenland vorgezogen.

Vor dem Einzug des alten Kaisers wurden wir im Schulhof an der Prinzenstraße versammelt, und dort erhielt jeder Junge ein Eichenreis, das wir an die bunte Klassenmütze steckten. Von Herrn Meier, dem ungeheuer dicken Lehrer, wurde uns eingeprägt: „Bei jedem Prinzen schwenkt ihr die Mützen und ruft ‚Hurrah‘. Aber wenn Bismarck kommt, dann schreit jeder, so laut er schreien kann: ‚Hurrah Bismarck‘! Wer kann am lautesten?“ Mein Entschluß stand fest: ich werde nicht mitschreien. Ich werde keinen Prinzen grüßen. Und wenn Bismarck kommt, dann werde ich ihn spüren lassen: „Ich verachte dich.“ Dieses Stückchen Fronde war für einen sechsjährigen Knirps keine Kleinigkeit. Wir zappelten durch die Akazienallee. Wir warteten auf die Equipagen, die zum Leineschlosse fuhren. Die Straßen waren schön mit Wappen und Girlanden geschmückt. Aus den Fenstern hingen Teppiche. In manchen Fenstern brannten am hellen Tage Lichter. Über den Dächern wehten die Fahnen schwarz-weiß oder schwarz-weiß-rot, aber gelb-weiß war nicht dabei, und das war die Farbe meines Herzens. Und dann kam der alte Kaiser mit dem schneeweißen Vollbart, an der Seite des schönen Prinzen Albrecht, und im zweiten Wagen die alte Kaiserin Augusta. Sodann Kronprinz Friedrich Wilhelm und Kronprinzessin Viktoria und die jungen Prinzen Wilhelm und Heinrich. Erst als der Hof vorüber war, kamen Bismarck und Moltke. Langsam, ganz langsam fuhr Bismarcks Wagen, so daß wir ihn deutlich sehen konnten. Und während alle jubelten und die bunten Mützen schwenkten, drückte ich die meine trotzig in die Stirn, nachdem ich das Eichenlaub heruntergerissen hatte, ballte in der Tasche die Faust und warf Bismarck einen verachtenden Blick zu, durchbohrend, fest überzeugt, daß er alle meine Vornamen bemerke und nun Bescheid wisse für die Zukunft; achtete auch nicht auf den Tadel Herrn Meiers und auf die Püffe von seiten der Kameraden, sondern hatte unter dem johlenden Pöbel das Gefühl: „Der einzige Gerechte.“

Solche Unarten hatte ich an meinen Haaren zu büßen, die Qual des ersten Schuljahres, denn die Mitschüler zerrten gern an den langen Locken und sagten „Mädchen“, die schlimmste Beleidigung, die man mir antun konnte, und auf die ich, sonst lammfromm, blindlings mit einem Wutanfall erwiderte, auf Tod und Leben gegen den Beleidiger stürzend. Es war ein Augenblick der Erlösung, als der halbblinde uralte Sehring bestellt wurde, um die verhaßten Locken abzuschneiden.

Schon auf der Vorschule begann jenes unheimliche Nachhilfe-System, das während der ganzen Schuljahre anhielt. Man konnte meinem Vater nicht verdenken, daß er an der Tauglichkeit des Sohnes verzweifelte, denn es war nicht möglich, daß mehr für die Nachhilfe eines Schülers getan wurde, als für mich geschah. Die Primaner, Lehramtskandidaten, Privatlehrer, Bonnen, denen meine Nachhilfe anvertraut wurde, dürften eine kleine Legion bilden. Bis zum dreizehnten Lebensjahr, bis Untertertia, wurde ich immer noch grade eben mitgeschoben. Zwar blieb ich stets der schlechteste in der Klasse, wurde aber dann zu Ostern unter etwelchen Bedingungen der Nachhilfe doch noch eben mitversetzt. Denn entweder waren meine Lehrer Patienten des Vaters oder waren mit irgendwelchen Klienten verwandt oder sie wurden von meinem Vater aufgesucht – (er nannte das „Kanossagänge“ machen) – und gebeten, mir Nachhilfestunden zu geben oder wenigstens einen Hilfslehrer zu empfehlen. Mit dem einen spielte er Billard, mit dem zweiten trank er Frühschoppen, der dritte dankte ihm eine Gefälligkeit. Unser Haus galt als angenehm, und für den unbrauchbaren Jungen verwendete sich bald mal Oberbürgermeister Rasch und bald mal Senior Flügge und schließlich gar der Herr Regierungspräsident.

Wäre nun aber unter den Lehrern ein Nachdenklicher gewesen, der das Kind bei der Hand genommen und auf Spaziergängen kennenzulernen sich bemüht hätte, der das kindliche Leben geteilt oder auch nur ernst genommen hätte, so wäre es ihm bald klar geworden, daß das Schulsystem wie das Elternhaus einen guten Stoff schmählich verpfuschte. Aber kein Lehrer kümmerte sich außerhalb der Unterrichts-Pflichten um die Welt der Kinder. Außerhalb der Klasse, als Einzelzögling, wäre ich ein veränderter Junge gewesen. Aber die zuerst als Götter bewunderten, schließlich als Teufel gehaßten Lehrer sprachen mit mir nie von meinen Tieren, meinen Eltern, meiner Schwester. Der allgemein geschätzte Vater erschien ihnen Achtung gebietend. Von diesem liebenswürdigen Manne hätte keiner vermutet, daß er das Verhängnis für seinen Sohn sei: ein Grillenfänger und Befehlerles, launenkrank und ohne Gleichgewicht. Und doch war er das alles und selber ein der Leitung bedürftiger glückloser Mann. Sie diktierten Extemporalien, sie erteilten Zensuren. Sie hielten mich für wohlmeinend, aber minderwertig. Sie schoben mich weiter, um dem Vater gefällig zu sein. Das ging bis zu dem Zeitpunkte, wo aus dem Duckmäuser ein Kritiker sprang und der Verschüchterte „ehrfurchtslos“ wurde. Da begann der Kampf.

Von welcher Art waren die Lehrer? Sie waren nicht die weltfernen Gelehrten und Idealisten des Ehemals. Sie waren, wie man das damals nannte: „Moderne Menschen“. Preußische Beamte, Leutnants der Reserve, kaisertreu und sehr vaterländisch. Sie waren erpicht auf Standesehre und Standesgemäßheit. Denn der Oberlehrer galt in der Gesellschaft nicht ganz so viel wie der Amtsrichter oder wie der Sanitätsrat und kompensierte sein bescheidenes Gehalt durch um so strengere Schneidigkeit. Er war der Männertyp, der beständig männerte. Forsche Haltung war in jeder Lage Hauptsache. Und so waren es plumpe Menschen ohne Seelenfeinheit, denen die adeligste Blüte der Erde, das Erbe der griechischen und römischen Vorwelt anvertraut ward, um daraus einen „Prüfungsstoff“ für die Jugend zu machen, welche an Homer und Horaz sich „Berechtigungen“ ersitzen oder erschwindeln mochte. Wer bis Sekunda durchhielt, brauchte statt dreier Jahre nur ein Jahr im deutschen Heere zu dienen. Wer aber gar die Prima absolvierte, der hatte die Möglichkeit, ein höherer Mensch mit Doktortitel zu werden. Alle aber, mit Ausnahme der dümmsten, welche alte Philologie studierten, warfen nach dem Abgang von der Schule diesen ganzen humanistisch-klassizistisch-griechisch-lateinischen Plunder auf immer in die Ecke und blickten als Assessoren, Regierungsräte und Ministerialräte niemals wieder in die alten Schwarten.

Wenn die Erinnerung den endlosen Reigen vergegenwärtigt, den endlosen Reigen meiner Kerkermeister, diese Zezeh, Pachun, Tekel, Manke, Pinscher, Hornepipen – (so lauteten ihre Schulnamen, im Bürgerlichen waren das die Herren Capelle, Freye, Scheller, Müller, Kiel und Hornemann) –, wenn ich diese vielen unterschiedlichen Gesichter wieder vor mir sehe, so erscheint im milderen Lichte des Alters wohl das eine oder andere als das ganz brave Gesicht eines braven Philisters, aber nicht eines ist darunter, an das ich mit Zärtlichkeit, keines, an das ich mit Ehrfurcht zu denken vermöchte, und an die meisten denke ich mit Zorn, mit Verachtung, ja mit Ekel und Widerwillen.

Dieses humanistische deutsche Gymnasium mit Patriotismus, Latein und Griechisch als Hauptfächern, Mathematik, Geschichte und französischer Grammatik als Nebenfächern – (Englisch war noch nicht obligatorisch) –, diese halb auf Ämterwettlauf und Streberei, halb auf eine verlogene, deutschtümelnde Phrasenhaftigkeit aufgebaute Menschenverdummungsanstalt war nicht nur ungeheuerlich gewissenlos, – sie war vor allem langweilig, langweilig bis zum Stumpfsinn! Meine ersten Bücher, die heute leider verschollen sind, bewahren die Sehnsüchte und Qualen dieser Zuchthausjahre. Nichts, nichts, nichts könnte je gutmachen, was diese fünfzehn Lebensjahre in mir zerstört haben. Noch heute träume ich fast allnächtlich von den Folterqualen der Schulzeit.

Ich war ein leicht bewegliches und rein gestimmtes Kind, dessen stärkste Gabe jene Eindrucks-Bereitschaft war, die ich später als Seelenforscher mit den mittelhochdeutschen Worten Ahmung und Mitahmung zu kennzeichnen unternahm, jenes Wissen um das Lebendige vor aller Subjekt-Objekt-Relation, unser Mitschwingen im kosmischen Fluidum. Das war eine magisch-mystische Befähigung. Aber Steine, Steine, Steine wurden daraufgeschüttet und Sand, Sand, Sand darübergekarrt so lange, bis keine ungehörige unschulgemäße Blume mehr durchbrechen kann.

Ich bin selber Lehrer geworden, habe viele Hunderte unterrichtet, Knaben wie Mädchen und Erwachsene wie Kinder. Schulreformen und Schulreformer habe ich in Massen erlebt und gekannt. Der eine wollte die Erziehung gründen auf Wahrheit und Vernunft. Der zweite auf Wille, Sittlichkeit und Pflicht. Manche redeten von Charakterbildung. Sehr viele von Handfertigkeit, Praxis, Berufsertüchtigung. Alle stimmten überein in der Verdammung der alten Buchdruck- und Tinten-Erziehung, und alle wiederholten die volkstümlichen Schlagworte: Anschauung, Wirklichkeit, Leben und immer wieder „Leben". Nur eines habe ich nie empfunden: Erziehung, aufgebaut auf dem unmittelbaren Element des Lebens: auf Bildern, auf Phantasien, und immer kam zu kurz just das, was der Deutsche am meisten im lauten Munde führt: das Gemüt, der Humor. Meine Welt aber war Gemütswelt. Früh aufgestachelt war das Bedürfnis nach Schönheit, nach Zartheit, nach Freude. Nestwärme tat not, weil die Mutter versagte und die natürliche Liebe zur Mutter immer wieder enttäuscht ward. Die Schule aber war nichts als Sport und Rennbahn. Die klug Berechnenden waren im Vorteil, die stark Wollenden bevorzugt, aber die Sinnigen wurden überrädert. So war es denn kein Wunder, daß die Schule ein tragisches Weltbild in mich senkte, ein zynisches, verzweifeltes, das ich schon im vierzehnten Jahre folgendermaßen formulierte: „Zeig eine Blöße, der Pfeil sogleich dir im Busen sitzt; jeder ist das, was zu sein er die nötige Frechheit besitzt. Keine Stunde des Tages vergiß, was man sagt, was man tut: Leben, dein Leben ist Wettlauf und Kampf, voll Jammer und Blut." So fühlte ich mich von frühauf vor einem Parterre von Feinden. Jeder neue Mensch brachte neue Gefahr.

Die gräßliche Langeweile des Unterrichtsbetriebes wäre zu überstehen gewesen. Die Trottel und Trampel unter den Lehrern ließen uns wenigstens in Ruhe und wollten nicht Eindruck erschinden. Aber eine beständige Gefahr und ewige Qual waren die sogenannten „starken Persönlichkeiten". Alle die vielen Selbstbewußten und Selbstgewissen, die ohne Spürsinn für die Besonderheit eines seltenen Falles das Kind nach ihrer eigenen Lebensansicht beseligen und das nachgiebige Wachs mit ihrem Stempel prägen wollen. Immer wieder stand ich vor „autoritativen Männern" gleich meinem Vater. Alle hatten Urteile. Alle stellten Forderungen. Alle forderten Bewunderung, mindestens Gehorsam. Und der wehrlose Junge schauderte vor diesen unerreichbar Großen in seines Nichts durchbohrendem Gefühle ... Die Schüler waren nicht seelenvoller als die Lehrer. Es war eine grobdrähtige Jugend mit dicken Nerven und hungrigen Mägen. Gleichgültig gegen Homer und Sophokles, gegen Goethe und Schopenhauer, gleichgültig gegen alles, was nicht greifbar und eßbar ist, aber durchaus bereit, alles zu erlernen und abzuleisten, was notwendig ist, um mit vierzehn Jahren, so Gott will, das Einjährigenzeugnis und damit die Berechtigung zur kleinen Beamtenlaufbahn zu erlangen. Dummköpfe waren das nicht. Auch sie hatten keine Liebe für die Schule, auch sie taten nicht mehr, als zum Fortkommen eben nötig war, aber sie hatten ein normales Elternhaus und normale Umgebung. Sie waren bessere Lernköpfe oder robustere Schlauköpfe oder einfach ausgeschlafene, ausgeruhte Köpfe, nicht wie der meine belastet mit Rätseln und Grübelei. Und weil sie weder eine Geburtslast noch eine Gedankenlast auf ihre Flügel zu nehmen hatten, so konnten sie leichter fliegen lernen. Aber sie flogen gar nicht. Sie sprangen einfach auf Posten, auf Gipfel, deren niedersten ich mühsam erdienen mußte. So war es. Und so blieb es.

Eine der tollsten Erfahrungen war, daß fast auf der ganzen Schullaufbahn Deutsch und deutscher Aufsatz mein schlechtestes Fach wurde. Auch als schon kleine Aufsätze und Gedichte von mir in Zeitungen gedruckt wurden, erhielt ich in der Schule noch nicht die Normalnummer. Meine Jugend stand unter dem Zepter eines Schreckenswortes. Das Wort lautete: „Nicht schulgemäß". Es mangelte nicht an Gedanken, Phantasie, Witz, Frische und

Natur. Aber alles war: „Nicht schulgemäß". Nur durch eine lange Schule des Nachahmens erlernte ich die geforderte Redeweise. Sie war nichts als Phrase. Aber diese Wortmacherei wurde als gültige Münze angenommen, und meine eigene natürliche Rede wurde hohler Schall gescholten.

Nur in zwei Fächern habe ich mich von früh an ausgezeichnet, in Religion und Gesang. Von den Schulerfahrungen in diesen beiden Fächern möchte ich einiges niederschreiben.

Der Religionsunterricht gefiel mir, weil ich das Märchenerzählen und Geschichtenausspinnen liebte. Ich hörte gern die wilden Legenden aus fernen Zeiten. Geschichten von Göttern, von Helden und Blutzeugen, die im Himmel Beistand hatten. Man ließ mich zunächst am allgemeinen Religionsunterricht teilnehmen, ohne mir zu sagen, daß ich ein jüdisches Kind sei. Zu Hause war nie vom Judentum die Rede. Es gab in der Familie keine jüdischen Bräuche mehr. Es entstand daher ein unklarer Riß, als mir ziemlich spät bewußt wurde, daß ich nicht, gleich den andern, Christ sei. Das Verspotten der Judenkinder war nicht bös gemeint. Das Wort Jude war für die hannoverschen Jungen ein Scheltwort wie Lork oder Buttjer. Man hänselte, und ich tat arglos mit. In der dreiklassigen Vorschule gab es außer mir nur zwei Judenkinder, Süßapfel und Ransahoff. Süßapfel war immer Erster der Klasse, Ransahoff, ein stark degenerierter Junge, wurde immer geknufft. Kinder sind grausam, und auch ich quälte den armen Ransahoff, bis er eines Tages, als ich zu ihm „Jude" sagte, antwortete: „Bist ja auch einer." Ich sagte empört: „Ist nicht wahr", erkundigte mich aber bei meiner Mutter, was ein Jude sei. Sie lachte und gab eine ausweichende Antwort. Einmal aber zeigte sie mir auf der Straße einen Mann im Kaftan und sagte: „Da geht ein Jude." Daraus schloß ich, daß dann wir keine „richtigen" seien. Aber dies Wort Jude wurde mir unheimlich. Da ich alle die vielen vaterländischen und religiösen Vorurteile der Schule kindlich in mich einließ, und da zu Hause keine Gegengewichte wirkten, so glaubte ich, daß Jude etwas Böses sei. „Die Juden haben unsern lieben Herrn Jesum gekreuzigt." Der Religionsunterricht wandelte sich von Klasse zu Klasse immer mehr in Glaubensunterricht. Schon als Neunjähriger fühlte ich mich von der allgemeinen Abneigung wider die Juden mitbetroffen. Unter den Kindern lief ein albernes Neckverschen um: „Jude Jude Itzig, mach dich nicht so witzig." Sobald der Vers gesungen wurde, schämte ich mich, und diese Feinnervigkeit wurde von andern Knaben bald herausgefühlt. Wenn ich in das Klassenzimmer trat, so sangen einige Rauflustige: „Jude Jude Itzig, mache dich nicht witzig", worauf ich losbrüllte: „Macht doch *ihr* mich nicht witzig." In dieser Erwiderung lag schon meine ganze „Philosophie der Not".

Solche Knabentragödien hinterließen eine Wunde, als in den Jahren der Geschlechtsreife der Haß gegen Vater und Mutter in Selbstzerstörung umschlug. Ich wußte mich unter dem Fluche einer belasteten Geburt, schlimmer als jedes Proletarierkind. Damit aber drohten der Seele viele mögliche Gefahren. Die Gefahr der Feigheit und der Lüge, die Gefahr der Wehleidigkeit und der Wehrlosigkeit, die Gefahr des Selbstbemitleidens, des Beeinträchtigungs-, ja schließlich des Verfolgungswahnes. Wohin eigentlich sollte ich mich wenden? Woran rankend mich festhalten? Wäre in jenen Jahren nicht der Gefährte aus gesunderen Verhältnissen erschienen, so wäre ich wahrscheinlich zugrundegegangen. Denn das Leiden an meinen beiden Eltern mischte sich in der Reifezeit nun auch noch mit dem Leiden am Judesein und nahm bisweilen Formen an, die wohl schlechthin wahnsinnig genannt werden müssen. [...]

Neben der Religion stand ein zweites Vorzugsfach der frühen Jahre: Singen und Deklamieren. Ich war reizbar für Musik, empfänglich für Rhythmen der Sprache, behielt schon als kleiner Knabe alles Gereimte leicht im Gedächtnis und konnte Gedichte mit erstaunlich frühreifem Ausdruck aufsagen. Das wurde bei den Schulfestlichkeiten in der „Aula der Hohen Schulen" von den Lehrern gern verwendet, womit doch nur eine ungehörige Eitelkeit gezüchtet wurde.

Ich sehe mich im Matrosenanzug und kleinen Stulpenstiefeln auf dem Podium in der Aula stehen. Ich soll „Harras der kühne Springer" von Theodor Körner aufsagen. Damals war ich neun Jahre alt. Der Klassenlehrer, Herr Wortmann, welcher hochbetagt gestorben ist, erinnerte sich noch nach fast fünfzig Jahren des Vorfalls. Ich harrte ängstlich, bis meine Programmnummer an die Reihe kam, dann sprang ich frisch-fröhlich die zwei Stufen hinan, machte eine kleine Verbeugung und begann mit heller Knabenstimme, zu aller Erstaunen: „Harras, der kühne Springer, von Theodor Lessing." Kaum aber war dies Versprechen geschehen, so bemerkte ich schon, wie ich mich blamiert hatte. Die Lehrer auf dem erhöhten Podium lächelten zwar nur und flüsterten. Aber da drunten, die dreihundert Schüler johlten los. Ich glaubte vor Schreck zu vergehn. Herr Wortmann kam, nahm den Vernichteten bei der Hand und führte ihn zu seinem Platz zurück. Man hatte damals noch nicht die Gewohnheit, dergleichen aus dem Vorbewußtsein quellende Vorgänge zu „analysieren", sonst hätte man leicht gefunden, daß hinter dem Versprechen nichts anderes stand als ein Wunschtraum des Kindes: So ein Sänger und Held möchtest auch du werden. Solch ein Versprechen barg – ein Versprechen ...

Genau die gleiche Niederlage wiederholte sich bei einer Aufführung von Beethovens Neunter Symphonie. Ich hatte eine gute Sopranstimme, aber konnte mit dem Chore nicht Takt halten. Die Klasse sang schwerfälliger, derber und minder gefühlvoll. Sobald ich beim Chorgesange mich gehen ließ, setzte es von den Nachbarn Knüffe und Püffe. Wir retteten uns, indes wir mit den Stimmen Harmonie erzeugten. Unser Singlehrer, derselbe dicke Herr Meier, der in der untersten Vorklasse unser Klassenlehrer gewesen war, hegte als einziger aller Lehrer eine Vorliebe für den unbrauchbaren Knaben. Er war wohl selber ein Stück verunglückter Künstler. Er hatte wohl selber nie recht im Chore singen und Takt halten können. Bei jener Aufführung der d-moll-Symphonie nun hatten die Kinder zum Beschluß Schillers Hymnus an die Freude zu singen: „Alle Menschen werden Brüder." Die Stelle beglückte und entrückte mich so, daß ich die Töne ungebührlich dehnte und laut fortsang, als der Chor pausierte, so daß Herr Meier abklopfen mußte und den ganzen Einsatz neu beginnen ließ. Dies war eine große Niederlage. Seither wurde mir verboten, je wieder in Gemeinschaft mitzusingen. Es war ein heimlich nagender Schmerz, aber zugleich Symbol für die ganze fernere Lebensbahn. Der Ausschluß von der Gemeinschaft wurde eingekleidet in ein Lob für die Person. Ich diente fortan als Vorsänger, mußte, ehe ein neues Lied geübt wurde, es als einzelner vortragen und der Klasse zeigen, was alles in dem Liede stecke. Dann aber, während die Klasse übte und sang, hatte ich still zu schweigen, um nicht zu stören. Meinem Freunde Ludwig erging es umgekehrt. Er konnte nicht als einzelner singen, aber trug den Chor und gab den Takt an. Immer vorsingen, niemals mitsingen; so war es, so blieb es!

Vom Schulmeistergrößenwahn

Paul Ernst

Ich bin in meiner Erzählung in Tertia und habe nur in der Beschreibung der Lehrer vorgegriffen. Ich will nun über den Direktor unseres Gymnasiums etwas sagen, der mir für die letzte Schulzeit und darüber hinaus sehr wichtig wurde. Der Direktor Lattmann mochte damals ein Sechziger sein. Er war Witwer und lebte in einem großen Haus allein mit einer Wirtschafterin. Er war ein hochgewachsener und gut aussehender Mann, aber mit harten Zügen. Er war leicht schwerhörig und dadurch zu Mißtrauen geneigt.

Ein Lehrer sollte gütig sein. Er sitzt vor den Schülern und hat immer recht. Er ist der unumstrittene Herrscher der Schüler. Jeder Beruf hat seine Wirkungen auf den Charakter des Menschen, der ihn ausübt. Beim Lehrer entwickelt sich leicht der schulmeisterliche Größenwahn, der ja die hauptsächlichste Ursache für die häufige Unbeliebtheit des Lehrerstandes ist. Lattmann litt an diesem Schulmeistergrößenwahn. Dessen hauptsächlichstes Merkmal ist die Vorstellung, daß man aus den Schülern so ungefähr alles bilden könne, was man wolle. Jeder Mensch bildet sich ja ein Ideal dessen, das der Mensch sein soll. Er macht sich dadurch blind gegen die Wirklichkeit, und wenn er einen Menschen bilden soll, so kann er verhängnisvoll wirken. Ist ein Lehrer gütig, so bekämpft er diese Gefahr in sich von selber. Hat er aber keine Güte, hat er außerdem zu seinem schulmeisterlichen noch ein besonderes menschliches Selbstgefühl, so kann das schlimme Ergebnisse zeitigen. Lattmann hatte die Vorstellung, daß er ein besonders guter Menschenkenner sei. Er war es nicht. Er war ein Beispiel für einen Menschen, der nicht imstande ist, aus der Gesamtheit des Wahrgenommenen sich ein Bild zu machen; sondern der einzelne Züge herausgreift, diese logisch sich klar macht, indem er dem einzelnen Zug einen allgemeinen Begriff unterschiebt – in diesem Fall war der allgemeine Begriff eine sogenannte Charaktereigenschaft – und nun aus diesem Begriff logisch alles weitere ableitet. So setzte er sich etwa von einem Schüler, der ein platt harmlos gedankenloser Dummkopf war, in den Kopf, dieser Mensch sei besonders berechnend und schlau und sei eine Art Jesuit; diese verderbliche Charaktereigenschaft müsse man bei ihm ausrotten, mit aller Energie. Und Energie hatte Lattmann. Er rottete also an Söhle, so hieß der junge Mann, aus, was er nur konnte; der war sehr verwundert darüber.

Bei mir hatte er die Vorstellung, ich sei hochmütig. Ich verkehrte nicht mit den andern. Das war der reine Hochmut. Ich vernachlässigte bei der Homerübersetzung die kleinen Partikeln, die man im Deutschen überhaupt nicht ausdrücken kann, wenn man nicht mit einem braven Schulmann, unter dem später einmal mein Sohn litt, übersetzten will: „Traun, fürwahr in der Tat erhob sich der Dulder Odysseus." Das war der reine Hochmut; diese Partikelchen waren für meinen überlegenen Geist zu klein. Ich träumte in der Schule oft, indem ich an Dinge dachte, die mir wichtiger waren als der Unterricht, was die andern ja denn wohl auch taten, vielleicht nicht so oft als ich, weil ihnen weniger Dinge wichtig waren als mir; wieder der reine Hochmut. Ich wußte alles besser wie der Lehrer. Wieder Hochmut. Diesen Hochmut beschloß er nun, mir auszutreiben.

Unglücklicherweise war er dahintergekommen, daß ich philosophische Bücher las. In die Klassenbibliothek hatte sich durch irgendeinen Zufall eine Geschichte der neueren Philosophie von einem Engländer namens Lewes verirrt. Der Mann war Engländer, das sagt genug. Er stellte für den Leser den Unterschied zwischen subjektivem, objektivem und transzendentalem Idealismus dar an dem Beispiel eines Mannes, der einen Baum ansieht; es war ihm gar nicht klargeworden, daß Fichte, Schelling und Hegel sich überhaupt keine erkenntniskritischen Probleme gestellt haben. Nun, es war immerhin ein Buch, aus dem ich zu lernen hoffte, und ich entlieh es. Der Direktor sah einmal die Bibliothek nach und fragte den Primus: „Nun, dieses Buch entleiht doch wohl keiner?" – „O ja", erwiderte der, „Ernst hat es entliehen." – „So, also philosophische Bücher liest er auch", rief Lattmann aus und nannte mich seitdem nur immer „Unsern Philosophen". Da konnte es denn vorkommen, daß in der Stunde das Wort Philosophie genannt wurde. Lattmann erklärte, er liebe es nicht, daß wir nach unsrer Gewohnheit Worte gebrauchten, deren Sinn wir nicht verständen. Er rief mich auf: „Nun wollen wir doch einmal unsern Philosophen fragen: Was ist Philosophie?" Ich schwieg bestürzt. Die andre Klasse interessierte das Problem nicht weiter, nur einer, der sich Liebkind machen wollte, hob den Finger und sagte: „Philosophie ist die Liebe zur Weisheit." Nun rief Lattmann aus: „Sehen Sie, Ernst, da habe ich Sie nun wieder einmal. Das ist der reine Hochmut, daß Sie solche Bücher lesen. Sie lesen eine Geschichte der Philosophie und wissen nicht, was Philosophie ist."

Ich verstand von Homer tatsächlich wohl am meisten in der Klasse. Vor dem Beginn der Stunde übersetzte ich den andern.

Wenn dann die Stunde angefangen hatte, dann rief mich Lattmann auf: „Nun wollen wir einmal sehen, ob unser Philosoph auch Homer übersetzen kann." Nach den ersten Worten schon brachte er mich durch seine Fragen, die für mich ganz fremdartig waren, so in geistige Unordnung, daß ich bald anfing zu stocken; dann schrieb er mit befriedigtem Stolz eine ungünstige Nummer in sein Buch.

Ich bin selten in meinem Leben Menschen begegnet, gegen die ich Haß fühlen konnte. Wenn man einen Menschen haßt, so fühlt man gewöhnlich, daß der einem überlegen ist; Haß ist das beste Kompliment, das man einem machen kann. Gegen Lattmann habe ich Haß gefühlt. Ich fühle ihn noch. Heute, wo ich in dem Alter stehe, in welchem er damals stand, fühle ich den Haß natürlich nicht mehr, weil ich eine Überlegenheit, aber weil ich etwas Schlechtes in ihm verspüre. Ich halte es nicht für richtig, einen solchen Menschen als meinen Nächsten zu betrachten, und den Haß zu unterdrücken. Ich denke, man soll die Guten lieben, die Schlechten hassen, und die gleichgültige große Menge geduldig ertragen. Ich war eine sehr verletzliche Natur. Meine andern Lehrer haben mich gefühlsmäßig geschont; Lattmann hätte mich vielleicht zerstört, wenn nicht mein Vater mich im letzten Halbjahr aus der Schule genommen und auf ein anderes Gymnasium, nach Nordhausen, gegeben hätte.

Ich hatte das deutliche Gefühl, daß der dünkelhafte Mann mich haßte. Es klingt wunderlich, daß ein Mann in den Sechzigern, der eine angesehene Stellung im Leben einnahm, einen gänzlich belanglosen Primaner hat hassen sollen; aber ich weiß, daß es so war. Dieser Haß war natürlich ganz unterirdisch und kam Lattmann nicht zum Bewußtsein. Man kann ihn wohl sich so erklären, daß auch der junge Mensch im wesentlichen schon fertig ist, und im wesentlichen als ausgereiftes Gebilde dem Alten gegenüber steht. Wenn da nun in beiden unversöhnliche Gegensätze sind, und die beiden sich in einer Lage befinden, daß sie nicht auseinander können, so muß Haß entstehen: das Gefühl, wenn dieser Mensch lebt, dann kann ich nicht leben. Ich glaube, daß Lattmann zu den seltenen Menschen gehörte, die positiv böse sind; er fand in seinen Lebensverhältnissen und auch wohl in seiner unbedeutenden Persönlichkeit nicht die Mittel, durch dieses Böse zu positiven Leistungen zu kommen. Er war eine Tyrannennatur; und wenn der Tyrann an seiner Stelle steht und eine bedeutende Persönlichkeit ist, so kann er gerade durch seine bösen Eigenschaften ein großer Mann werden; ich könnte mir etwa Friedrich den Großen so vorstellen; was Lattmann war, das haben die Griechen in einem bitterbösen und sehr tiefen Witz ausgedrückt, als sie von dem Tyrannen Dionys erzählten, er sei auf seine alten Tage Schulmeister geworden. Mein Haß gegen ihn wird ohne meine Absicht bemerkbar gewesen sein. Er ist mir wohl gar nicht zum Bewußtsein gekommen. Ich erinnere mich an einen Auftritt. Es war uns Schülern verboten, nach acht Uhr ohne Begleitung von Erwachsenen auf der Straße zu sein. Das Verbot war vernünftig, und ich sah das als junger Mensch ein. Nun wurde auf dem Teich, auf dem wir Schlittschuh liefen, ein abendliches Fest mit Beleuchtung veranstaltet. Wir liefen alle Schlittschuh. Lattmann hätte einfach erklären können, daß er uns für diesen Abend erlaube, länger draußen zu bleiben. Er tat das aber nicht, sondern verlangte, daß die Klasse durch ihren Primus um die Erlaubnis nachsuchen solle. Ich sagte dem Primus, ich wünsche die Erlaubnis für mich nicht, und er möge das bei seinem Gesuch Lattmann ausdrücklich bemerken.

Die übrigen Mitschüler in der Klasse waren belustigte Zuschauer der Art, wie Lattmann gegen mich verfuhr, die immer roher und verletzender wurde. Zuletzt warf er mir, dem fast Neunzehnjährigen, einmal ein Buch an den Kopf. Ich konnte meinen Jähzorn noch eben bezwingen. Hätte ich das Unglück gehabt, daß mir etwas Waffenartiges zur Hand gewesen wäre, so wäre ich vielleicht auf ihn losgestürzt. So stand ich nur auf und verließ das Klassenzimmer. Am nächsten Tage erklärte Lattmann vor der Klasse, er habe eine Konferenz zusammenberufen, da die Angelegenheit ihn selber angehe und er nicht Ankläger und Richter in einer Person sein wolle, und die habe mich wegen eigenmächtigen Verlassens der Klasse zu fünf Stunden Karzer verurteilt. Ich erwiderte ihm, der Angeklagte sei nicht vor die Konferenz berufen.

Ich habe damals zum erstenmal einen ganz lebendigen Eindruck von der menschlichen Niedertracht bekommen. Die ganze Klasse war in mir beleidigt. Was hätte ihr geschehen können, wenn sie sich auf meine Seite gestellt hätte? Nach der Stunde waren einige verlegen mir gegenüber, und andere spotteten. Mein Vater nahm mich aus der Schule; aber um das Abgangszeugnis zu bekommen, mußte ich meine fünf (es waren drei, d. Hrsg.) Stunden Karzer absitzen. In das Abgangszeugnis schrieb mir Lattmann: „Statt sich mit den Lehrfächern zu beschäftigen, liest Ernst in seinen Mußestunden philosophische Werke." Ein anderes Gymnasium wird natürlich niemals gern einen Schüler im letzten Semester annehmen, besonders wenn er so mangelhafte Leistungen aufzuweisen hat, wie aus meinem Zeugnis hervorgingen. Ich fuhr kurz entschlossen selber nach Nordhausen und stellte mich dem Direktor vor. Der las das Zeugnis und schüttelte bedenklich den Kopf. Dann kam er an die Stelle mit den philosophischen Büchern, die natürlich so gemeint war, daß sie mir die Annahme anderswo noch erschweren sollte, denn Lattmann stellte natürlich sich vor, alle anderen Direktoren müßten so denken wie er. Zum Glück war aber dieser Direktor, er hieß Grosch, anders gesinnt. Er war früher Theologe gewesen und hatte viele geistige Interessen. Ich mußte ihm nun die Ursache meines Abgangs vom Gymnasium in Clausthal erzählen. Mein Bericht wirkte wahrscheinlich überzeugend, aber er konnte natürlich dem Schüler gegenüber den andern Direktor doch nicht fallen lassen. So sagte er denn: „Ja, wenn Sie ohne Erlaubnis die Klasse verlassen, dann würden Sie auch von mir Karzerstrafe bekommen." Da fuhr es mir heraus: „Ja, Sie hätten mir auch nicht ein Buch an den Kopf geworfen." Er lachte und nahm mich an, indem er mir zur Bedingung machte, ich müsse freilich ein Semester opfern, denn er wünsche nicht, daß seine Schule in den Ruf komme, daß man an ihr ein leichtes Examen machen könne. Dieses Semester hat er mir dann nach einigen Wochen geschenkt. Ich hatte an ihm einen väterlichen Freund, wie es der Lehrer sein soll. Auch die andern Lehrer in Nordhausen waren sehr freundlich zu mir, und so habe ich an die Schulmonate in Nordhausen eine dankbar schöne Erinnerung.

Das sind ganz kleinliche Geschichten, die ich hier erzählt habe. Aber solche Kleinlichkeiten können ja im Leben eines Menschen bestimmend wirken. Auch in älteren Jahren können sie noch wichtig sein. Es kommt mir vor allem darauf an, zu zeigen, wie wichtig die Persönlichkeit des Lehrers ist, wie von ihr das ganze Schicksal eines jungen Menschen abhängen kann. Ich glaube, daß ich in Clausthal niemals das Abiturientenexamen gemacht hätte; in Nordhausen war ich ein Schüler, der in seinen Leistungen das bessere Mittelmaß erreichte, und bestand auch ein entsprechendes Examen; dabei waren die Anforderungen etwas höher als in Clausthal.

Seit Jahrzehnten verbessert man nun an den höheren Schulen herum. Ich glaube, der Grund des Unheils liegt ganz woanders, als man denkt. Es kommt vor allem auf die Persönlichkeit des Lehrers an. Aber es gibt wenig Menschen, welche zu Lehrern geeignet sind. Die Zahl der Schüler hat sich so vermehrt, daß man bei der Auswahl der Lehrer überhaupt nicht an die richtige Eignung denken kann.

Ich möchte noch zum Schluß erwähnen, daß auch die Lehrer unter Lattmann litten. Ein jüngerer Lehrer, der in den letzten

Monaten meines Aufenthaltes nach Clausthal kam, ein sehr lebendiger und frischer Mann von weiterem Gesichtskreis, der mir immer freundlich gesinnt war, erzählte mir Jahre später, als Lattmann in den Ruhestand getreten sei, da haben sich alle Lehrer verschworen, ihm nicht die Hand zum Abschied zu reichen. Er sprach seine Abschiedsworte und reichte die Hand dem ältesten Lehrer, dem Oberlehrer Meyer. Dieser, der kein an sich starker Mann war und sich nur durch sein unerhörtes Pflichtgefühl aufrecht erhalten konnte, gab ihm trotz des Versprechens die Hand. Die andern folgten. „Ich schäme mich, zu erzählen, daß auch ich ihm die Hand gegeben habe“, sagte mein Gewährsmann, und wurde bei der Erzählung rot vor Erbitterung gegen Lattmann und Scham über sich selbst. Er fuhr fort: „Nur der Probekandidat war kein Feigling. Er legte seine Hände auf den Rücken.“

Die kleine Geschichte ist sehr merkwürdig. Sie zeigt, genau wie das Verhalten der Klasse in meinem Fall, daß irgendeine Kraft in dem Mann stecken mußte; sie zeigt auch, wie leicht ein einzelner mit einer Menge fertig werden kann.

Als Schulrat unterwegs

Julius Plath

Das eine Mal handelte es sich darum, einen jungen Lehrer in einem entlegenen Dorfe, der leichtsinnig lebte und es mit seinem Amte sehr leicht nahm, dabei zu ertappen. Es war Sommer. Ich konnte von meinem Nachtquartier in dem mehrere Kilometer entfernten Städtchen, in dem ich spät abends angekommen war, in aller Frühe zu Fuß aufbrechen und unauffällig 10 Minuten vor 7 Uhr vor dem Schulhause sein. Die meisten Kinder waren offenbar schon versammelt, denn durch die offenen Fenster des Schulzimmers drang großer Lärm; die Haustür fand ich aber verschlossen. Auf meine Forderung, die Tür öffnen und den Herrn Lehrer zu rufen, wurde mir geantwortet, beides sei unmöglich, da der Lehrer in einem benachbarten Hofe in Wohnung und Kost sei und den Schlüssel bei sich habe. Schon wollte ich fragen: „Wie seid ihr denn hineingekommen?“, da kamen einige Nachzügler, gingen an die Giebelseite des Hauses und – schlüpften mit kühnem Schwunge durch die Deckelöffnung eines Schweinekobens in die Viehdiele des Schulhauses. Da ich denselben Weg nicht gut nehmen konnte, ließ ich mir durch die großen Knaben das Dielentor aufmachen und kam so in die Schulstube, wo ich zunächst den Herrn Lehrer erwartete; als er aber ¼ nach 7 Uhr noch nicht erschienen war, sagte ich den Kindern, wir wollten den Unterricht vorläufig in gewohnter Weise beginnen. So hielt ich denn bis 8 Uhr die stundenplanmäßige Religionsstunde und auch noch den größten Teil der darauffolgenden deutschen Stunde, bis dann gegen ¾9 Uhr der Schlüssel in der Haustür knarrte und der Lehrer erschien. Ich hatte schon vorher einen Stuhl für ihn bereitgestellt, schnitt ihm jede Entschuldigung ab und forderte ihn in der höflichsten Weise auf, Platz zu nehmen und mich die angefangene Unterrichtsstunde beendigen zu lassen. Dann wurden die Kinder zur Pause hinausgeschickt, und es wurde dem Lehrer der Kopf gewaschen. Er wurde an eine mehrklassige Schule versetzt und dem ortsanwesenden Schulinspektor besonders ans Herz gelegt; trotzdem mußte er seines Lebenswandels wegen aus dem Amte entlassen werden.

Ein anderes Mal galt es, einen noch nicht gerade alten, aber schon ruhestandsfähigen Lehrer davon zu überzeugen, daß er durchaus keine Zucht halten könne. Dies ist besonders schwierig, weil die Kinder, solange der Revisor anwesend ist, natürlich ruhig und manierlich sind; man muß sich also schon aufs Horchen legen. An einem dunklen Novembermorgen traf ich wieder 10 Minuten vor Schulanfang auf einem mir schon bekannten Fußpfade über die Wiesen auf der Rückseite des Schulhauses ein und ging unauffällig hin und her. Aus dem Schulzimmer drang wüstes Geschrei, unterbrochen von Zeit zu Zeit durch auffallendes Gelächter und Gekreische. Als es vom Turm der nahen Kirche 8 Uhr schlug, ging ich mit schnellen Schritten durch die Gartentür des Hauses in den Flur und von da in das zur linken Hand liegende Schulzimmer. In ihm führte ein Gang zwischen den Bänken zum Lehrerpult, rechts standen die Mädchen auf ihren Bänken, links die Knaben auf den ihrigen und spielten das unter verschiedenen Namen bekannte Spiel, daß einer übergelegt wird und raten muß, wer ihm den derben Schlag auf sein Hinterteil versetzt hat. Die Mädchen hatten diesen Höhepunkt immer mit ihrem Gekreische begleitet. Als ich schnell bis zum Lehrerpult vordrang und die Kinder andonnerte, waren sie plötzlich ganz still. Dies hatte zur Folge, daß sich jenseits des Flures die Tür zum Wohnzimmer des Lehrers auftat und man in der Tür, die Bibel und das Gesangbuch an die Brust gedrückt, die Jammergestalt des Lehrers stehen sah, der vielleicht schon lange so gestanden hatte, aber ohne Mut, dem Unfug drüben zu steuern. Aber an ihm vorbei schoß seine Frau ins Schulzimmer, stellte sich neben mich und schrie: „Seht ihr Kinder, so muß es kommen: ein fremder Herr muß hierherkommen und zusehen, wie es hier tagtäglich zugeht!“ Und zu mir gewendet (den sie nicht kannte): „Ja, mein Herr, in die Grube bringen die Kinder meinen armen Mann vor der Zeit.“ Ich beruhigte sie, versprach Abhilfe; und als ich nach der mühsam beendeten Stunde in Gegenwart des Ortsschulinspektors und der Frau den Lehrer fragte, ob er es nicht an der Zeit fände, sein Schulzepter niederzulegen, entrang sich seiner Brust ein „Ach, ja!“ der Erleichterung.

Ein Erlebnis nicht gewöhnlicher Art war folgendes: Am Vormittag hatte ich die Schule eines kleinen Dorfes in der Nähe von Schwarmstedt, das eine Haltestelle der Kleinbahn dorthin besaß, revidiert. Ich beabsichtigte, in Schwarmstedt erst Mittag zu essen und nachmittags die dortige Schule zu besuchen. Ich war verwundert, auf dem Bahnsteige einen Schüler derjenigen Schule, aus der ich eben kam, mit der Absicht vorzufinden, ebenfalls den Zug zu benutzen. Auf meine Frage, wohin er wollte, antwortete er: „In die Privatschule in einem anderen, in der Nähe von Schwarmstedt gelegenen Dorf.“ Von einer solchen war der Regierung bisher nichts bekannt, während doch zu einer Privatschule die Genehmigung erteilt werden mußte. Ich beschloß daher, sie mir nachmittags anzusehen und fuhr nach dem Mittagessen auf dem Rade dem Dorfe X zu und fand auf dem Wege dorthin viele andere Radspuren. Alle bogen in ein und denselben Hof ein. Ich folgte ihnen und sah in der Tür eines Nebengebäudes, wo sie endigten, eine Frau stehen, die ich fragte, ob hier die Privatschule sei.

Etwas verlegen wollte sie ihren Mann rufen, was ich verhinderte, und nur bat, mir die Tür der Schulstube zu zeigen. Darauf wies sie mir eine Tür mit einem sehr primitiven Schloß, wie man es wohl an Stalltüren findet. Ich öffnete und hatte einen merkwürdigen Anblick: In einem kleinen Raum standen ohne Rücksicht auf das einfallende Licht kreuz und quer die Schulbänke voll besetzt mit Schulkindern verschiedenen Alters, während ein Mann in Hemdsärmeln in einer hölzernen Molle Hühnerfutter mengte und dabei gleichzeitig den Unterricht an fünf Abteilungen verschiedener Art erteilte. Da waren Knaben, die Algebra mit dem Pensum von Obertertia trieben, Mädchen, die die Anfänge des Französischen lernten, andere, die sich mit Deutsch beschäftigten usw. Ich setzte mich zu den einzelnen und sah, daß sie durchaus verstanden, was sie vorhatten, und bat dann den Lehrer, seinen Unterricht zu verfolgen. Es ist mir selten jemand vorgekommen, der es verstanden hätte, fünf Abteilungen gleichzeitig in vollkommener Weise zu unterrichten. Nachdem die Kinder entlassen waren, ließ ich mir dann erzählen, daß der Betreffende ein aus den ärmlichsten Verhältnissen stammender Kandidat der Theologie sei, der ursprünglich Hauslehrer bei einem Grafen Bothmer in dem Orte gewesen sei, zuerst dessen Söhne bis zur Prima in Celle unterrichtet habe und dann in einem von dem Grafen ihm überlassenen Hause diese Privatschule ins Leben gerufen habe. Sie erwies sich als ein Segen für die ganze Gegend. Natürlich konnte dieser ungesetzliche Zustand nicht fortdauern, zumal da sich herausstellte, daß der Ortsschulinspektor selbst Kinder in die Schule schickte. Ich machte dem Lehrer den Vorschlag, er solle die Mittelschulprüfung ablegen, er ging aber nicht darauf ein. Er hatte ein Mädchen von niederer Herkunft geheiratet und im Verein mit ihr auch Hühnerzucht betrieben. Nun wurde ihm ein Unterrichtserlaubnisschein erteilt, die Schule nach Schwarmstedt verlegt; doch er ist bald darauf gestorben.

Einst passierte ich zur Adventszeit ein Dorf, dessen Schule etwas abseits von der Landstraße lag. Eigentlich wollte ich sie nicht besuchen, hatte aber bis zum Abgange des nächsten Zuges der benachbarten Eisenbahn noch eine Stunde Zeit und wollte wenigstens flüchtig hineinsehen. Ich wunderte mich schon, daß in der Schulstube mitten in der Unterrichtsstunde derjenige Lärm war, der zu entstehen pflegt, wenn der Lehrer sie verläßt, und sah bei meinem Eintritt an der auf dem Tisch liegenden Geige, daß eigentlich eine Gesangstunde sei. Auf Befragen erklärten die Kinder, der Lehrer sei in das Wirtshaus abgerufen worden. Es wurde gerade unter anderen Weihnachtsliedern „Stille Nacht" geübt, aber als ich mir das Lied vorsingen ließ, merkte ich, daß es ohne jedes Verständnis des Textes geschah. Nach mehrmaligem Durchsingen und Erklären sangen die Kinder es so, daß man das Lied kaum wiedererkennen konnte. Da kam der Lehrer wieder, und es gab das übliche Tableau. Ich sagte: „Nun hören Sie mal, Herr X, wie schön ihre Kinder singen", und damit empfahl ich mich.

Ich war in einem Dorfe mitten in der Heide und wohnte dem Unterrichte in den Nachmittagsstunden von 2–4 Uhr bei. Der Lehrer hielt unter anderem eine Naturgeschichtsstunde, besprach den Pilzreichtum der Gegend und die Verwendung der Pilze und daß sie durch Verkauf an Konservenfabriken für die Bevölkerung sehr nützlich wären. Nach Beendigung der Schulstunden forderte ich den Lehrer zu einem Spaziergang in das Gehölz auf, in dem die Pilze standen. Er hatte recht, wir fanden eine Menge sehr schöner Exemplare von Pfifferlingen, und ich sagte: „Die muß mir die Wirtin heute zum Abendbrot machen." Da zog der Lehrer ein bedenkliches Gesicht auf und meinte: „Ja, wenn nicht die junge Wirtin im Krankenhaus läge, würden Sie sie wohl gemacht bekommen, aber die alte, die sie vertritt, wird es wohl nicht können." Und so war es auch; als ich ihr mein Anliegen vorbrachte, sagte sie: „Nee, die Dinger habe ich noch nie zubereitet!" „Dann muß es Ihre Frau tun", sagte ich zu dem Lehrer. Aber auch diese behauptete, es noch nie gemacht zu haben. Ich mußte ihr nun eine lange Lektion geben und selber vormachen, wie man Pfifferlinge putzt und mit Speck und Zwiebeln schmort. Aber als sie nun auf den Tisch gebracht wurden, rührten weder der Lehrer noch seine Frau und erwachsene Tochter das delikate Gericht an, und ich mußte es allein aufessen, was mir indessen nicht schwer fiel. Ob heute die Nutzbarmachung des Pilzreichtums der Heide durch die rechte Verwendung gewachsen ist, weiß ich nicht.

Die regelmäßigen Schulrevisionen durch die Kreisschulinspektoren fanden einmal im Jahr statt, über sie wurde formularmäßig an die Regierung berichtet; aus ihren Ergebnissen entnahm der Schulrat die Veranlassung zu seinen Schulbesuchen, über die er jedesmal berichtete. Natürlich verbreitete sich in einem Kreise bald die Kunde, wenn er in ihm auftauchte. So habe ich es selbst erlebt, daß eine wandernde Musikbande den Auftrag bekam, an einer Strecke überall zu erzählen, der Schulrat aus Lüneburg sei unterwegs. Sie verhandelte darüber in einem Wirtshause, in dem ich auch saß, mein Frühstück essend; es hatte zur Folge, daß ich meinen Plan änderte.

Ein andermal ließ ich mich von dem Lehrer, den ich besucht hatte, durch ein Moor führen, so weit der Weg ohne Führer schwer zu finden war. Als ich jenseits des Moores eine andere Schule besucht hatte und mit dem Lehrer ins Freie trat, kam der Postbote und brachte ihm eine Depesche. Als er sie aufgemacht hatte, lachte er, und auf meine Frage, was denn so Lächerliches drin stände, antwortete er: „Der Kollege in X telegraphiert mir, daß der Schulrat aus Lüneburg in der Gegend sei." In Wirklichkeit wird wohl drin gestanden haben: „Julius ist unterwegs!" Meist fürchteten die Lehrer anderes, als worauf ich Wert legte, nämlich bei mehr äußerlichen Unregelmäßigkeiten wie Nichtausfüllung von amtlichen Listen, rückständigen Korrekturen u. a. m. betroffen zu werden. Gewiß wird ein gewissenhafter Lehrer auch in diesen Dingen seine Pflicht tun, die Hauptsache war für mich aber immer zu sehen, ob Leben in der Schule bzw. Klasse herrschte, ob der Lehrer oder die Lehrerin wirklich arbeitete und die Kinder zu geistiger Arbeit anzuregen verstand oder bloß mechanisch seine Stunden gab.

Unser Herr Lehrer

Alma Rogge

Unser Herr Lehrer in der untersten Klasse war ein schmächtiger Mann mit einem weichen Gesicht, schütteren Haaren und wasserblauen Augen. Auf der Nase trug er einen Zwicker, unter der Nase einen blonden Bart. Den zwirbelte er, wenn er darüber nachdachte, welche Aufgaben oder Strafen er über uns verhängen wollte.

Unser Herr Lehrer war sehr klug. Er wußte, was die Sonne wiegt. Leider habe ich mir die Zahl nicht gemerkt, es wäre wichtig festzustellen, ob sie ihr Gewicht seither gehalten oder – Gott behüte – abgenommen hat. Er sagte uns auch, daß der Äquator verrutsche. Das habe ich lange Zeit nicht einsehn wollen, auch fand ich darüber nie etwas in Büchern oder wissenschaftlichen Schriften und nicht in der Spalte der Zeitung „Neues aus aller Welt", in der doch sonst so viele merkwürdige Dinge stehn. Aber in späteren Jahren, wenn die Sommer so kalt und gar keine richtigen Sommer waren oder es im Winter weder Eis noch Schnee gab, habe ich oft gedacht, unser Herr Lehrer aus der untersten Klasse könnte doch recht haben. Er war der klügste von allen, die ich je gekannt habe.

Unser Herr Lehrer war sehr umsichtig. Im Winter kamen wir morgens nach einem weiten Weg durch die Felder oft mit quatschnassen Füßen in die Klasse. Da ordnete er an, wir sollten trockene Strümpfe mitbringen und immer ein Paar in der Schule vorrätig haben. Sein Pult hatte unten einen kleinen Schrank, da hinein legten wir sie: graue, schwarze, braune, solche, die schlicht, ein schlicht ein kraus, und solche, die zwei schlicht zwei kraus gestrickt waren. Einige Kinder brachten sie in einem bunten Beutel mit. Als er diese bedeutungsvolle Einrichtung durchgeführt hatte, kümmerte der Herr Lehrer sich nicht weiter mehr darum. Wir auch nicht; wir saßen die fünf Stunden lieber mit nassen Füßen, scharrten und stampften oder liefen sie in den Pausen warm. So dachte niemand mehr an das Strumpflager, bis eines Montagsmorgens im Mai vor der ersten Stunde eine unauffällige, stille, aber nicht aufzuhaltende Pilgerwanderung von Schülern aller Klassen zu unserm Pult einsetzte: da die Fenster der Schulstube bei dem schönen Wetter über Sonnabend/Sonntag offenstanden, hatte eine Katzenmutter das mollige, spaltweit geöffnete Wollnest entdeckt und ihre sechs Jungen vertrauensvoll hineingeboren. Als unser Herr Lehrer die Klasse betrat, saßen wir alle mit lustig verkniffenen Gesichtern, aber mucksstill da. Er sah uns prüfend an und zwirbelte seinen Bart. Niemand sagte etwas. Die Katzenmutter sprang während des Unterrichts ein paarmal auf die Fensterbank und sah ängstlich herein, ob die Stunde nicht bald herum sei. Sie sehnte die Pause herbei –, wir taten es auch. Wir hüteten das Katzenglück den ganzen Vormittag, aber am nächsten Morgen war das Nest leer. Nur die Strümpfe träumten noch lange von dem jungen Leben, das so weich und warm auf ihnen geruht und ihrem einsamen Dasein endlich einen Zweck gegeben hatte.

Unser Herr Lehrer war sehr für Gesang. Um diese schöne Kunst nicht nur bei uns Kindern, sondern auch bei den Erwachsenen zu fördern, leitete er den Männergesangverein des Dorfes. Da sangen denn der Apotheker, der Küster, der Kaufmann, da sangen die Bauern aus der flachen Marsch, die nur Hasen und Rebhühner jagten: „Ich schie-as den Hirsch im wilden Forst." Sie sangen mit rauhem Brustton: „Jetzt gang i ans Brünnele, trink aber nit." Aber hernach tranken sie doch, wenn auch nicht aus dem Brunnen. Sie sangen knappe zwei Stunden und tranken hinterher sechs Stunden, bis in den frühen Morgen. Ihre durch den Luftstrom des mächtigen Gesanges ausgetrockneten Kehlen mußten wieder den nötigen Feuchtigkeitsgehalt kriegen. Unser Herr Lehrer machte aus Liebe zum Gesang auch das mit, und sie ließen ihn wohl auch nicht weg, die trinkfesten Bauern, und machten sich einen Spaß daraus, den schmächtigen Schulmeister umzulegen.

Wir wußten von unseren Vätern, wann diese Abende waren. Dann saß unser Herr Lehrer am andern Morgen bleich und ungezwirbelt mit traurig herabhängendem Bart da. In den ersten beiden Stunden raffte er sich gewaltsam auf und versuchte, den Unterricht anregend und spannend zu machen, so wenn er vom Gewicht der Sonne und vom Verrutschen des Äquators sprach. Aber in der dritten Stunde wurde es schlimm für ihn. Da hatten wir Schreiben, er brauchte nur auf seinem Pult zu sitzen und seine wasserblauen Augen wachsam auf uns zu richten. Aber die waren nicht mehr wachsam. Er nahm den Zwicker ab, putzte ihn, rieb seine Augen, setzte den Zwicker wieder auf, strich umständlich den Bart, räkelte Arme und Beine zurecht –, aber dann war er auch am Ende.

Da kam er im Sommer auf einen fabelhaften Einfall. „Holt mir mal einen Eimer voll Wasser her", sagte er, „ich will das Pult abwaschen."

Zwei Jungens stürzten hinaus und holten den Eimer, der draußen im Flur beim Filterfaß stand. Er rückte ihn sich sorgfältig hinter seinem Pult zurecht. Dann nahm er den schmutzigen Tafellappen und wischte damit hin und her über den Pultdeckel. Wir wunderten uns nur bei der ersten Pultwäsche darüber, daß er ihn nicht ein einziges Mal ins Wasser tauchte und auswusch. Später wußten wir schon Bescheid. Wer in der Mitte der Bankreihen oder ganz hinten seinen Platz hatte, konnte es nicht sehen, aber die vorne an den Seiten saßen, beobachteten unter den gesenkten Köpfen her sein absonderliches Treiben: er krempelte die Hosenbeine auf, zog Schuhe und Strümpfe aus und senkte seine Füße in das kalte Wasser.

„He wascht sin Föt!" sagten wir.

Unser Herr Lehrer saß danach wieder harmlos da, zwirbelte, zwickerte und zwinkerte, kaute auf dem einen Ende seines blonden Bartes, als wenn er schwer grübelte –, und fühlte seinen Kopf allmählich freier werden.

Indessen schrieben wir mit rasendem Eifer. Die Federn flogen nur so über das Papier, die anbefohlenen Reihen fertig zu kriegen, um dann mit unserm Heft zum Pult vorzustoßen. Aber er ließ uns nicht herankommen. Er beugte sich vor und sagte, über das Pult weg auf unser aufgeschlagenes Heft mit der noch nassen Tinte zeigend:

„Das ist noch nicht gut, das sehe ich schon von hier. Geh an deinen Platz und schreib noch mal zehn Zeilen."

Einer nach dem andern versuchte es, er schickte sie alle wieder zurück. Er saß da wie ein Feldherr, der eine Stellung zu halten hat und jeden Angriff standhaft abwehrt.

Gegen Ende der Stunde zog er die Füße behutsam und ohne zu platschen aus dem Wasser, trocknete sie ab mit dem Handtuch, das er von der Wand nahm, und zog Strümpfe und Schuhe wieder an. Dann schüttelte er seine Hosenbeine zurecht und sagte in munterem Ton:

„Nun kommt man her. Nun wird es wohl gut sein."

Und dann war es auch gut.

Der Knabenlehrer Jünger

Karl Jakob Hirsch

Der Lehrer Fritz Jünger lebte seine irdischen Tage in Hannover. Sie sind ein Teil der Ewigkeit, in der er fortleben wird im Gedächtnis von Generationen.

Sein Herz schlug unter einem Jägerhemd und unter einer grauen gestrickten Weste fünfundsechzig Jahre lang. Es war störrisch und unberechenbar, es schlug gelassen in Augenblicken des Schicksals und galoppierte bei geringfügigen Anlässen. Fritz Jünger war ein Mensch und wurde ein Begriff.

Sein Name erheitert heute noch bärtige Männer und gibt ihnen Anlaß zu fröhlicher Erinnerung. Die Geschichten von ihm und um ihn sind ungezählt, immer neue kommen hinzu, manche sind wohl erfunden, aber alle sind im tiefsten Grunde wahr.

Fritz Jünger war Lehrer am Lyzeum, das später königliches Gymnasium wurde. Er nannte sich Knabenlehrer und trug diesen Titel, der keiner war, so stolz wie ein General seine Orden. Der Knabenlehrer Jünger unterrichtete die Kinder im Alter von sieben bis zwölf Jahren. Seine Fächer waren Rechnen, Naturgeschichte und Geographie. Er hatte die Väter unterrichtet, und die Söhne waren für ihn nur ihre Wiederholung. Eine Generation ging, die andere kam, nur er blieb. Fritz Jünger in weitem schlotternden Anzuge, in ausgebeulten Hosen, mit einem schwarzen Regenschirm bewaffnet, den er wie ein Gewehr geschultert trug. So blieb er sommers und winters, sah die Errungenschaften der Neuzeit mit Spott und verachtete den Fortschritt.

Man glaube nicht, daß Fritz Jünger ein trockner Pedant gewesen sei. Er war ein großes Kind mit wirrem grünlich-grauen Spitzbart und kleinen stechenden blauen Augen. Er glaubte nicht an die Wissenschaft und ihre Erkenntnisse. Er glaubte an Gott, weil es ihm selbstverständlich war, das Irreale für wirklicher zu nehmen als die greifbare Realität der Menschendinge.

Staub und Schutt lagen auf seinem Herzen, er tat nichts dagegen. Das Leben hatte ihn nicht enttäuscht, da er nichts erwartet hatte. Manchmal sah er in einem Kinde etwas Besonderes und Einmaliges, dies liebte er, geschah, was da wolle. So liebte er Joe de Vries, den kleinen, viel gescholtenen Judenjungen, den Sohn des Rechtsanwalts S. de Vries, den er auch unterrichtet und bevorzugt hatte. So vererbte sich die Liebe vom Vater auf den Sohn, obwohl der Kleine im Gegensatz zum Vater ein miserabler Schüler war.

Fritz Jünger verteidigte diese Liebe mit der ganzen Kraft seines vereinsamten Herzens, er überschritt oft dabei die Grenzen des Erlaubten. So übersah er geflissentlich die Tatsache, daß der Schüler de Vries ganz offensichtlich die Zeichnungen von Tieren und Pflanzen durchgepaust hatte. Er übersah es und billigte es schweigend. Manchmal erschien auch in der Sprechstunde des Rechtsanwalts der Knabenlehrer und fragte irgendetwas belangloses Juristisches, tat so, als ob dieses der Zweck des Besuches sei. Beim Hinausgehen steckte er unversehens in die Hand des Rechtsanwalts einen kleinen Zettel, auf dem die Aufgaben des morgigen Extemporale aufgeschrieben waren. Zum Erstaunen des kleinen Joe wurde genau die Aufgabe anderntags gestellt, die der Vater mit ihm geübt hatte.

Man sage nicht, daß dieses Vorgehen unrecht war, es war der geniale Instinkt eines Liebenden, der den Knabenlehrer dahin brachte, die schlechte Gesamtleistung des Schülers de Vries zu heben.

Jünger sah in dem Kleinen mehr als die andern, er sah ein verschüchtertes Herz und eine unergründliche Tiefe, darin es wogte und wucherte. Er war der Schatzgräber, der Wünschelrutengänger in den Gefilden des Außergewöhnlichen und Nichtbanalen. Wenn er aber in einem glattgesichtigen Kindergesicht den späteren berechnenden Bürger erblickte, dann kannten sein Spott und seine Verachtung keine Grenzen.

Er sagte oft: „Es gibt Kriechtiere und Vögel, dazwischen kommen die Affen, die so tun, als ob sie laufen und fliegen könnten."

Fritz Jüngers Auftritt in eine Klasse war eine Zeremonie. Wuchtig erdröhnte sein Schritt auf dem Korridor, wuchtig wurde die Türklinke heruntergedrückt, wuchtig stand er im Türrahmen, groß und mager. Sein gelbliches Gesicht zuckte, und seine Augen blickten starr vor sich hin. Dann trat er ein, schoß auf einen Jungen zu, der irgendwelche Dinge trieb, und schrie mit dröhnender Stimme: „Hütet euch ... ich sehe bis zum Hintersten!" Dann ging er zum Klassenschrank, legte den Hut und den Schirm hinein, stellte sich auf das Katheder und schlug sich mit den Fäusten dröhnend auf die Brust, einmal ... zweimal ... dreimal ... Mit weitaufgerissenen Augen sahen die Kinder auf das seltsame Gebaren ihres Lehrers. Er sagte dabei: „Die Lunge, ihr dummen Jungens, ist bei den Säugetieren der wichtigste Körperteil."

Im Unterricht war Rechnen angesetzt, aber der Knabenlehrer kümmerte sich nicht um Stundenpläne. So geriet er oft mit dem Lehrerkollegium in Konflikt, aber wer wollte gegen den alten bewährten Knabenlehrer etwas ausrichten? Junge Lehrer, erfüllt von modernen Erziehungsideen, sahen in Jünger den Typ des gänzlich veralteten Schulmeisters. Sollte man vielleicht einen Menschen ernst nehmen, der in der Naturwissenschaft noch bei Linné hielt? Selbst der Direktor Fettköter konnte nichts gegen Jünger unternehmen. Wenn Fritz Jünger den an und für sich nicht schönen Namen des Direktors aussprach, dann schauderte man. So mußte Direktor Fettköter schweigen.

Die Rechenstunde begann mit folgendem: Fritz Jünger befahl der Klasse, das Fünfundzwanzigmaleins aufzusagen, und zwar möglichst schnell und im Chor. Es begann:

Fünfundzwanzig ... fünfzig ... fünfundsiebzig ... hundert. Dann wurde es einzeln heruntergerasselt. Der Schüler Wucherpfennig kam nur bis fünfundsiebzig, er brach in Weinen aus. Jünger sah traurig und abwartend auf ihn herab, ging an den Spucknapf und spuckte geräuschvoll und ausgiebig. Dann sagte er mit langsamer Stimme: „Habe deinen Vater gestern auf der Straße gesprochen, Vater ist ein netter Mann, und ..." Da unterbrach ihn der Schüler Wucherpfennig schluchzend: „Herr Jünger, mein Vater ist doch schon tot." Ein Blitz fuhr herab, eine Donnerstimme dröhnte: „Widersprich mir nicht immer, dummer Bengel."

Der Unterricht ging weiter, Fritz Jünger stand auf dem Katheder und dozierte: „Das Wichtigste ist das Staubwischen. Die Dienstmädchen, Frauen und niedere gedankenlose Menschen nehmen den Lappen zur Hand und wischen kreisförmig auf der Tischplatte herum. Dadurch wird der Staub nur aufgewirbelt und setzt sich sofort wieder. Also scharf hersehen", seine Stimme erhob sich, „der denkende Mensch nimmt das Tuch und wischt den Staub vom Tisch herab auf den Boden, so ..." Er schob mit dem Tuch den Staub vor sich her, bis er vom Tischrand zu Boden rieselte. Diese Demonstration, fast täglich ausgeführt, wurde mit dem Satz beschlossen: „So unterscheidet sich der Mensch vom unwissenden Tier."

Wenn die Kinder zu Hause die Jüngersche Methode des Staubwischens begreiflich machen wollten, stießen sie auf Unverständnis. Ja, der Vater Heitmüller unternahm es sogar, dem Knabenlehrer einen Brief zu schreiben, in dem er sich diese „Aufhetzung der Kinder", wie er es nannte, verbat. Vater Heitmüller hatte keinen Nutzen und keinen Schaden davon. Fritz Jünger sagte nunmehr bei der Vorführung des Staubwischens: „Alle mal hersehen, mit Ausnahme des Schülers Heitmüller."

Daß der Knabenlehrer Jünger sich im Unterricht mit einem Taschenmesser die Nägel schnitt, daß er von den Kindern manchmal einen Apfel forderte (den die gute Mutter zum Frühstück mitgegeben hatte) und den rotbackigen Apfel scheinbar in Gedanken in kleine Stücke schnitt und vor den Augen des Spenders aß, das waren nur kleine Marotten und Eigenschaften eines einsamen Mannes. Aber daß er den Schülern wiederholt erzählte, er sei in London gewesen und von der Königin Viktoria auf der Straße in die Hofequipage geholt worden, nachdem sich Ihre Majestät erkundigt hätte, ob er der Knabenlehrer Fritz Jünger sei ... das zu erzählen und vorzutragen war mehr als eine Seltsamkeit oder Laune.

Es war eine dichterische Ausschmückung seiner kleinen Welt, die zwischen einem schlecht möblierten Zimmer und einem backsteinroten Schulgebäude lag. Das war der Fanatismus des Dichters, der nur an seine Welt glaubt und die Realität leugnet. Die Welt des Knabenlehrers Jünger war bunt und reichte um die ganze Erde. Da gab es Löwenjagden in Afrika, Brillantfeuerwerke, mit denen er von Fürsten und Königen geehrt wurde. Da war das Zahlungsmittel der Südsee, die Kaurimuschel, wirklicher als die Summe, die er allmonatlich von der Behörde in Groschen und Markstücken ausgezahlt bekam. Wenn er vom Galadiner beim König von Spanien erzählte, wenn er die Arena schilderte, in der der Stierkampf ihm zu Ehren abgehalten wurde, dann ... wehe dem Schüler, der da lachte. Er war verworfen und vernichtet, er war ein vorwitziger Lümmel und Dummerjan.

Vor seinem Paradies stand der Knabenlehrer Jünger, den Regenschirm in der Faust, und verteidigte es vor Dieben und Eindringlingen. Wenn er manchmal den Vorhang lüftete und die Horde von Bengels hineinsehen ließ, dann war es Gnade und Auszeichnung.

Die Naturgeschichtsstunde hatte zum Inhalt eine flüchtige Belehrung der Kinder über das unsterbliche System Linnés. Aber vor allem mußte die Kunst des „Blumeneinwickelns“ gelernt werden. Es kam darauf an, die Pflanzen beim Botanisieren so einzuwickeln, daß das Papier unten umgeschlagen werden konnte, so daß die Stiele wie in einem Sack ruhten, darauf kam es an. Das Botanisieren bestand meistens in dem Pflücken der beliebten Caltha palustris, der Sumpfdotterblume, die gleich hinter dem Schulhof zu finden war. Auch der gemeine Hahnenfuß war ein geschätzter Gegenstand des Botanisierens. Die Klasse zog dann mit Gejohle durch die Schulkorridore und störte den Unterricht der anderen, Fritz Jünger an der Spitze des Zuges auf Zehenspitzen tanzend, sich umwendend und ab und zu einem zu lauten Schüler einen Klaps versetzend. Draußen auf der Wiese balgten sich die Bengels und kamen mit zerquetschten Blumen bei dem Lehrer an.

Wichtig war noch eines: „die Lupe am Bande" …, die durfte in keiner Stunde fehlen. Die Lupe, ein hübsches, schwarz eingefaßtes Brennglas, mußte um den Hals des Schülers hängen, damit er jederzeit der Natur ihre Geheimnisse ablauschen konnte. Gewöhnlich benutzten die Schüler die Lupe, um unversehens dem Vordermann in der Stunde ein Loch in die Jacke zu brennen oder gar sein Gesicht zu verletzen. Fritz Jünger bestrafte in solchen Fällen nicht den Täter, sondern den Betroffenen, „weil er den Unterricht störe". So stand es auch im Klassenbuch eingeschrieben.

In der Zoologiestunde kam es vor, daß Jünger sagte: „Jetzt kommen wir zum Orang-Utan" … sich jäh unterbrechend, zu einem Schüler, der „döste": „Bengel, wenn du was lernen willst, sieh mich an!"

Der Kernsatz lautete: „Das Säugetier bringt lebendige Junge zur Welt und zieht sie selbst auf." Dies mußte so lange wiederholt werden, bis es im Gehirn verankert saß. Dort blieb es haften bis ins späte Alter.

Eines Tages ging Fritz Jünger zur gewohnten Stunde die Hildesheimer Straße hinunter, von der Ägidienkirche schlug es halb acht Uhr. Es war ein heiterer Morgen, der aber traurig enden sollte.

Als Fritz Jünger in die Georgstraße einbog, um wiegend und bedächtig in die Schule zu wandern, da fuhr aus einer kleinen Seitenstraße ein Radfahrer mit solcher Geschwindigkeit in die Georgstraße, daß der ahnungslose Knabenlehrer zu Boden geworfen wurde. Man lief herbei, um den alten Herrn aufzuheben, aber Fritz Jünger sprang auf, nahm den zerbrochenen Regenschirm in die Faust und ging auf den erschrockenen Fahrer zu, um ihn zu verprügeln. Es war ein Bäckergeselle des Konditors Struif, ein einfältiger und roher Bursche, anstatt sein Unrecht einzusehen, beschuldigte er den ehrwürdigen Lehrer.

Ein Schutzmann schrieb beide Namen auf, den des Lehrers sowie des Bäckers. Dann humpelte Fritz Jünger weiter zur Schule. Er war nicht zu bewegen, die Straßenbahn oder gar eine Droschke zu nehmen. Verspätet und schmutzig kam er an. Der Pedell Wudicke versuchte, mit Wasser und Bürste die Kleider zu reinigen. Inzwischen saß Fritz Jünger in Unterkleidung in der Pedellwohnung und trank eine Tasse Kaffee, die Frau Wudicke bereitet hatte, aus Schicklichkeit hatte er einen Mantel des Pedells umgelegt.

Die unruhig wartende Klasse wurde von dem Herrn Direktor persönlich unterrichtet. Dieser hatte Mühe, den Kindern etwas begreiflich zu machen, da der Stil des Jüngerschen Unterrichts schon zu nachhaltig auf die Schüler gewirkt hatte. Endlich kam Fritz Jünger in die Klasse. Der Direktor erkundigte sich besorgt nach dem Befinden des Lehrers, aber Jünger winkte ab: „Lassen Sie das, Herr Direktor Fettköter ... lassen Sie das gut sein ... wie Sie sehen, lebe ich noch.“ Dann stieg er aufs Katheder und hielt eine längere Rede, in der er die Menschheit in Menschen und Radfahrer einteilte. Er schloß: „Wenn ich irgendeinen von euch mit einem Veloziped erwische ... werde ich dafür sorgen, daß er aus der Schule gewiesen wird.“ Das war nicht so schlimm gemeint, auch reichte seine Macht nicht so weit. Aber die Schüler wagten nicht mehr, mit ihren Fahrrädern in die Schule zu kommen.

Einmal versuchte es der Schüler Willy Sauerbrey, mit seinem Rad zum Nachmittagsunterricht zu kommen. Er hoffte auf den dunklen und nebligen Novembertag, aber gerade, als er vor der Schule absprang, stand der Knabenlehrer Fritz Jünger vor ihm. Verstört wollte der Schuldige flüchten, aber Fritz Jünger drehte sich einfach um und ging ins Haus.

Es geschah nichts, kein Wutausbruch des Lehrers vor versammelter Klasse, keine Rede über verlotterte Moral, nichts, gar nichts ereignete sich. Aber etwas weit Schlimmeres geschah: in den nun folgenden Wochen wurde der Schüler Willy Sauerbrey von Fritz Jünger nicht mehr beachtet. Er wurde nicht mehr aufgerufen, obwohl gerade er das Fünfundzwanzigmaleins am schnellsten hersagen konnte. Der Schüler Sauerbrey war ausgelöscht aus der Welt, vernichtet, nicht mehr vorhanden. Ja, sogar die Zensur in seinen Heften trug nicht mehr die Jüngersche Eigenart, die darin bestand, daß hinter der Zahl 2 bis 3 oder 3 oder 4 bis 5 in schwungvoller Schrift zu lesen war: „Ich lobe den Fleiß“ oder „Bravo“ oder „Fauler Lümmel“. Nein, nichts dergleichen war in den Sauerbreyschen Arbeiten mehr zu sehen. Eine schmucklose Zahl, sonst nichts, wie es eben alle Welt machte.

Unter dieser Zurücksetzung litt der Schüler sehr, aber er konnte nichts dagegen machen. Die Klassenkameraden merkten deutlich diese Bestrafung und hänselten den armen Jungen mit der ganzen Roheit der Jugend.

Sauerbrey zog sich unversehens eine Blutvergiftung zu, mag es beim Zeichnen passiert sein, daß er sich mit der giftigen Tusche und der Reißfeder den Finger verletzte, kurz und gut, es ging ihm sehr schlecht. Er lag fiebernd mit geschwollenem Arm im Bett, mußte dreimal operiert werden, ja, man sprach schon von Amputation. In seinen Fieberträumen spielte der Knabenlehrer Jünger eine große Rolle, das Kind schrie und weinte und war nicht zu beruhigen, die Eltern verzweifelten.

Da wurde eines Abends an der Tür geläutet, und ein Schuljunge, ein Klassenkamerad des armen Willy, stand draußen und hatte in der Hand einen Strauß weißer Rosen. Eine Karte war daran befestigt:

Gute Besserung!
Knabenlehrer Fritz Jünger

Die Rosen beglückten das kranke Kind, es wurde ruhig, und nach einigen Wochen war es wieder gesund. Aber als der Junge in die Schule kam, stand auf dem Katheder ein fremder Lehrer.

Fritz Jünger war erkrankt. Eines Morgens stand er nicht mehr auf, sagte zu seiner Wirtin ganz ruhig: „Man muß die Königin benachrichtigen." Die erschrockene Wirtin holte einen Arzt, der den bekannten Spezialisten Petermann mit heranzog. Das war ein Freund des Knabenlehrers. Die zwei Ärzte machten besorgte, aber nicht hoffnungslose Gesichter und einigten sich auf Herzbeutelentzündung.

Fritz Jünger war es gleichgültig. Er lag da und ließ alles mit sich geschehen. Man hatte das Gefühl, daß er mit jedem Tag zufriedener würde. Die Schwäche nahm zu, man wollte ihn ins Krankenhaus bringen, aber da richtete Fritz Jünger sich im Bette auf und sagte: „Petermann, laß das, es hat keinen Zweck."

So lag Fritz Jünger noch acht Tage. Er schlief viel, und wenn er aufwachte, sagte er manchmal: „Kaldauke ... vermieten Sie die Zimmer." Am Tage vor seinem Tode schrieb er plötzlich mit kaum leserlichen Schriftzügen auf einen Zettel: „Vater und Sohn."

Die gute Anna Kaldauke verstand nichts, der Kranke wollte auch nichts mehr sagen. Sie rannte in die Schule, und dem untrüglichen Scharfsinn des Direktors Fettköter war es zu verdanken, daß man Fritz Jüngers Wunsch begriff. Es konnte sich nur um den Schüler de Vries handeln, dem unbegreiflicherweise die Zuneigung des Knabenlehrers gehörte, und um dessen Vater. Man benachrichtigte den Rechtsanwalt de Vries. Dieser glaubte, daß es sich um etwas Testamentarisches handelte, nahm seine Aktenmappe mit Schreibzeug mit.

Der Wagen des Rechtsanwalts hielt vor Jüngers Hause. Vater und Sohn stiegen aus. Der kleine Joe hatte ein Matrosenmäntelchen an und seine Schülermütze auf und hielt in der Faust einen Strauß roter Nelken. Er war etwas aufgeregt und auch neugierig.

Die Witwe Kaldauke empfing die beiden freudig, denn Fritz Jünger hatte sie schon den ganzen Tag immer fragend angeblickt.

Im Zimmer war es dämmerig, in der Ecke stand das Bett. Es war ein unpersönlich und gleichgültig möbliertes Zimmer, das Schlafzimmer nebenan war das Arbeits- und Wohnzimmer.

Fritz Jünger sah zum Erbarmen aus. Sein Bart war sehr lang geworden und sein Gesicht ganz klein. Die Augen waren riesengroß und glänzten fiebrig. Die mageren Hände waren gelblich mit vielen blauen Adern.

Leise traten Vater und Sohn näher. Der Rechtsanwalt faßte sich rasch, nahm einen Stuhl und setzte sich ans Bett, mit der einen Hand zog er Joe heran, der hastig und verstört den Blumenstrauß aufs Bett legte. Das machte aber einen solch beängstigenden Eindruck, es erinnerte an Aufbahrung, daß der Rechtsanwalt schnell den Strauß nahm und ihn Fritz Jünger zeigte. Da verzog sich sein Mund mit den rissigen Lippen zu einem Lächeln, er nahm die Blumen in die eine Hand, und mit der anderen langte er aus dem Bett heraus, um den Jungen zu streicheln. Joe kamen die Tränen in die Augen, er schluckte heftig. Der Kranke sagte mit ganz klarer Stimme: „Dummerjan ... da gibt's nichts zu heulen."

Er hielt die Hand des Knaben fest und blickte starr zur Decke. Kein Wort fiel während der nächsten Viertelstunde. Es war ein ungemütliches Schweigen. Was sollte man auch sagen? S. de Vries nahm die Mappe, räusperte sich. Fritz Jünger sagte leise: „Pack wieder ein, Samuel, hier gibt's nichts zu erben."

Schließlich wurde es so dunkel im Zimmer, daß man nichts mehr sah. Anna Kaldauke, die an der Tür gehorcht hatte, schlich herein und zündete die Petroleumlampe an. Jünger wollte irgend etwas, der Rechtsanwalt bemühte sich sehr, es zu verstehen. Endlich verstand er, denn Fritz Jünger zeigte ins andere Zimmer und sagte: „Muschel."

Auf seinem Schreibtisch lag eine große gedrehte, schöngefärbte Muschel, emaillerosafarben, die holte der Rechtsanwalt. Jünger lächelte zufrieden, nahm die große Muschel und horchte, dann winkte er Joe zu, der sich über das Bett beugte, und drückte ihm die Muschel an sein Ohr.

„Behalte das, kleiner Butjer", sagte er zärtlich, „immer behalten ... immer daran denken ... das ist das Wichtigste ... darauf kommt es an ...!"

Der kleine Joe lauschte entzückt auf das Rauschen und Dröhnen in der Muschel, es war das Meer, es war Musik, es war die ganze Welt, das Brausen der ewigen Schöpfung. Joe war sehr begeistert. Der Vater bedankte sich bei dem Knabenlehrer und sagte, er hoffe, ihn bald wieder gesund zu sehen. Fritz Jünger schmunzelte: „Machen wir“, sagte er mit ziemlich kräftiger Stimme, „wird gemacht ...“

Nach diesem Besuch ging es rasch abwärts mit ihm. Am letzten Tage verlangte er nach einem Globus. Man schickte in die Schule, und der Pedell Wudicke brachte den Klassenglobus. Staub lag auf Asien. Europa war verblaßt, nur Afrika glänzte wie neu. Beim Drehen quietschte der Globus etwas. Fritz Jünger ließ die Erdkugel nicht mehr aus den Händen. Seine mageren Finger streichelten und liebkosten den Erdball, fuhren über das Runde der Pole. Fritz Jünger nickte dazu und lächelte.

Der Pedell Wudicke saß am Bett, als er starb.

Fritz Jünger nahm den Zeigefinger und fuhr einmal um die ganze Erde, sagte dabei: „Staub wischen ... Wudicke.“

Dann streckte er sich aus und war tot.

Am Grabe sprachen der Geistliche, der Direktor Fettköter und ein Vertreter des Lehrerkollegiums. Die Schüler sangen einen Choral.

Der Schüler de Vries stand ganz dicht am offenen Grab. Er sah zum erstenmal, wie ein Mensch begraben wurde. Ihm kam das alles vor, als hätte er es schon längst erlebt. Neugierig guckte er in die feuchte Erde, es war April, es duftete nach Frühling, es sang schon eine Amsel. Joe zitterte vor Glückseligkeit und schämte sich gleichzeitig. Schmerz empfand er kaum, ein verwundertes tönendes Gefühl wuchs in ihm zu einer Heiterkeit, die er vorher nicht gekannt hatte.

Höhere Töchterschule in Leer

Wilhelmine Siefkes

Als ich zehn Jahre alt geworden war, kam ich in die damalige „Höhere Töchterschule“, später Lyzeum genannt, heute das Teletta-Groß-Gymnasium. Mir graute vor dem Wechsel, doch meine Eltern machten mir klar, daß ich dort viel mehr lernen würde, auch Englisch und Französisch. Das lockte mich. Und im geheimsten Innern tröstete es mich, daß ich dann zu denen gehören würde, die der Mann mit dem Messer nicht mehr bedrohte. So ließ ich mich, wenn auch klopfenden Herzens, an den neuen Ort bringen.

Dieser Schulbeginn ist mir bewußt geblieben. Mit einigen Neulingen stand ich am Pult der damaligen 6. Klasse, bis uns eine Lehrerin Plätze zuwies. Eins machte mir großen Eindruck: hier gab es keinen Stock wie in der Volksschule! Zwar hatte ich nur einmal mit ihm Bekanntschaft gemacht, aber ich hatte ihn so oft gegen andere in Aktion gesehen, daß ich es wohltuend empfand, in Zukunft davor sicher zu sein.

„Was ist dein Vater?“ wurde ich in den ersten Tagen gefragt.

„Krank.“

„Nein, ich meine, was für einen Beruf er hat.“

„Ich weiß nicht –“

Beruf? Daß er einmal viele Kühe und Pferde gehabt, daß er auch Korn gebrannt und Bier gebraut hatte, als ich noch nicht da war, wußte ich. Aber Beruf?

Da blitzte es in mir auf. „Rentier“, sagte ich und sprach es so, wie ich es geschrieben gesehen hatte.

„Was?“ Die Lehrerin hob den Blick von dem Buch, in das sie schrieb.

„Ja, das steht immer auf Briefen.“

„Ach so.“ Sie lächelte und schrieb weiter.

Ich fühlte mich bald sehr wohl in meiner neuen Umgebung. Bei uns zu Hause war gedrückte Stimmung. Mein Vater wurde bettlägerig, meine Mutter war voller Sorge. Sie hatten 1901 silberne Hochzeit gefeiert. Um aller Aufregung mit großem Familienbesuch zu entgehen, hatten sie die Einladung meiner Tante angenommen, und wir waren an dem Tag nach Backemoor gefahren. Für mich war die Fahrt ein herrliches Erlebnis, aber für meinen Vater war sie eine einzige Strapaze. Die ungewohnten körperlichen Anstrengungen, verbunden mit seelischer Erregung, hatten ihre Folgen gehabt: er konnte bald nicht mehr aufstehen und siechte langsam dahin, von Schmerzen gepeinigt, die er tapfer ertrug. Gegen seinen Willen hatte meine Mutter einen Arzt geholt, der ihm lindernde Tropfen verschrieb. Er nahm sie nicht. „Warum wollen Sie das Mittel nicht nehmen?“ fragte der Doktor. „Ich will klaren Geistes sterben“, war die Antwort. Als er 1903 erlöst wurde, war er erst 58 Jahre alt. Meine Mutter hatte ihn siebzehn Jahre lang an- und ausziehen müssen ...

Es ist begreiflich, daß das Kind aus der trüben Atmosphäre des Hauses hinausstrebte in die fröhliche Klassengemeinschaft. Ich lernte leicht und gern; bald war die Schule für mich ein zweites Zuhause, und auf allen Wissensgebieten erschloß sich mir eine neue Welt.

Mein Bruder, der gern Bauer geworden wäre und nach seiner ganzen Veranlagung dafür auch wie geschaffen war, hatte nach dem „Einjährigen“, wie man damals den Schulabschluß nannte, der zum einjährigen Militärdienst berechtigte, Postbeamter werden müssen, weil für seine eigentlichen Pläne das notwendige Geld fehlte. Er wurde als junger Eleve von einem Ort zum andern geschickt, und es war immer ein Fest, wenn er einmal zu kurzem Besuch nach Hause kam.

Meine Mutter, die nach Jahrzehnten aufopfernder Pflege plötzlich all diese Pflichten von sich abfallen sah, kam sich verloren vor; ihre Nerven ließen die bislang so Tapfere im Stich. Dazu kamen pekuniäre Sorgen, die kargen Einnahmen aus den verbliebenen Ländereien langten nicht her und nicht hin. So war daheim keine Fröhlichkeit zu spüren, und warum das so war, ging dem Kindersinn noch nicht auf. Ich begriff nicht, warum ich so manches nicht mitmachen, nicht anschaffen durfte. Aber ich fühlte mich heimisch in der wirklich vorbildlichen Klassengemeinschaft, aus der Freundschaften für das ganze Leben hervorgingen.

Leiter der Anstalt war der Direktor Geheimrat Seedorf. Unsere erste Klassenlehrerin, Fräulein Stolze, sehe ich noch vor mir: eine Respektsperson, die wir verehrten und gern hatten; manchmal streng, von eiserner Konsequenz, aber voll mütterlicher Güte. Drei Jahre leitete und erzog sie uns im besten Sinn, und ihren Einfluß spürte ich bis über die Schulzeit hinaus. Das machte sich oft in Kleinigkeiten bemerkbar. Wenn wir Diktat schrieben, hieß es zum Schluß unweigerlich: „Punkt, Schlußstrich, überlesen!“

Wir zogen vorsichtig meist am Federkasten entlang – ein kleines Lineal war heimliches Ziel meiner unerfüllbaren Wünsche! – einen Strich mit der tintengetränkten Stahlfeder, ängstlich bemüht, keinen Klecks zu machen, was doch gar zu leicht geschah! Glücklicherweise kam es auf die Fingerhaltung hier nicht an.

Fräulein Stolze nahm uns nicht eher die Hefte ab, bis wir Wort für Wort noch einmal durchgelesen hatten, wobei mancher Flüchtigkeitsfehler noch entdeckt wurde.

Als ich viele Jahre später als junge Lehrerin vor der eigenen Klasse stand und mein erstes Diktat schreiben ließ, löste es sich zum Schluß automatisch von meinen Lippen: „Punkt, Schlußstrich, überlesen!" Noch heute gebe ich kaum ein Schriftstück aus der Hand, das ich nicht noch durchgelesen hätte.

Dann denke ich an unseren Oberlehrer Menken. Je unreifer man ist, desto schneller ist man bekanntlich mit einem Urteil bei der Hand. So war er für uns eine von Melancholie umwölkte Persönlichkeit, besonders wohl, weil er uns in den Literaturstunden mit Vorliebe Gedichte vortrug, die ihn selbst fast zu Tränen rührten, wie etwa Lenaus „Postillon", wobei wir albernen Gänse fast vor verhaltenem Lachen erstickten. Unsere Phantasie dichtete ihm unglückliche Lieben an, und seine schwermütige Art verhalf ihm zu dem Spitznamen „Orest", den wir vorsichtshalber von hinten nach vorn lasen: Stero. Aber er war auch ein passionierter Naturwissenschaftler. In den Botanikstunden befolgte er die damals noch unerhört neue Methode, mit uns hinauszuwandern und an Ort und Stelle draußen Pflanzenkunde zu treiben, die allerdings in der Hauptsache darin bestand, neben dem Namen Blattformen und Blütenstände sowie die Anzahl der Staubgefäße festzustellen und einzuprägen. Er gehört jedenfalls zu den Unvergessenen.

In der zweiten Klasse herrschte die wohl an Jahren älteste Lehrerin, Fräulein Rahusen, etwas despektierlich von uns „Nööfke" genannt. Obwohl klein von Gestalt, wußte sie sich durchaus Achtung zu verschaffen. Sie hatte eine ulkige Art, über an sich völlig belanglose Dinge Erklärungen zu verlangen: „Warum stelle ich den Globus auf die Fensterbank?" Einmal geschah es in der Geographiestunde, daß sie stolperte und mitsamt dem Kartenständer längelang hinfiel, zu unserem Schrecken, aber noch größerem Vergnügen.

Fräulein Muchall ist mir als Handarbeitslehrerin in etwas bedrückender Erinnerung geblieben – wegen meiner geringen Befähigung in diesem Fach; manche Stunde habe ich mich mit Zittern und Zagen an dem schrecklichen weißen Strumpf abgemüht, der schon ganz früh als Pensum vorgeschrieben war. Diese Arbeit an einem Ding, das nie praktisch zu verwerten war – wer trug schon weiße Baumwollstrümpfe? – war so freudlos, und die verzwickte Strumpfberechnung, die auswendig zu lernen war, wollte in meinem Gedächtnis gar nicht haftenbleiben. Es wurde nicht besser, als dann später das Nähen an die Reihe kam. Wer hätte es damals wohl für möglich gehalten, daß in der Schule von Kindern einmal wirklich Brauchbares wie Schürzen oder Blusen angefertigt werden könnte! Nein, Nähen lernte man am vorgeschriebenen Nähtuch, mit allen Säumen und Nähten, mit eingesetzten und aufgesetzten Flicken, die das erst sorgfältig geschnittene Loch wieder schließen mußten. Mit Abscheu erfüllte mich die verflixte Rollnaht, an der sich meine ungeschickten Finger abquälten, bis sie schmutzig von Angstschweiß war. Das einzig Brauchbare, das ich mit Freuden anfertigte, war eine Handarbeitstasche mit gesticktem Kreuzstichmuster. Sie besitze ich noch – sie ist mit ausgebombt worden und unter Trümmern wieder samt Inhalt zum Vorschein gekommen: ausgerechnet mit dem weißen Strumpf!

Gezeichnet wurde anfangs nach der „Stuhlmann-Methode". Dazu gab es besondere Hefte, deren Seiten mit kleinen Karos bedeckt waren, auf denen nach Vorlagen mancherlei Gebilde wie Sterne genau nachgeformt werden mußten. Später waren es Hefte mit linienlosem Papier, auf dem gerade, senkrechte und waagerechte Linien, später einfache Gegenstände wie Kasten, Vasen mit und ohne Schatten zu entstehen hatten. Und das alles mit Bleistift! Wie entzückt waren wir, als wir in den oberen Klassen zum erstenmal mit Wasserfarben malen durften! Aber eigene Phantasie blieb auch dann ausgeschlossen. Und dann das Turnen! Ja, wer dachte damals an eine Turnhalle? Dazu war die Aula da. Sie hatte zwei Schwebebalken an den Längsseiten und an der Hinterwand einige Leitern sowie einen Barren; in einem Schrank lagen Stäbe und Bälle. Im Flur waren an der Decke Ringe montiert, die bei Bedarf heruntergelassen wurden. In der Hauptsache wurden Freiübungen gemacht, ab und zu auf dem Schulhof Ball- und Kreisspiele unternommen. Anfangs turnten wir in unserer gewöhnlichen Kleidung, aber eines Tages wurde angeordnet, dunkelblaue Cheviot-Hosen – mehr Röcke als Hosen –, die übers Knie reichten, dazu helle Blusen anzuschaffen. Wir fühlten uns außerordentlich modern!

Jeden Morgen wurde in der Aula eine Andacht gehalten. Auch zu besonderen Veranstaltungen, wie zur Zeugnisverteilung, versammelten sich dort alle Klassen. Das waren die aufregendsten Momente des Jahres, denn es gab damals noch die Platzverteilung nach Leistung. Der Direktor verlas vor der „großen Öffentlichkeit", Klasse für Klasse die Reihenfolge der Namen, natürlich auch, wer versetzt oder sitzengeblieben war.

Nun hatte ich schon vom ersten Jahr an den ersten Platz, und meine Nachbarin, die ihn vor mir – wortwörtlich! – besessen hatte, war natürlich scharf darauf, ihn sich zurückzuerobern. Da ging es nun jedesmal hart auf hart: sie war mir an tadellosem Verhalten über, während ich nur zu gern Dummheiten mitmachte, und die ganze Klasse bangte dann mit mir, ob ich es wieder schaffen würde.

Zuweilen kamen auch Vortragende, Rezitatoren oder Erzähler, für uns eine angenehme Unterbrechung des Alltags. Nicht zu vergessen die Schulferien! Da war zum Beispiel im Jahre 1905 am 9. Mai eine große Schiller-Feier, als hundertjähriger Gedenktag an Schillers Tod. Der Tag blieb mir besonders im Gedächtnis, weil ich bei der Gelegenheit ein bebildertes Schiller-Buch als Prämie bekam.

Vor allem wurden wir mit nationalen Feiertagen beglückt; sie waren schulfrei, aber vormittags hatten wir im Sonntagsstaat einer Feierstunde beizuwohnen und sie durch Chorgesang und Gedichtvorträge mitzugestalten. Wem die hohe Ehre zuteil wurde, ein Gedicht zu deklamieren, der zitterte angesichts des großen Publikums vor Stolz und vor Angst, steckenzubleiben.

Der Hauptfesttag war jedes Jahr der 27. Januar, Kaisers Geburtstag, und Gedichte, die Herrscher und Herrscherhaus priesen, gab es in Mengen. Gefeiert wurde auch alljährlich der 2. September, der Tag von Sedan, an dem im Krieg 1870/71 Napoleon III. gefangengenommen und auf Schloß Wilhelmshöhe festgesetzt worden war. An dem Nachmittag wurde durchweg der jährliche Schulausflug unternommen. Dann ging es unter Vorantritt einer Musikkapelle in langem Zug durch die Straßen nach Heisfelde, wo man sich in Martinis Garten, der sogar einen kleinen Zoo aufwies, vergnügte. An Reisen dachte man noch nicht, nur einmal in einer oberen Klasse fuhren wir nach Zwischenahn. Weil der Ort zum damaligen Großherzogtum Oldenburg gehörte, mußten wir das Lied „Heil dir, o Oldenburg!“ auswendig lernen, was unserem ostfriesischen Nationalstolz gar nicht paßte.

Vaterländische Ereignisse waren auch der Hauptinhalt unseres Geschichtsunterrichts, wobei sich uns das „Deutschland über alles“ ganz selbstverständlich einprägte. Das geschah auf Kosten der Objektivität gegenüber den Nachbarländern, galt doch Frankreich als der „Erbfeind“, England als das „perfide Albion“. Im großen ganzen bestand für uns die Geschichte aus Kriegen, wobei dem Gedächtnis vor allem die Jahreszahlen eingehämmert wurden. Wirtschaftliche und soziale Zusammenhänge blieben uns fremd.

Dem damaligen Staatswesen entsprechend, folgten Unterricht

und Erziehung dem Autoritätsprinzip: der Lehrer war selbstverständlich der Befehlende in der Klasse, die Lehrenden unterstanden ihrerseits dem Direktor. Sie besaßen sozusagen ausübende Gewalt wie die Obrigkeit im Staat. Wie diese Gewalt jeweils ausgeübt wurde, ob rigoros oder mit Güte, das kam auf Charakter und Wesensart des einzelnen an. Für uns verstand es sich von selbst, daß wir zu gehorchen hatten, ob wir nun innerlich zustimmten oder nicht; aufzubegehren wagte man höchstens, wenn man unter sich war. Auch Fragen zu stellen, war einzig die Sache des Lehrers. Wann hätte ich gewagt, einen Lehrer etwas zu fragen!

Der Unterricht war auf Vor- und Nachmittag verteilt, nur mittwochs und sonnabends war nachmittags frei. Nachmittags gab es nicht nur technische Stunden. Ich kann mir noch vorstellen, wie schläfrig und lustlos man gleich nach Tisch und dem weiten Schulweg alles über sich ergehen ließ, wie melancholisch oft das Begräbnisläuten der nahen Kirchenglocken stimmte.

Die oberste Klasse war in I a und I b unterteilt. Es war ein Ereignis, als wir in die I b kamen: von nun an wurden wir „gesiezt“. Das stärkte unser Selbstbewußtsein beträchtlich, gab uns aber doch ein merkwürdiges Gefühl gegenüber den uns vertrauten Lehrern.

Sedanfeier

Otto Haase

Der Primaner Otto Dietrich saß blaß und unausgeschlafen im Vorzimmer seines Direktors, bei dem er sich aus einem höchst sonderbaren Anlaß melden mußte. Als er heute morgen wie immer mit dem letzten Läuten das Schulhaus betreten hatte, war ihm in der Vorhalle der Pedell entgegengetreten und hatte ihm mit wichtiger Miene bedeutet, daß er sich wegen der peinlichen Vorgänge des gestrigen Abends um 11 Uhr vor dem Direktor zu verantworten habe. Jetzt war es ½11 Uhr, und der Wandkalender über dem Tisch der Sekretärin zeigte den 3. September 1911 an, einen Tag also nach der traditionellen Sedanfeier.

Was war geschehen?

Wie alljährlich hatte die höhere Schule, die als jüngste Gründung der Stadt den Namen des Eisernen Kanzlers trug, zu einem Kommers, der den Sedantag öffentlich und burschenmäßig abschließen sollte, eingeladen. Der 2. September als Tag des Sieges über den „gallischen Erbfeind" und der Kapitulation des letzten französischen Kaisers galt seit langem als nationaler Feiertag und war morgens in der Schule gebührend mit Festakt, Liedern und Ansprache gefeiert worden. Im allgemeinen begrüßte die Jugend ihn nicht seiner politischen Bedeutung wegen, sondern weil er schulfrei war. Die Schule hatte gestern ihren Festtag gehabt und sich dem Hochgefühl, ein Teil dieser stolzen Nation zu sein, die eigentlich erst jetzt in die große Epoche ihrer Geschichte eingetreten zu sein schien, willig und selbstverständlich hingegeben. Ganz von diesem vaterländischen Pathos war auch der vierstimmige Chorgesang durchglüht, den helle Knabenstimmen in den Septembermorgen hinein geschmettert und mutierende Sekundanerkehlen ein wenig unrein untermalt hatten:

„Und brauset der Sturmwind des Krieges heran,
Und wollen die Welschen ihn haben,
So sammle Dich Deutschland, so stark wie ein Mann
Und bringe die blutigen Gaben.
Und bringe den Schrecken und trage das Grauen
Aus all Deinen Bergen, aus all Deinen Gauen
Und klinget die Losung zum Rhein, übern Rhein:
‚All mein Deutschland in Frankreich hinein'."

Dann war der Festvortrag des Oberlehrers, der turnusgemäß

an der Reihe war, gefolgt. In diesem Jahr über das Kaiserwort: „Unsere Zukunft liegt auf dem Wasser." Den Schluß bildete die Verteilung der Buchpreise durch den Direktor. Otto Dietrich hatte dabei Heinrich von Treitschke „Die Erhebung 1813" bekommen. Dann war schulfrei.

Von diesem Augenblick an trennte sich das junge Volk, nicht ohne noch einmal das Lied vom „Siegerkranz" gesungen zu haben, in zwei Teile. Der eine, der größere Teil der Schüler, schlenderte in die Stadt hinein, um sich am bunten militärischen Gepränge des Tages zu ergötzen. Auf der Hauptstraße spielten zwei Militärkapellen zum Promenadenkonzert auf. Alle Reserveoffiziere durften an diesem Tag sich in den fröhlichen Uniformen ihrer Regimenter den bewundernden Blicken des Volkes zeigen, im blinkenden Helm, die schillernde Schärpe um den nicht immer schlank gebliebenen Leib geschnallt. Welches Jungen Herz schlug nicht höher, wenn er neben dem kriegerischen Ausdruck der Staatsmacht, die sich darin selbst zu imponieren schien, einherschreiten durfte! Der Mythos des Kaiserreiches schien sich in farbigen Uniformen und Studentenmützen, in Militärmusik und Wachaufzügen an diesem Tage offenbart zu haben.

Nur ein kleiner Teil der Schuljugend, darunter auch Otto Dietrich, bedauerte, daß das schöne Herbstwetter nicht besser ausgenutzt wurde. Es war doch schulfrei, und die rote Heide, der blaue Wacholder und die falben Birken lockten mehr als Pennälerbummel und Paraden. Daher schnell den ungewohnten Feiertagsanzug mit der vertrauten Wanderkluft vertauscht und mit dem Fahrrade hinaus an die Wietze gefahren! Wenn auch nur für ein paar Stunden; denn zum Abend mußte man wieder zurück sein, zum Sedankommers der Schule im Saal einer der großen Bierwirtschaften.

Der Festausschuß, aus einigen jungen Oberlehrern und älteren Schülern bestehend, hatte diesen anderen Teil der Schülerschaft, der sich zum „Wandervogel" bekannte, gebeten, zur Verschönerung des Abends dadurch beizutragen, daß er einige Lieder zur Laute zum Besten geben möge. Otto Dietrich, der Wandervogelführer dieser Schule war, hatte nach einigem Zögern zugestimmt. Von diesem Augenblick an war das Unglück seinen Weg gegangen und hatte den ahnungslosen Primaner, das fühlte er dumpf, mit der Autorität dieser Schule irgendwie hoffnungslos zusammentreffen lassen und ihn selbst in das Dunkel der Einsamkeit und Verzweiflung gestoßen.

Wie hatte das alles nur geschehen können, ging ihm immer wieder durch den Kopf, während er auf die Tür zum Direktorzimmer starrte, hinter der das Schicksal lauerte. Eigentlich war der nächtliche Einakter, in dem er den tragischen oder den komischen Helden zu spielen bestimmt war, viel schneller, als es sonst in klassischen Dramen geschah, auf den Höhepunkt gestiegen und dann unter einem Donnerwort in den Abgrund hinabgesunken. So war der Verlauf gewesen: Nachdem der offizielle Teil des Kommerses mit einer markigen Rede über die erzieherische Bedeutung der allgemeinen Wehrpflicht beendet und munter dem Biere zugesprochen war, und nachdem auch schon einige Studentenlieder – „Im schwarzen Walfisch zu Askalon“ – oder „Von der Saale hellem Strande“ aufgeklungen waren, hatte man dem Primaner Dietrich bedeutet, daß nunmehr die Reihe an ihm sei, um seine Lieder zur Laute anzustimmen. In der damaligen Zeit kein ungewöhnliches Ansinnen, wo doch die Lautensänger Scholander, Scherrer und Kothe viel Zulauf bekamen und vor vollen Sälen zu singen pflegten.

Otto Dietrich hatte im Bewußtsein, daß zum ersten Male sein geliebter Wandervogel durch diese Vorführung ausgezeichnet war, die Wahl der Lieder wohl durchdacht und sie sich von seinem älteren Freunde, dem Führer der Wandervogel-Ortsgruppe, gutheißen lassen. Aus der Vielzahl der Lieder waren drei gewählt worden:

„Graf Eberstein“,
„De Bur und de Pap“,
„Die schöne junge Lilofee“.

Er hatte dann seine Laute gestimmt und von der Bühne des Saales hinab in einige hundert neugierige Schülergesichter und viele kritische Lehreraugen hinuntergesehen, aber dann unbekümmert den „Grafen Eberstein“ das Schloß seiner Liebe erstürmen lassen:

„Im Saale des Grafen erhebt sich ein Klingen,
Mit Fackeln und Kerzen ein Tanzen und Springen,
Graf Eberstein führet den Reih'n
Mit des Kaisers holdseligem Töchterlein.

Und als er sie schwingt nun im duftigen Reigen,
Da flüstert er leise, er kanns nicht verschweigen:
‚Schön's Jungfräulein, hüte dich fein,
Heut' Nacht wird dein Schlößlein gefährdet sein‘.“

Dann wollte der „Bur to Acker gahn“, wurde aber unterwegs

hungrig, kehrte um und überraschte seine „Mareken“ bei einem munteren Stelldichein mit dem „Pap im swarten Rock“, der dann kräftig mit dem Besen verdroschen wird und das Weite sucht.

„Der Pap, de renn dat Dörp entlang,
Wat heul de Wind, wat stuf de Sand.
So mot dat allen Papen gahn,
De hen nach fremde Frunslüt sahn.“

Dieser also durchaus moralische Ausklang einer unmoralischen Fabel, in der derben und bildkräftigen Bauernsprache Westfalens wuchtig und befreiend hingesetzt, verfehlte nicht seine Wirkung auf die Zuhörer. Es gab einen donnernden Applaus von Schülern und einigen jüngeren Lehrern, während die alten Pädagogen ein wenig hilflos in ihr Bierglas schauten. Eben wollte Otto Dietrich, froh des leichten Erfolges und glücklich, dem Wandervogel eine ungewöhnliche öffentliche Anerkennung errungen zu haben, das dritte und letzte seiner Lieder intonieren, da sprang wie ein lang gereizter Löwe der Direktor der Anstalt von seinem Stuhl auf und gebot Ruhe. Vor Erregung versagte ihm die Sprache den gewohnten Dienst. Er vermochte nur noch seinen rechten Arm mit befehlender Geste in die Luft zu stoßen und zum Podium hinaufzubrüllen: „Raus, raus, raus!“ Bei Gott, es hätte nicht viel gefehlt und die von einem solchen Gefühlsausbruch betroffene Schulgemeinde wäre Zeuge einer unvorhergesehenen Dramatisierung von des „Sängers Fluch“ geworden:

„Ihr habt mein Volk verführet, verführt ihr nun mein Weib?
Der König schreit es wütend, er bebt am ganzen Leib;
Er wirft sein Schwert, das blitzend des Jünglings Brust durchdringt,
Draus statt der goldnen Lieder ein Blutstrahl hoch aufspringt.“

Otto Dietrich hatte wenige Sekunden ratlos und entsetzt in die grimmigen Augen des Schulherrn geblickt und war dann wie ein geprügelter Hund hinter die Kulissen entschwunden. Der Vorhang vergaß sich zu schließen. In die beklemmende Stille, wo niemand zu atmen wagte, dröhnten dann plötzlich die festen Schritte des Schulmonarchen hinein, der wortlos auf seinen Platz zurückging, im Stehen sein Bierglas leerte und steil aufgerichtet zur Tür hinausschritt, ganz Direktor, ganz Hauptmann der Reserve und Gralshüter der Sittlichkeit.

Die frohe Stimmung war nach diesem dröhnenden Abgang wie

mit dem Hammer erschlagen. Der Schulkommers war vorbei. Das fühlte jeder. Die Jugend hatte zwar eine Sensation, ja einen Skandal erlebt, aber die Lehrer schüttelten betreten die Köpfe. Der Dienstälteste unter ihnen schickte die jungen Leute, nachdem nunmehr die Höhe des Festes überschritten sei, nach Haus, ohne mit einem Wort den ebenso peinlichen wie unvorhergesehenen Vorfall zu berühren. Das junge Volk, angeregt durch den ungewohnten Biergenuß, ging aber keineswegs auf dem nächsten Wege heim, sondern nahm sich gern die Freiheit, in den Bier- und Weinlokalen, deren Betreten die Schule sonst nur in Begleitung der Eltern erlaubte, weiterzutrinken.

Als die Kellner sich daran machten, den leergewordenen Saal, in welchem der Sedankommers soeben verunglückt war, aufzuräumen, verließ Otto Dietrich den dunklen Kulissenraum, in dem er lange gehockt und vergeblich versucht hatte, die verwirrenden Eindrücke dieses Abends zu ordnen und zu klären. Nicht unähnlich dem verstörten Beckmesser aus den „Meistersingern" hatte er dann wie nach vergeblichem Liebeswerben die bebänderte Laute geschultert und sich durch die hellerleuchteten Straßen auf den Weg zu einem älteren Freunde gemacht. Nach einem langen nächtlichen Gespräch glaubten die beiden schließlich, einen Weg gefunden zu haben, um das Schlimmste, das consilium abeundi, abzuwenden. Für den jetzt beginnenden Kampf um den Wandervogel hoffte man, den Vorsitzenden des Eufrats, den bekannten Germanisten und Dichter der Stadt, als Bundesgenossen zu gewinnen und von ihm ein wissenschaftliches Gutachten über den Wert des Volksliedes zu erhalten, das die Katastrophe der Sedanfeier verursacht hatte.

Das alles war zwischen Abend und Morgen geschehen und hatte sich in der Phantasie des erregten Schülergehirnes zu wirren Bildern und merkwürdigen Entschlüssen gesteigert. Es war mittlerweile 11 Uhr geworden. Die Schulglocke läutete, und die Sekretärin gab dem Wartenden ein Zeichen, daß es jetzt Zeit sei, einzutreten. Der junge Mann hatte noch nicht die Tür ins Schloß gedrückt, als schon die Flut der Verwünschungen über ihm zusammenschlug, ganz wie er erwartet hatte.

Seit Jahren habe er mit tiefem Mißtrauen den Wandervogel an seiner Schule aufkommen und wachsen sehen, begann der Direktor seine Rede, die nicht etwa ein Verhör einleiten, sondern, wie der klein vor dem großen Mann stehende Schüler bald merkte, die Urteilsverkündung bringen sollte. Er habe gar nichts gegen das Wandern und den Sport. Im Gegenteil, seine Schule sei hierin führend in der Stadt. Man könne bei ihm rudern und turnen, und um ein übriges zu tun, habe er vom Turnlehrer der Anstalt einen wandervogelähnlichen Verein gründen lassen, der weite Ferienfahrten durchführe. Auch sei er kein Feind des Mädchenwanderns, aber in Bauernscheunen und auf den Landstraßen hätten die Mädchen nichts zu suchen, und schon lange nicht gemeinsam mit Jungen. Hier an den Liedern sähe man ja, welche Schamlosigkeiten dabei geweckt würden. Dagegen habe er sich immer gewendet. Aber die Besserwisser und die Narren hätten seinen Rat verlacht.

„Und das waren nicht die besten Schüler, mein Lieber! Was Sie sich gestern abend, dazu noch zu einem vaterländischen Kommers, erlaubt haben, ist das Empörendste, was überhaupt denkbar war. Nach diesen beiden unmoralischen Liedern, die ich buhlerisch, ja unzüchtig nennen muß, wird der Wandervogel an meiner Schule sofort verboten, und Ihnen gebe ich den Rat, die Anstalt zu verlassen."

Soweit war alles verlaufen, wie es sich Otto Dietrich gedacht hatte: anschnauzen, nicht anhören und rauswerfen. Nur ein Satz der wütenden Rede hatte ihn aufmerken und den Schimmer einer kleinen Hoffnung aufleuchten lassen. Der Direktor hatte doch soeben von zwei „unzüchtigen" Liedern gesprochen, und er hatte doch bei allen guten Geistern nur ein – wenn man so will – anstößiges Lied gesungen.

„Herr Direktor, darf ich Sie, bevor ich hinausgehe, darauf aufmerksam machen, daß das eine der beanstandeten Lieder von Uhland ist."

„Sie sind von Sinnen, Mensch!"

„Nein, von Ludwig Uhland, dem bekannten schwäbischen Balladendichter. Hier ist der Text, und ich habe Ihnen auch eine bekanntere Vertonung des Liedes von Loewe mitgebracht." Mit diesen Worten begann der Primaner, seine Schulmappe auszupacken und unbekümmert Bücher und Notenhefte auf dem Direktortisch auszubreiten.

„Gehen Sie raus, mit diesem Schwindel", beharrte der Alte, aber nicht mehr ganz so sicher wie bisher in der Unfehlbarkeit seiner Entscheidungen. Ludwig Uhland galt doch offenbar etwas in diesem Hause.

„Dieses Balladenbuch darf ich Ihnen hier lassen und Sie bitten, auch einen Blick in dieses Notenheft zu tun: ‚12 alte deutsche Volkslieder von Robert Kothe'. Darin steht das andere, von Ihnen als schamlos bezeichnete Lied ‚De Bur und der Pap'. Damit Sie aber keine unnötige Arbeit damit haben, lege ich hier eine ausführliche Besprechung dieses Liederheftes aus dem ‚Kunstwart' vor, der von dem Ihnen vielleicht nicht so wie Uhland vertrauten Dichter Ferdinand Avenarius herausgegeben wird. Und die Besprechung ist von keinem geringeren als dem Komponisten und bekannten Bruckner-Interpreten August Halm."

„Seien Sie ruhig! Nehmen Sie Ihr Zeug wieder mit! Sowas dulde ich nicht in meiner Schule, egal von wem es ist. Das ist ja der Anfang der Revolution."

„Das kann ich nicht beurteilen, Herr Direktor. Aber ich weiß, daß Sie in Ihrem Geschichtsunterricht die letzte deutsche Revolution von 1848 immer als einen der Höhepunkte in der deutschen Geschichte darstellen."

„Seien Sie ruhig" – und nach einer Pause – „lassen Sie meinetwegen Ihre anstößigen Sachen hier. Ich werde sie den Fachkollegen vom Deutsch und von der Musik zur Beurteilung geben. Sie werden dann weiteres hören. Und nun gehen Sie raus."

„Noch ein Letztes, Herr Direktor."

Otto Dietrich hatte unter diesem polternden Geschimpfe rasch seine in der letzten Nacht verlorene Sicherheit wiedergewonnen. So übermütig hatte ihn der bisherige Erfolg dieser Aussprache gemacht, daß er, ein wenig leichtsinnig geworden, beschloß, seinen letzten Trumpf, den er weisungsgemäß eigentlich zurückhalten sollte, auf den Tisch zu legen.

„Sie werden verstehen, Herr Direktor", begann er leise, „daß nicht nur ich durch alles, was sich gestern abend zugetragen hat, tief verletzt bin, sondern daß auch der Wandervogel beleidigt wurde. Daher habe ich vor, die ganze Angelegenheit dem Vorsitzenden unseres Eufrats zu berichten und ihn um Hilfe zu bitten. Herr Professor Hermann Anders Krüger von der hiesigen Technischen Hochschule wird sicherlich bereit sein, für uns einzutreten."

Das stimmte nicht ganz, war voreilig und frech und mußte den Direktor erneut in Harnisch bringen.

„Gehen Sie raus, sage ich zum letztenmal. Ich lasse mir von niemandem in meine Schule reinreden, auch nicht von einem Hochschulprofessor. Ich trage die Verantwortung und kein anderer. Bleiben Sie mir mit fremden Leuten vom Halse, sonst kann ich Sie überhaupt nicht gebrauchen. Hier, nehmen Sie Ihre Bänkelsängerlieder und verschonen Sie mich mit Ihren Zweideutigkeiten!"

Und er raffte wütend Bücher und Noten, den Erk-Böhme, den Uhland und den Kunstwart zusammen, froh, der ungewohnten Auseinandersetzung mit Musik und Dichtung enthoben zu sein. Er packte alles dem verdutzten Primaner mit energischer Bewegung wieder in die Hand.

Der verließ den Raum mit ungewissen Gefühlen. Gewiß war das Schlimmste, das Konsil, verhindert worden. Denn der Alte war gewiß nicht überzeugt, aber doch unsicher geworden, als ihm verwegen Namen und Bücher mit gutem Klang aufgetischt wurden. In solchen kritischen Situationen pflegte er mit dem Kopf zu wackeln und durch die fleischige Nase zu fauchen. Das hatte der Junge bemerkt. Aber trotz seines Teilerfolges war die einmalige Gelegenheit, den Alten zu gewinnen, verspielt worden. So hatte niemand gesiegt, weder die Schule noch der Wandervogel. Vielleicht war das gut so. Denn hier standen sich zwei Zeitalter gegenüber, die bestenfalls nebeneinander gehen, aber schwerlich miteinander leben konnten. Es gibt Gegensätze in der Geschichte, die bis zur Entscheidung ausgetragen werden müssen, wenn die Zeit dazu reif ist. Und das war sie offenbar noch nicht. Das neue Weltbild, das sich in den Herzen der deutschen Jugend gebildet hatte, war heute nacht zum ersten Male mit den saturierten Mächten des bürgerlichen Zeitalters auf eine tragische Weise zusammengestoßen. Dabei hatte die Jugend ihre Unbefangenheit verloren. Wäre nicht ein ganz anderer, ein befreiender Ausgang dieser eben noch verhinderten Katastrophe möglich gewesen?

Der Weg zurück

Erich Maria Remarque

Ludwig Breyer, Albert Troßke und ich sind auf dem Wege zur Schule. Der Unterricht soll wieder beginnen. Wir waren Schüler des Lehrerseminars, und für uns hat es kein Notexamen gegeben. Die Kriegsteilnehmer des Gymnasiums haben es besser gehabt. Viele von ihnen konnten eine Notprüfung machen, entweder bevor sie Soldaten wurden oder während ihres Urlaubs. Der Rest, der das nicht getan hat, muß allerdings auch wieder in die Klassen zurück. Karl Bröger gehört dazu.

Wir kommen am Dom vorbei. Die grünen Kupferplatten der Türme sind abgedeckt und durch graue Dachpappe ersetzt worden. Sie sehen schimmelig und zerfressen aus, und die Kirche wirkt dadurch fast wie eine Fabrik. Die Kupferplatten sind zu Granaten eingeschmolzen worden.

„Das hätte sich der liebe Gott auch nicht träumen lassen", sagt Albert.

An der Westseite des Domes, in einer winkligen Gasse, liegt das zweistöckige Seminar. Schräg gegenüber das Gymnasium. Dahinter der Fluß und der Wall mit den Linden. Ehe wir Soldaten wurden, umfaßten diese Gebäude unsere Welt. Dann wurden es die Schützengräben. Jetzt sind wir wieder hier. Aber dies ist nicht mehr unsere Welt. Die Gräben waren stärker.

Vor dem Gymnasium treffen wir unseren Spielkameraden Georg Rahe. Er war Leutnant und Kompanieführer, aber im Urlaub hat er gesoffen und herumgesessen und nicht an sein Abitur gedacht. Deshalb muß er jetzt wieder in die Obersekunda, in der er schon zweimal sitzengeblieben ist.

„Ist das wahr, Georg?" frage ich, „daß du draußen so erstklassig geworden bist in Latein?"

Er lacht und storcht mit seinen langen Beinen zum Gymnasium hinüber.

„Paß auf, daß du in Betragen keine Vier kriegst", ruft er mir nach.

Im letzten halben Jahr war er Flieger. Er hat vier Engländer abgeschossen, aber ich glaube nicht, daß er den Pythagoreischen Lehrsatz noch beweisen kann.

Wir gehen weiter zum Seminar. Die Gasse wimmelt von Uniformen. Gesichter tauchen auf, die man fast vergessen, Namen, die man Jahre nicht mehr gehört hat. Hans Walldorf humpelt heran, den wir November 17 mit zerschmettertem Knie zurückschleppten. Der Oberschenkel ist ihm abgenommen worden; er trägt jetzt ein schweres Kunstbein mit Scharnieren und stampft beim Gehen mächtig auf. Kurt Leipold erscheint und stellt sich lachend selbst vor: Götz von Berlichingen mit der eisernen Faust. Er hat einen künstlichen rechten Arm. Dann kommt jemand aus der Torecke und sagt gurgelnd: „Mich kennt ihr wohl nicht wieder, was?"

Ich sehe das Gesicht an, soweit es noch eins ist. Über die Stirn läuft eine breite, rote Narbe. Sie reicht bis ins linke Auge. Das Fleisch ist dort übergewachsen, so daß das Auge klein und tief liegt. Aber es ist noch da. Rechts ist das Auge starr, aus Glas. Die Nase ist fort, ein schwarzer Lappen bedeckt die Stelle. Die Narbe, die darunter hervorläuft, spaltet den Mund zweimal. Er ist wulstig und schief zusammengewachsen, daher die undeutliche Sprache. Die Zähne sind künstlich. Eine Klammer ist daran sichtbar. Unschlüssig schaue ich hin. Die gurgelnde Stimme sagt: „Paul Rademacher".

Jetzt erkenne ich ihn. Das ist ja sein grauer Anzug, mit den Streifen. „Tag Paul, was machst du?"

„Siehst ja", er versucht, die Lippen zu verziehen, „zwei Spatenschläge. Das ist auch noch mitgegangen." Er hebt die Hand, an der drei Finger fehlen. Traurig blinzelt sein eines Auge. Das andere sieht starr und unbeteiligt geradeaus. „Wenn ich nur wüßte, ob ich noch Schulmeister werden kann. Das Sprechen ist zu schlecht. Kannst du mich denn verstehen?"

„Gut", antworte ich. „Das gibt sich auch noch. Man kann das sicher weiter operieren."

Er hebt die Schultern und schweigt. Er scheint nicht viel Hoffnung zu haben. Wenn es ginge, hätten sie es auch schon gemacht. Willy stößt zu uns, um uns die letzten Ereignisse zu erzählen.

Wir hören, daß Borkmann doch noch an seinem Lungenschuß gestorben ist. Er hat galoppierende Schwindsucht dazugekriegt. Henze hat sich erschossen, als er erfuhr, daß seine Rückenmarksverletzung nur zu dauerndem Rollstuhl führen könnte. Das ist zu verstehen: Er war unser bester Fußballspieler. Meyer ist im September gefallen, Lichtenfeld im Juni. Lichtenfeld war nur zwei Tage draußen.

Plötzlich stutzen wir. Eine kleine mickrige Gestalt steht vor uns.

„Was, Westerholt?" fragt Willy ungläubig.

„Immer noch, du Fliegenpilz", antwortet der.

Willy ist verblüfft. „Ich denke, du bist tot."

„Noch nicht", gibt Westerholt gemütlich zurück.

„Aber ich habe es doch in der Zeitung gelesen."
„War eben eine Fehlanzeige", schmunzelt der Kleine.
„Man kann sich auch auf nichts mehr verlassen", sagt Willy kopfschüttelnd. „Ich dachte, die Würmer hätten dich längst gefressen."
„Nach dir, Willy", antwortet Westerholt selbstgefällig, „du bist früher dran. Rothaarige leben nie lange."
Wir gehen hinein. Der Hof, auf dem wir um zehn Uhr unsere Butterbrote aßen, die Klassenzimmer mit den Tafeln und Bänken, die Gänge mit den Reihen der Mützenhaken – sie sind noch genau wie früher, aber uns erscheinen sie wie aus einer anderen Welt. Nur den Geruch der halbdunklen Räume kennen wir wieder; er ist nicht so derb, aber ähnlich dem der Kasernen.
Groß, mit hundert Pfeifen, schimmert in der Aula die Orgel. Rechts davon steht die Gruppe der Lehrer. Auf dem Pult des Direktors sind zwei Topfgewächse mit lederartigen Blättern aufgestellt. Davor hängt ein Lorbeerkranz mit Schleife. Der Direktor ist im Gehrock. Es gibt also eine Begrüßungsfeier. Wir drängen uns zu einem Haufen zusammen. Keiner hat Lust, in der ersten Reihe zu stehen. Nur Willy nimmt unbefangen dort Aufstellung. Sein Schädel leuchtet im Halbdunkel des Raumes wie die rote Lampe eines Puffs.
Ich betrachte die Gruppe der Lehrer. Früher bedeuteten sie für uns mehr als andere Menschen; nicht allein weil sie unsere Vorgesetzten waren, sondern weil wir im Grunde doch an sie glaubten, auch wenn wir uns über sie lustig machten. Heute sind sie für uns nur noch eine Anzahl älterer Männer, die wir freundlich verachten.
Da stehen sie nun und wollen uns wieder belehren. Man sieht ihnen an, daß sie bereit sind, etwas von ihrer Würde zu opfern. Aber was können sie uns schon lehren. Wir kennen das Leben jetzt besser als sie, wir haben ein anderes Wissen erworben, hart, blutig, grausam und unerbittlich. Heute könnten wir sie lehren, aber wer will das! – Wenn jetzt ein überraschender Sturmangriff auf die Aula erfolgte, würden sie ängstlich und ratlos wie Karnikkel umherhopsen, während von uns keiner den Kopf verlöre. Ruhig und entschlossen würden wir sofort das Zweckmäßigste tun, nämlich sie einsperren, damit sie uns nicht stören könnten, und die Verteidigung beginnen.
Der Direktor räuspert sich zu einer Ansprache. Die Worte springen rund und glatt aus seinem Munde, er ist ein vorzüglicher Redner, das muß man zugeben. Er spricht vom heldenhaften Ringen der Truppen, von Kampf, Sieg und Tapferkeit. Aber trotz al-

ler schönen Worte empfinde ich einen Stachel dabei, vielleicht gerade wegen der schönen Worte. So glatt und rund war das nicht. Ich sehe Ludwig an, der sieht mich an; Albert, Walldorf, Westerholt, Reinersmann, allen paßt es nicht.

Der Direktor gerät an sich selbst in Schwung. Er feiert jetzt nicht nur das Heldentum draußen, sondern auch das stillere daheim. „Auch wir in der Heimat haben unsere volle Schuldigkeit getan, wir haben uns eingeschränkt und gehungert für unsere Soldaten, wir haben gebangt und gezittert, schwer war es, und oft mag das Durchhalten fast schwerer gewesen sein für uns als für unsere braven Feldgrauen draußen. –“

„Hoppla“, sagt Westerholt. Gemurmel entsteht. Der Alte wirft einen schiefen Blick herüber und fährt fort: „Doch das können wir wohl nicht gegeneinanderstellen. Sie haben dem Tode furchtlos ins eherne Antlitz gesehen und Ihre große Pflicht getan, und wenn auch der Endsieg unseren Waffen nicht beschieden war, so wollen wir jetzt um so mehr in heißer Liebe zu unserm schwergeprüften Vaterlande zusammenstehen, wir wollen wiederaufbauen trotz aller feindlichen Mächte, im Sinne unseres Altmeisters Goethe, der so knorrig aus den Jahrhunderten in unsere verworrene Zeit herübermahnt: Allen Gewalten zum Trutz sich erhalten!“

Die Stimme des Alten sinkt um eine Terz. Sie trägt jetzt einen Flor und ist in Salböl gebadet. Ein Ruck geht durch die schwarze Schar der Lehrer. Ihre Gesichter zeigen Sammlung und Ernst. „Besonders gedenken aber wollen wir der gefallenen Zöglinge unserer Anstalt, die freudig hinausgeeilt sind, um die Heimat zu schützen, und geblieben sind auf dem Felde der Ehre. Einundzwanzig Kameraden sind nicht mehr unter uns – einundzwanzig Kämpfer haben den ruhmreichen Tod der Waffen gefunden – einundzwanzig Helden ruhen in fremder Erde aus vom Klirren der Schlacht und schlummern den ewigen Schlaf unterm grünen Rasen ...“

In diesem Augenblick ertönt ein kurzes, brüllendes Gelächter. Der Direktor hält peinlich betroffen inne. Das Gelächter geht von Willy aus, der klotzig wie ein Kleiderschrank dasteht. Sein Gesicht ist puterrot, so wütend ist er.

„Grüner Rasen – grüner Rasen –“, stottert er, „ewiger Schlaf? Im Trichterdreck liegen sie, kaputtgeschossen, zerrissen, im Sumpf versackt –. Grüner Rasen! Wir sind hier doch nicht in der Gesangstunde!“ Er fuchtelt mit den Armen wie eine Windmühle im Sturm. „Heldentod! Wie ihr euch das vorstellt! Wollen Sie wissen, wie der kleine Hoyer gestorben ist? Den ganzen Tag hat er im Drahtverhau gelegen und geschrien, und die Därme hingen ihm wie Makkaroni aus dem Bauch. Dann hat ihm ein Sprengstück die Finger weggerissen und zwei Stunden später einen Fetzen vom Bein, und er hat immer noch gelebt und versucht, sich mit der anderen Hand die Därme reinzustopfen, und schließlich abends war er fertig. Als wir dann herankonnten, nachts, war er durchlöchert wie ein Reibeisen. Erzählen Sie doch seiner Mutter, wie er gestorben ist, wenn Sie Courage haben!"

Der Direktor ist bleich geworden. Er schwankt, ob er Disziplin wahren oder begütigen soll. Aber er kommt weder zum einen noch zum andern.

„Herr Direktor", fängt Albert Troßke an, „wir sind nicht hier, um von Ihnen zu hören, daß wir unsere Sache gut gemacht haben, trotzdem wir leider nicht siegen konnten. Darauf scheißen wir. –"

Der Direktor zuckt zusammen, mit ihm das ganze Kollegium, die Aula wankt, die Orgel bebt. „Ich muß doch bitten, wenigstens im Ausdruck ...", versucht er entrüstet.

„Scheiße, Scheiße und nochmals Scheiße!" wiederholt Albert, „das war jahrelang unser drittes Wort, damit Sie es endlich einmal wissen! Wenn es uns draußen so dreckig ging, daß wir Ihren ganzen Quatsch schon längst vergessen hatten, haben wir die Zähne zusammengebissen und Scheiße gesagt, und dann ging es wieder. Sie scheinen ja gar nicht zu ahnen, was los ist! Hier kommen keine braven Zöglinge, hier kommen keine lieben Schüler, hier kommen Soldaten!"

„Aber meine Herren", ruft der Alte fast flehentlich, „ein Mißverständnis – ein peinliches Mißverständnis ..."

Er kann nicht zu Ende reden. Er wird unterbrochen von Helmut Reinersmann, der an der Yser seinen verwundeten Bruder im schwersten Feuer zurückholte und ihn tot am Verbandplatz abladen mußte.

„Gefallen", sagt er wild, „gefallen sind die nicht, damit Reden darüber gehalten werden. Das sind unsere Kameraden, fertig, und wir wollen nicht, daß darüber gequatscht wird!"

Ein mächtiges Durcheinander entsteht. Der Direktor steht entsetzt und völlig hilflos da. Das Lehrerkollegium gleicht einer Schar aufgescheuchter Hühner. Nur zwei Lehrer sind ruhig. Sie waren Soldaten.

Der Alte versucht, uns auf jeden Fall zu besänftigen. Wir sind zu viele, und Willy steht zu mächtig trompetend vor ihm. Wer weiß auch, was von diesen verwilderten Kerlen noch zu erwarten ist, vielleicht ziehen sie in der nächsten Minute sogar noch Handgranaten aus den Taschen. Er wedelt mit seinen Armen, wie ein Erzengel mit den Flügeln. Aber niemand hört auf ihn.

Doch auf einmal ebbt der Tumult ab. Ludwig Breyer ist vorgetreten. Es wird ruhig. „Herr Direktor", sagt Ludwig mit seiner klaren Stimme. „Sie haben den Krieg auf Ihre Weise gesehen. Mit fliegenden Fahnen, mit Begeisterung und Marschmusik. Aber Sie haben ihn nur bis zum Bahnhof gesehen, von dem wir abfuhren. Wir wollen Sie deshalb nicht tadeln. Wir alle haben ja ebenso gedacht wie Sie. Aber inzwischen haben wir die andere Seite kennengelernt. Das Pathos von 1914 zerstob davor bald zu nichts. Wir haben trotzdem durchgehalten, denn etwas Tieferes hielt uns zusammen, etwas, das erst draußen entstanden ist, eine Verantwortung, von der Sie nichts wissen, und über die man nicht reden kann."

Ludwig sieht einen Augenblick vor sich hin. Dann streicht er sich über die Stirn und spricht weiter. „Wir verlangen keine Rechenschaft von Ihnen – das wäre töricht, denn niemand hat gewußt, was kam. Aber wir verlangen von Ihnen, daß Sie uns nicht wieder vorschreiben, wie wir über diese Dinge denken sollen. Wir sind begeistert ausgezogen, das Wort Vaterland auf den Lippen – und wir sind still heimgekehrt, den Begriff Vaterland im Herzen. Darum bitten wir Sie jetzt zu schweigen. Lassen Sie die großen Worte. Sie passen nicht mehr für uns. Sie passen auch nicht für unsere toten Kameraden. Wir haben sie sterben sehen. Die Erinnerung daran ist noch so nahe, daß wir es nicht ertragen können, wenn über sie so gesprochen wird, wie Sie es tun. Sie sind für mehr gestorben als dafür."

Es ist ganz still geworden. Der Direktor preßt die Hände zusammen. „Aber Breyer", sagt er leise, „so war es doch nicht gemeint. –"

Ludwig schweigt.

Nach einer Weile fährt der Direktor fort. „Dann sagen Sie mir doch selbst, was Sie wollen."

Wir sehen uns an. Was wir wollen? Ja, wenn das so einfach in einem Satz zu sagen wäre. Ein starkes Gefühl brodelt unklar in uns – – aber gleich Worte? Worte haben wir dafür noch nicht. Vielleicht werden wir sie später einmal haben!

Nach einem Augenblick des Schweigens jedoch drängt Westerholt sich durch und pflanzt sich vor dem Direktor auf. „Sprechen wir über das Praktische", sagt er, „das ist jetzt am nötigsten. Wie haben Sie sich das mit uns gedacht? Hier stehen siebzig Soldaten, die wieder auf die Schulbänke zurück sollen. Ich sage Ihnen gleich: Wir wissen fast nichts mehr von Ihrem Lehrstoff, aber wir haben auch keine Lust, noch lange hier zu sitzen."

Der Direktor faßt sich. Er erklärt, daß über diese Dinge noch keine Anweisung von der Behörde vorliege. Einstweilen müßten wir uns deshalb wohl auf die Klassen verteilen, aus denen wir fortgegangen seien. Später würde man dann ja sehen, was zu machen wäre.

Gemurmel und Gelächter antworten ihm.

„Das glauben Sie doch wohl selber nicht!" sagt Willy ärgerlich, „daß wir uns zu Kindern, die nicht Soldaten waren, auf die Bank setzen und brav die Finger hochhalten, wenn wir was wissen. Wir bleiben zusammen."

Jetzt erst sehen wir richtig, wie komisch das alles hier ist. Jahrelang durften wir schießen, stechen und töten – aber nun soll es wichtig sein, ob wir aus der zweiten oder dritten Klasse dazu aufgebrochen sind. Der eine konnte schon mit zwei, der andere erst mit einer Unbekannten rechnen. Das sind Unterschiede, die hier gelten.

Der Direktor verspricht, einen Antrag zu stellen, um Sonderkurse für die Soldaten zu erwirken.

„Darauf können wir nicht warten", sagt Albert Troßke kurz. „Es ist besser, wir machen die Sache selbst."

Der Direktor erwidert nichts; schweigend geht er zur Tür.

Die Lehrer folgen. Wir trampeln ebenfalls hinaus. Vorher jedoch nimmt Willy, dem die Sache zu still abgegangen ist, die beiden Topfgewächse vom Rednerpult und schmettert sie auf den Boden. „Das Gemüse habe ich sowieso nie leiden können", sagt er grimmig. Den Lorbeerkranz stülpt er Westerholt auf den Schädel. „Koch dir Suppe daraus!"

Die Zigarren und Pfeifen qualmen. Wir sitzen mit den Kriegsteilnehmern des Gymnasiums zusammen und beraten. Über hundert Soldaten, achtzehn Leutnants, dreißig Feldwebel und Unteroffiziere.

Westerholt hat ein Heft der alten Schulordnung mitgebracht und liest laut daraus vor. Er kommt nur langsam weiter, weil hinter jedem Absatz ein Gelächter ausbricht. Wir können nicht verstehen, daß das einmal für uns gegolten hat.

Westerholt macht sich besonders darüber lustig, daß wir vor dem Krieg ohne Erlaubnis der Klassenlehrer nach sieben Uhr abends nicht mehr auf der Straße sein durften. Aber Willy dämpft ihn. „Sei du ruhig, Alwin", ruft er ihm zu, „du hast deinen Klassenlehrer mehr blamiert als jeder andere. Wirst gefallen gemeldet, kriegst eine Gedenkrede des gerührten Direktors, wirst darin als Held und Musterschüler gefeiert und hast die Unverschämtheit, nach all dem noch lebendig zurückzukommen! Der Alte ist jetzt in schöner Verlegenheit. Er muß nun alles zurücknehmen, was er dir als Leiche zugestanden hat – denn in Algebra und Aufsatz bist du bestimmt noch ebenso schlecht wie früher."

Wir wählen Schülerräte; denn unsere Lehrer mögen wohl gut sein, um uns ein paar Sachen für das Examen einzutrichtern, aber regieren lassen wir uns von ihnen nicht mehr. Für uns wählen wir Ludwig Breyer, Helmuth Reinersmann und Albert Troßke – für das Gymnasium Georg Rahe und Karl Bröger.

Dann bestimmen wir drei Vertreter, die morgen zur Provinzialbehörde und zum Ministerium reisen sollen, um unsere Forderungen für die Schulzeit und das Examen durchzusetzen. Willy, Westerholt und Albert werden dazu ausgesucht. Ludwig kann nicht mitfahren, denn er ist noch nicht gesund genug.

Die drei erhalten Militärausweise und Freifahrtscheine, von denen wir ganze Blocks vorrätig haben. Leutnants und Soldatenräte zum Unterschreiben haben wir ebenfalls genug.

Helmuth Reinersmann gibt der Sache auch äußerlich das richtige Gesicht. Er fordert Willy auf, seinen neuen Rock, den er auf der Kammer erwischt hat, zu Hause zu lassen und dafür einen geflickten, von Splittern durchlöcherten, für die Reise anzuziehen. „Wieso?" fragt Willy betroffen.

„Auf Bürofritzen wirkt so was besser als hundert Gründe", erklärt Helmuth.

Willy weigert sich, denn er ist stolz auf seinen Rock und möchte in der Großstadt damit in den Cafés paradieren. „Wenn ich bei dem Schulrat ordentlich auf den Tisch haue, wirkt das genau so gut", meint er.

Aber Helmuth läßt nicht mit sich reden. „Wir können nicht alles in Klump schlagen, Willy", sagt er, „wir brauchen diese Leute nun mal. Wenn du bei denen im geflickten Rock auf den Tisch haust, holst du für uns alle mehr heraus, als in deinem neuen. Die Brüder sind so, glaub's mir."

Willy gibt nach. Helmuth wendet sich nun Alwin Westerholt zu und mustert ihn. Er sieht ihm zu kahl aus, deshalb bekommt er Ludwig Breyers Orden angesteckt. „Für einen Geheimrat redest du dann überzeugender", fügt Helmuth hinzu.

Bei Albert ist das nicht nötig, er hat selbst genug auf der Brust klimpern. Die drei sind jetzt richtig ausgerüstet. Helmuth übersieht seine Arbeit. „Glänzend", sagt er, „und nun los! Zeigt den Rübenschweinen mal, was eine echte Frontharke ist."

„Worauf du dich verlassen kannst", erklärt Willy, der sich inzwischen wiedergefunden hat.

Die Zigarren und Pfeifen qualmen. Wünsche, Gedanken und Begierden brodeln durcheinander. Weiß Gott, was aus ihnen wird. Hundert junge Soldaten, achtzehn Leutnants, dreißig Feldwebel und Unteroffiziere sitzen hier und wollen zu leben anfangen. Jeder von ihnen kann eine Kompanie in schwierigem Angriffsgelände mit geringsten Verlusten durchs Feuer bringen, jeder von ihnen würde keinen Moment zögern, das Richtige zu tun, wenn nachts in seinen Stollen das Gebrüll „Sie kommen“ schallen würde, jeder von ihnen ist ein vollkommener Soldat, nicht mehr und nicht weniger.

Aber für den Frieden? Taugen wir dazu? Passen wir überhaupt noch zu etwas anderm, als Soldaten zu sein?

Gastschoolkinner

Gernot de Vries

De Mester, de der vör Stockhecke was, hett uns leep hauen: de Jungse achtervör, de Wichter in't Hand.

As Stockhecke de erste Dag der was, do hebb wi all up hum keken, wo he dat Pult opensloot un de Stock herutnamm. He hull hum mit beid Hannen over sük un – ratsch, do was he middendör.

„Ich glaube, daß ich auch ohne den auskommen kann." He smeet de Ennen in't Törffatt.

Man wi sä'n: „He heet van Stockhecke un hett gar kien Stock."

Well in de Feldjer School kwam, de keek toerst up dat Pult mit de groode Landkart derachter. Dat was de Kart van Dütschland.

Wat wi 1919 verloren harren, dat kunnen wi beter wiesen as all't anner. Dat harr de anner Mester uns good bibrocht un dar keek Stockhecke ok up: Elsaß-Lothringen, Eupen-Malmedy, Sudeten- un Memelland, Danzig-Westpreußen und polnischer Korridor, Oberschlesisches Industriegebiet.

Hoog an de Achtermüür hung dat Bild: „Übergang über die Beresina". Napoleons Heer mutt torügg: de brede Strom, twee Brüggen breken hast. Well kummt der noch over? De Kreihen hangen al in de Lucht. Verloren. „Mit Mann und Roß und Wagen hat sie der Herr geschlagen."

Dit Bild is völ Feldjer Jungse nagahn, as se sülmst in Rußland wassen.

Eenmal snappde ik en Woort van en anner Mester up: „Stockhecke, dieser Ästhet".

Ik froog dar futt in Huus na. Dat heede „Schöngeist". Un so een muß in de Feldjer School stahn!

Nu, dar wassen ja ok noch de Blömpotten up de Fensterbank un de Stiekels in't Aquarium un de Krüzotter, de Dreesmanns Jungse doot hauen harren in't Moor, un de nu för all Tieden up Spiritus insett was.

Un dar wassen wi Kinner. De Mester geiht't um de Kinner. Mögen de wesen, as se willt, he mutt hör leevhebben.

Dat is licht geseggt, man doon is en anner Wark.

De Mester in de Eenklasschool mutt wat ofkönen. Sien Nös mutt wat ofkönen. Wat ist dat för en Röök, de in de Ruum hangt un de Trappen bit in sien Wohnen upkruppt? Un dat erst bi Regenweer!

Eenmal, as Unnersöken wesen sull, in't Harvsttiet was't, brochen Kinner en Zedel mit un darup stunn: „Das geht nicht mehr. Sie sind schon eingenäht."

De harren al hör moj warm Winterpackje an. Dat Unnertüch un Boventüch was annanner neiht. Dat kregen se dags un 's nachts nich mehr ut, bit dat Vörjahr wur.

In de Klasse hung dat, wat se van Huus mitbrochen, de Röök van Tuffels, Ziepels, Bohnen, Hering, Ungel. Dat mook de Feldjer Mester dat Levend stuur. Wat hulp hum dar de heele Pädagogik, de heele Psychologie un wor he all up studeert harr. Wat hulp de Künst un de Musik?

Wenn't smals heel leep was, kunn't wesen, dat Stockhecke dör de Banken gung, dat he stahnbleev un dat sien fiene Nös mit de golden Brill up een wees un dat he sacht un doch fast sä: „Lüfte Dich!"

Man heel völ beter wur dat dar ok nich van.

Wat kann de Mester tegen de Gestank in sien Klasse doon? He kann dat Fenster openmaken.

Mester Stockhecke kunn dat Fenster nich openmaken. Nich, dat dat Fenster tospiekert was. Daran laggt nich. Tegenover wohnde Kitti Behrends, un de wull nich hebben, dat dat Fenster open kwam.

Christoph Behrends, Kitti nömt, was siet Vörjahr in't Gemeentrat. Un siet Harvst was dat nu so. Sien erst Froog in't Gemeentrat was ok west: „Is dat wahr, dat Mester Stockhecke up Dag tein Mark verdeent?"

Sien Fro harr al een Dag later Fro Stockhecke dat vör't Tönbank weten laten: „För tein Mark up't Dag köönt Se ja wall inkopen! För tein Mark up't Dag wull mien Keerl sük ok wall mit anner Lü's Kinner herumhauen."

Kitti was arbeitslos worn. He satt nu un keek un keek up de Schoolfensters, un he luurd derup, wat dar gebörde. Un dann is de Paus. Dat Fenster gung open. Un dat anner Fenster gung ok open.

Un dar gung Kitti upstahn. Un dar kwam he an. Un dar stunn he up't Schoolplatz vör de Mester, mit de heele Kinner der umto: „Wat sall dat?" He wees up de Fensters. „Wat sall dat? De heele Warmte geiht in de Lucht. Un dat all van uns Geld! Dar hett de Gemeent kien Geld för! To, segg ik! Un dat up Stee!"

As he dat tweedemal up't Schoolplatz stunn un dat noch feller angung, is Stockhecke na de Burmester gahn. Burmester was Theodor Meyerhoff, Thedi nömt. He harr der för sörgt, dat der nich to völ an de Wohnen maakt wur, as Stockheckes kwammen. He harr der ok bistahn, as de Maler kwam: Dar, wor de Matten van de anner Mesterslü legen harren, dürs kien Farv hen: „Dat höövt nich, dat höövt nich!“, sä he blot allmanweg. Un dann sä he: „En bietje, en bietje, mutt d'r ja maakt worn.“ Stockheckes wassen dat van Huus ut rumer wennt, un se harren Matten genog.

As Stockhecke nu vör Thedi Meyerhoff stunn un hum dat van de Fensters un van Kitti vertellde, sä he weer: „En bietje, 'n bietje!“

Ok nu hörde Stockhecke weer, dat de Gemeend kien Geld harr un mit de Törf utkomen muß.

Hast elk, de in de Feldjer School kwam, wur van Mester Stockhecke as Gast anseggt: „Wie Ihr seht, haben wir einen Gast.“ Mennigmal sä he ok van „Lieben Gast“. Dat hört sük ja wall moj an, man dat kann ok en Proot wesen. Nu, Stockhecke was de Fründelkheit un Goodigkeit sülmst, un so was dat bi hum nich blot en Proot. Un doch harr he dar wat bi. De Kinner gaffen sük bi Besök wall noch licht anners. Eenmal, he was der noch nich lang, was der Konferenz west. He harr vör de anner Mesters sien Best daan. Nahst harr he hören mußt: „Das typische verschüchterte ostfriesische Landkind haben Sie in Ihrer Klasse.“

Dat kunn aber ok so wesen: De Schoolrat is der. He hört en Sett to, dann nimmt he dat Woort. Stockhecke denkt bi sük: „Wenn dat man good geiht.“ Dat geiht good. Dat geiht best. He kennt sien Kinner heel nich weer. Dat is en Aart, as de mitmaken. He weet nich, wat he seggen sall, un de Schoolrat is ok heel weg. Stockhecke hett prima ofsneden.

As de Schoolrat der langs is, fraagt he: „Nun sagt mir doch einmal, was war denn mit Euch los? So habe ich Euch ja noch nie erlebt.“

Dar seggen se: „Wir mußten ja immer so lachen, weil der ja immer von Herr Kollege zu Ihnen sagte, und Sie heißen ja von Stockhecke.“

Weer bünt der Gäste. Se komen van Leer, van't Sundheitsamt. Na dat Unnersöken proot de Fürsorgerin over dat, wat elke Kind 's mörgens to doon hett: sük de Tannen bösseln, sük wasken, sük kämmen.

Se kickt in hör witte Kittel so süver ut as dat Sundheitsamt sülmst. Se staakt in de Gang up un of un will Mester spölen: „Was müssen Kinder alles haben?“

Dar kummt nix.

„Eine – Zahn –“

De Kinner ropen: „ – bürste!“

„Und einen – Waaasch –“

De Kinner ropen: „ – lappen!“

„Richtig, Kinder."
Dar geiht noch en Finger hoch: „Frolein, wi hebbt in Huus ok 'n Tannenbössel."
Se markt, dat se dat noch beter maken mutt un seggt, dat elke Kind sien eegen Tannenbössel un sien eegen Waskelappen hebben mutt. Se wiest nu up dat enkelde Kind: „Du da!"
„Einen Wääske – lappen."
Dar röppt Hinni Pannkook der tüsken: „Wi köönt't wall mit 'n Hemdslipp doon!"
Van't Jahr kann de Feldjer School de Kinner nich mehr faten. All Kinner, de na Flassmeer to wohnen, sölen dar nu erst mal hengahn.
För de Ollen is Versammeln in de School. Ok en Flassmeertjer Mester is der, un de Ollen bünt der hast all. Na't Begröten verklart Stockhecke dat, wor't um geiht. De anner Mester maakt ok sien Woort un seggt, dat de Kinner dat bi hum good hebben sölen. Dann köönt de Ollen Fragen stellen, man nüms seggt wat.
De beid Mesters hebben't noch mitnanner un darbi hören de Ollen een Woort: Gastschoolkinner.
Upröhr! Wat is der seggt worn?
De beid Mesters kieken sük verfeert um, se weten nich, wat der is.
Dar steiht een up; he bevert an sien heel Levend: „Wo nööm Ji uns Kinner? Gastschoolkinner? Is ja unerhört!" Een anner springt up: „Well hett dat seggt. Dat wi'k weten! Uns Kinner ‚Gastschoolkinner'!"
Stockhecke meent, dat he sülmst dat wall seggt hett. He is nu ja al en paar Jahr hier, he meent dat good mit hör un hett völ an hör Kinner daan. Hum köönt se doch nix Quads totrauen.
Dat Woort, dat he nu seggt, geiht unner in de Schandaal. Wo kann dat? De Lü bünt so vergrellt. De erste grippt na sien Pool un neit der ut.
Anner Dag kriggt Stockhecke Besök van sien Flassmeertjer Kolleg. De is Ostfrees un hum was en Lücht upgahn.
„Gasthuus", dat bedüdt up Platt van Armenhuus. Armenhuuskinner, dat wullen de Feldjers nich up sük sitten laten.
Stockhecke was de Feldjers to nah komen. Se leten sien Fro dat ok marken. Dat „Moin!" kwam der man stief of. Stockhecke muß na de groode Ferien al bold weer in Urlaub gahn. He gung in Kur. Fro Stockhecke harr dat nich licht, dat to verklaren: in Kur, dat heede sowat, he is in Erholung.
Nu wur der van boven en Lüttje Mester stürt. De Kinner sullen nich so lang löslopen.

De was der man noch nett, do harr he al de heele Gemeent dör. He satt 's avends bi Poppens un leet sük ok glieks bi de Radfahrerverein sehn. Dat sach bold so ut, as wenn de hier heel un dall blieven wull. Ok Fro Stockhecke muß dat so upfaten. Disse dee ja nett, as wenn vör hum, bi hör Mann, alls blot verkehrt west was.

Of he de Biller nu in't Schapp funnen of de mitbrocht harr, ik kann dat nich mehr genau seggen, man de Kinner kregen nu heel neeje Biller to sehn. He truck de up an de Kartenstänner.

Up dat een Bild was en Aap. Un wat en Aap! Lange, brune Haar harr de un was groter as en Minske, sä de Lüttje Mester. De Aap satt in en Boom. Unner dat Bild stunn: „Orang Utan. Borneo, Sumatra."

Un darmit was he bi dat tweede Bild. Dar wassen Minsken up to sehn, de blot en Fell umharren un vör en Höhl satten, mit Büngels in de Hannen. Unner dit Bild stunn: „Neandertaler, ca. 100000 v. Chr."

Seker hett he dat so nich seggt, man de Kinner hebbt dat so vertellt: „Wi stammen all mitnanner van de groode, brune Aap of, de Lüttje Mester hett dat seggt." De tweede Mester is ja de „Lüttje Mester". Man disse was ok wiss wat lüttjet. Anners kunn he sük wall sehn laten, he harr dicht Haar, dunkel un as en Busk up de Kopp un darto buskerge Ogenbranen. As he dat nu all van de Neandertaler harr, keek een van de Lüttjen hum so heel tro an un sä: „Du kunnst ok wall so'n oll Neandertaler wesen."

'n Bült leper was, dat dat mit de Apen nu unnert Volk kwam. Engelke Pannkook sä: „Dar wi'k Pastor na frogen, dat wee'k nich, dat steiht so nich in d' Bibel." De Pastor wur dat ok so gewahr, un he broch dat glieks anner Sönndag up de Kanzel. All, de dar unner de Kanzel satten, kunnen nu hören, dat se mit de oll Aap nix, of hast nix, to kriegen harren. De Wetenskup, so Pastor Döhl, harr dat noit so seggt. Dar was in Vörtieden wall mal, kunn wesen, en Tacke an de Boom van de Kreaturen ofbogen, wor dann de Minske ut wur. Dat all, so Pastor Döhl, was nich tegen un nich sünner Gott, vör de Dusend Jahren wassen as een Dag. Good, man dat Apenspill gung wieder. Wenn der een dör't Feld kwam, de nich van hier was, dann repen wi Kinner: „Wat deit, wat tiert, wat dreiht he sük!" Dreihde de sük dann um, so harren wi uns lang verstoppt un repen: „Oll Aap! Oll Gapenbeck! Oll Treckaap!" Sönndags gungen wi Kinner smetts na Niewöhner. Dat was en Weertskup, nett dar, wor Papenbörg anfangt un wor de Brügmanntjers wall geern een nammen. De harren ok en Gorn mit Deren, so en lüttjen Zoo: Rehn, en Voss, Fasanen, Duven, Zwerghöhner, Meerswientjes, Angorakaninen un Apen.

De Apen wassen pläseerelke Deren, besünners de „Treckaap“. Dat was de grootste un he harr de meeste Küren. De harr uns dat andaan.

Nu keken wi hum un sien Lü noch mit heel anner Ogen an. Nöten tosmieten, un de Treckaap hangt al an’t Draht. Un Hinni kickt hum so leev an. Au! Geschall, Gebrull. He hett hum beten! Hinni is van de Aap beten worn!

Anner Dag swull de Hand leep an. Do hebbt se der Not bi kregen un bünt na Doktor Broerken gahn. Dat hulp nich, he muß en Spritze hebben: „Wor hen? In ’t Arm of in de Mors? Dann man in de Mors.“

As Avend is, sitten Lamkemoder un Engelkevader bi en Köppke Tee binanner: „Hör! Hinni röppt.“

Lamke geiht hen: „Mama, wat deit mi de Morsbill sehr, ik kann nich liggen un ik kann ok nich sitten, ik kann mörgen nich na de School hengahn.“

Do sä Engelke tegen Lamke: „Du, Lamke, ik mag van dat heele Apenspill nu nix mehr hören, un ik wull, dat Mester Stockhecke d’r erst weer was.“

Un he was der bold weer! Dat was der ok Harvst bi worn. De Lüttjen, de Ostern in’t School komen wassen, kennde he hast nich. Stockhecke kreeg ok noch mit dat Apenspill to doon.

Alltiet harr dar en Wecker up de Schapp stahn. Nüms doch daran. Nu tomal leep he midden in de Stünn of. Stockhecke lachde derover un sä, dat he dar al langst up wacht harr. Wat se doch blot för Dwemelmorsen wassen! Man do sä he, dat nich de, de’t vörmaakt, en Aap is, wall aber de, de’t namaakt, Un doch: anner Dag rutterde de Wecker weer of. Un nu wuß elk, dat der en Aap bi hör was.

In een van de erst Dagen gaff dat Arger. Stockhecke reep: „Das lasse ich mir nicht bieten!“ Do sä der een van de Lüttjen: „Well sull Mester dann wall bieten?“ Hinni was ja van de Aap beten worn, man de Mester? Stockheckes Sundheit was ok na de Kur noch nich allto good. Dat Geföhl, wat he al immer kennde, kwam hum nu mit Gewalt an: „’t is all umsünst, wat du hier deist.“

Wat harr he nich al all versöcht! He harr Buskobst anplant, dat al in de erst Jahren wat broch. Darvan harr he nich blot de Kinner un de Nabers wat ofgeven. Kinner un Ollen harr he wesen, wo en Appelboom plant wur. Beloovt harr he hör, wenn se dat Geld nich harren, wull he hör en Boomke schenken. Man nix! Se nammen nix an, un se nammen nix up.

Stockhecke wull so geern, dat de een of anner van sien Kinner up de Hooge School kwam. Wenn dat darum gung, wassen de Ollen bannig stolt. De Vader kwam dann wall futt anlopen: „Ja, wenn mien Jung so 'n open Kopp hett, as se seggen, dann man to, wenn'k d'r noch 'n Professor van kriegen kunn!“

Stockhecke leep na de Hooge School, he sach to, dat der Geld för Kleer un Boken was. He sä de Ollen to, dat der ok wiederhen Hülp kwam. Un dann höövde der blot een tegen de Vader to seggen: „Dat dee'k ja nich, ik wull wall lever!“ Un alls was ut. De Vader sä nu: „Ik hebb ok arbeiden mußt. He sall in't Moor of bi Brügmann unner't Holt of laat hum na't Buur gahn. Is he wat beters as wi?“

Fro Stockhecke muß dann hören, wat se al langst kennde: „Charlotte Dorothee, sag es mir! Was sind wir? Ich will es Dir sagen: Nichts sind wir als Kulturdünger! Gut genug, um untergegraben zu werden. Umsonst!“ Un satt hör dat nich ok al in de Kopp, so as hum, dit een: weg, nix as weg van hier!

Un dann beleevt he anner Dag, dat hum een van de lüttje Wichter en Struus Auerker Blömen mitbrengt, de se güstern för hum plückt hett. Un Stockhecke denkt nich mehr an't Weggahn. Wat is hum un sien Fro in disse Dagen de Kinnerhand vull Blömen wert!

Futt geiht dat an disse Dag beter. Dat fallt hum to. He lett singen. De Kinner singen de erst, he de tweede Stimm. Man dar röppt een van de Lüttjen: „Mester, mußt utscheien mit de Brummeree, dar köönt wi nich tegenan singen!“ un he hört mit de tweede Stimm up. Man dat Singen geiht wieder.

Stockhecke nimmt sük völ Tiet för de Huusupgaven. De Lüttje Mester was blot of un an mal so in't Sprang bilangs gahn. Dat kreeg Harm Pannkook, de nu in't School komen was, gau spitz. Stockhecke bleev bi hum stahn. Was hum nich al siet Dagen upfallen, dat de Lei hast immer glieks vull was? Wat was dat? He keek un keek, un dann greep he to, mit beid Hannen toglieks, hull sük de Lei vör de Ogen, wiskede mit sien Finger derover, reev un reev. Was dat mögelk?

„Womit hast Du das gemacht? Los, sage es! Mein Junge, nun sage es schon!“

„Mit 'n Pieker.“

„Womit?“

„Mit 'n Pieker.“

De anner Kinner wassen der nu umto: „Er hat es mit einem Spieker gemacht.“ „Er hat es mit einem Nagel gemacht!“

Wahrhaftig! Dar harr doch Harm Pannkook mit en Spieker up de een Siet van sien Lei Bookstaven un up de anner Siet Tahlen krabbt. De höövde he dann blot mit sien Griffel natrecken. So harr he sien Lei elkemal vull. He was en leien Fent, man he wuß sük to helpen. Hinni vertellde dat futt in Huus. Lamke mook der nich völ van. Se gung na Poppens un köffde hum en neeje Lei.

Se argerde sük blot over Eike-Ik sien Greta, dat de hör wicken dee: „Lamke, an de Jung hest noch wat!“

Se was blied, dat he up sien neeje Lei al beter schreev, un lang dürde dat nich, so sä Mester Stockhecke, dat he so en fixen Jung in Reken noch nich hatt harr.

bold: bald
Bült: Haufen
Büngel: Knüppel
Deren: Tiere
Dwemelmors: Schlafmütze
fell: schnell; laut
Fent: Bursche
hast: fast
heel (un dall): ganz (und gar)
höven: brauchen
hum: ihn, ihm
leep: sehr, schlimm
Lei: Schiefertafel
lei: faul
Lucht: Luft
Mester: Lehrer
Pool: Mütze
proten: sprechen
Quads: Böses
een Sett, Settje: eine Weile, Weilchen
Stiekels: Stichlinge
Tönbank: Ladentisch
Ungel: Talg
Wicht: Mädchen

Die neue Schülermütze

Werner Wildhage

Genau 40 Jahre sind es nun her, daß meine Mutter mit mir in das Huthaus Obel am Domhof ging und mir eine Schülermütze kaufte. Eine blaue Tellermütze für die Sexta des Realgymnasiums.

Ich war gut zehn Jahre alt, hatte die Aufnahmeprüfung bestanden und befand mich nun im Recht, eine solche Mütze zu tragen.

„Bitte schön, willst du diese mal aufprobieren?"

Herr Obel, ein stattlicher, seriöser Herr, wischte mit dem Ärmel leicht über den schwarzen Lackschirm, nahm die Mütze an ihren Ohrseiten in die Hände und drückte sie einige Male behutsam zu einem Oval und schob sie mir dann auf den Schopf:

„Sooo", machte er mit gespitztem Mund, legte seinen Kopf leicht nach links und forderte meine Mutter zu kritischer Betrachtung auf.

Mutter stellte die Markttasche auf den Fußboden, nahm Mütze und Kopf ebenfalls in beide Hände und drehte und drückte.

Es erwies sich aus diesem Zurechtdrücken die Einstellung meiner Mutter zu Schülermützen: untadelig gerade hatten sie zu sitzen. Nicht wie Handwerkermützen oder Bierkutscherkappen; im Nacken oder auf einem Ohr. Die Pickelhaube mußte ihr Vorbild sein.

„Na Junge – paßt sie denn?"

Ich faßte mit verschwitzten Fingern an den blanken Schirm und zog: die Mütze stülpte sich auf die Ohren, über die sie nicht hinwegrutschen konnte. Zugleich verdeckte mir der Schirm jede Sicht.

„So heftig solltest du sie nicht herunterziehen", tadelte Herr Obel. „Aber sie ist ja wohl doch etwas zu groß!" beschützte die Mutter ihren Jungen.

„Wir können ja einen Korkstreifen einlegen", empfahl der Hutfabrikant. Aber dieser Vorschlag schien der Mutter wohl nicht solide genug: „Haben Sie nicht eine andere Größe?" Herr Obel schritt an das Wandregal, in dem die Mützen aller Jungenschulen unserer Stadt, der Mittelschulen und der Gymnasien, gestapelt standen, und suchte. Dann kehrte er mit zwei Mützen zurück.

„Soooo – dann wollen wir mal diese aufprobieren, bitte schön!" Ein leutseliges Singen schwang in der sonoren Stimme mit.

Ich wurde vor den Spiegel geschoben, als sich eine der beiden Mützen als passend erwies.

„Sehr schön ... sehr schön!“ Das „sehr“ unterstrich der noble Herr Obel mit einem verhaltenen Kopfnicken.

„Gefällt sie dir auch?“ fügte meine Mutter hinzu und sah mich dabei mit liebenden Augen an. Ich nickte nur.

„Dann nehmen wir diese“, beendete meine Mutter den Handel.

„Bitte!“ verbeugte sich Herr Obel, „bitte – sollen wir einen oder zwei Kniffe hinein machen?“

„Keinen! Um Gottes willen, keinen!“ wies Mutter das Ansinnen erregt zurück; um hinterher zu murmeln: „Schrecklich, diese Unsitte ...“

Aber der Ladenbesitzer, der es eigentlich nicht gehört haben sollte, entgegnete verbindlich: „Manche Kunden verlangen es extra; aber ganz wie es beliebt – setzt er sie gleich auf, oder soll ich sie einpacken lassen – bitte schön – vier Mark und fünfzig macht es denn – Fräulein Erna, eine Tüte bitte!“

Stolz trug ich meine blaue Mütze mit der blauweißen Paspelierung am unteren Rande in einer Obelschen Papiertüte heim.

Abends wurde sie Vater vorgeführt: „Hmm – hmm – tja – kehrt – hmm, gut!“

Vater sagte nie viel. Er fragte Mutter nur noch, wieviel das Prachtstück gekostet habe: „Hmm, wieder vier Mark fünfzig ...“

Die Mütze wanderte zurück in die Tüte und in Vaters Hutfach im elterlichen Kleiderschrank.

„Und daß du sie schonst – sie muß ein ganzes Jahr halten – und nicht immer an den Schirm fassen – und so auf ein Ohr ziehen – und daß du mir keine Kniffe rein machts, hörst du!“

Mit dieser Belehrung von Mutters Seite konnte der Mützenkauf endgültig als abgeschlossen angesehen werden.

Wie ich die Mütze beim Grüßen abnehmen sollte, ohne an den Schirm zu fassen – dies weiß ich heute noch nicht. Und keine Kniffe sollten hinein, und ganz waagerecht sollte ich sie aufsetzen – hm, wie das wohl gehen sollte. Eine Mütze war doch kein kaiserliches Krätzchen. Außerdem – nicht mal Musterschüler mit Nickelbrillengestell trugen die Mütze wie einen Deckel auf dem Kopf herum; und da sollte ich – nein!

Aber ich hatte sie erst mal. – Ob ich mich ihrer würdig erwies – das sollte die nahe Zukunft lehren.

Fest steht nur noch, daß ich die Mütze am ersten und am vierten Tage noch nicht aufsetzte.

Mutter wollte es nicht. Ich sollte das teure Stück schonen. Bei Sonnenwetter sei eine Mütze Luxus.

Als es am fünften Tage regnete, durfte ich sie auch noch nicht aufsetzen: „Bei dem Regen die neue Mütze – dann ist sie ja gleich verdorben!“ –

Im blauen Matrosenanzug, den Mutter aus dem Stoff eines alten Mantels von Tante Mimmi, der Hausschneiderin, eigens für diesen Zweck hatte schneidern lassen, begab ich mich also zum ersten Unterricht. Mit einem Margarinebrot im Tornister und mit kleinem Herzklopfen unter der Bluse. Niemandem fiel es auf, daß ich ohne Mütze erschien. So wie die Schule heute Wind und Wetter trotzt, stand sie schon damals. Äußerlich hatte der Krieg sie verschont gelassen. Die Bruchsteinfassade schimmert in ihrem alten gelblichen Ton. In der Architektur liegt noch immer die gleiche Strenge und Gleichförmigkeit vom Tage der Erbauung an.

Nur die Straße vor der breiten Hauptfront hat der Vergangenheit nicht standgehalten. Sie ist breiter geworden. Dafür sind die schattigen, hohen Bäume gefallen. Die rumpelnde Elektrische fährt nicht mehr. Das lärmerzeugende Kopfsteinpflaster ist längst einer schallmindernden glatten Asphaltdecke gewichen. Aus der Straße hat die Zeit eine nackte Verkehrsader gemacht.

Das Schuljahr begann mit einer großen Andacht, an der die ganze Schule teilnahm. Klassenweise kletterten wir Kleinen die ausgetretene Haupttreppe hoch. Die zwei Flügel der hohen Tür standen weit zurückgeschlagen, einladend zum Flur hin auf.

„Nachrücken – nachrücken – 6 – 7 – 8 – 9 – ... noch etwas zusammenrücken ... nun mal los – einer muß da noch hin!“

Der Herr Hausmeister dirigierte uns Anfänger vorn rechts in die ersten Bankreihen. Im Befehlston. Er war schließlich Zwölfender gewesen. Wir verschüchterten Knaben versuchten es. Wie in eine Schraubzwinge gequetscht, saßen wir schließlich da; die Arme nach vorn geschoben; die Brust eingeengt; und die Beingelenke aneinander gepreßt.

Und dabei sollte man einen Choral singen!

Den Kopf vermochte ich gottlob noch zu drehen und zu rekken. Und das tat ich, während der Raum sich langsam füllte und das Gemurmel anschwoll.

Kolossale Wandgemälde überdeckten die Tristigkeit des riesigen Raumes, der eigentlich gar nichts Aulahaftes, gar nichts festlich Stimmendes ausstrahlte. Das lag aber sicher an den lehmfarbenen Bänken, auf die sich die Schülerschaft zu setzen hatte.

Aber sie reichten nicht für alle. Während der großen Andacht mußte ein Teil der Schüler stehen.

„Kuck mal daaa!“ flüsterte mir mein Nachbar zu und nickte zu dem Gemälde an der Kopfwand hin.

Es stellte die Verkündigung des ‚Westfälischen Friedens' vor dem Rathaus in Osnabrück anno 1648 dar.

Aber das wußte ich in jenem Augenblick noch nicht. Ich war nur baß erstaunt, daß ich „unser" Rathaus hier an der Aulawand – naturgetreu! – wiederfand. Ich mußte immer wieder hinschauen und staunen, staunen, staunen.

An der Innenwandseite entdeckte ich plötzlich noch ein Bild. Auch unmittelbar auf die Wand gemalt. Nicht so hell, nicht so farbig, nicht froh. Im Gegenteil. Aber ebenso kolossal; eigentlich noch viel kolossaler. Auf dieser düsteren Wand tobte eine Schlacht. Muskelprotze von Helden schwangen Kriegsbeile durch die Luft. Schwere Rosse bäumten sich zu Levaden. Niedergeschmetterte Kriegsknechte verzerrten ihre Gesichter. Mann gegen Mann – Männer in Bärenfellen gegen Männer in Rüstungen – maßen sie mit Schild und Speer und Keule ihre Kräfte, schlugen, stießen, töteten sie; siegten und verloren sie.

Und das in unserer Aula!

In naturalistischer wie auch realistischer Form hatte an dieser Wand der Maler das Thema „Die Hermannschlacht im Teutoburger Walde", also den Krieg zwischen den alten Germanen und den römischen Legionen des Feldherrn Varus im Jahre 9 nach Christus abgehandelt.

Ich habe im Laufe vieler Jahre diese Wandgemälde immer wieder betrachten können. Ich bin auf Bänke und Stühle geklettert, um Einzelheiten zu studieren: die Gesichter der Männer vor dem Rathaus in ihrer Friedensseligkeit, die Männer im Augenblick heroischer Anstrengungen. Jedenfalls – die Gemälde haben mir imponiert. Ich habe in den jüngeren Jahren sie mit reiner Freude genossen, später sie kritisch betrachtet: sie gaben dieser Aula ein repräsentatives Dekor, aber nicht in festlich heiterer Beschwingtheit, sondern in ernster Hintergründigkeit: man hielt uns Tag für Tag, Jahr um Jahr das Thema vor Augen, das die Menschheit erschüttert, das von Leid übervoll ist: Krieg und Frieden.

Plötzlich verstummte im Raum jedes Gemurmel. Mit der Mausestille betrat der Herr Direktor die Aula. Ich hörte hinter mir das Knacken der Türriegel. Das besorgte der Herr Hausmeister. Leises, mich überraschendes Orgelspiel begann. Wo stand sie? Beim Betreten der Aula hatte ich nichts Orgel-ähnliches entdeckt. Sich jetzt umdrehen, einfach nach rückwärts schauen? Unmöglich. Das ging allein wegen der Enge auf den Bänken nicht.

So verfolgte ich mit untertänigem Blick den für mich größten und tüchtigsten Mann, den allgewaltigen Herrn Direktor. Mit Orgelbegleitung schritt er kerzengerade, lautlos, feierlich, ernst in seinem Cutway mit gestreifter Hose zu seiner Lehrerschaft hin, steuerte er auf die Stuhlreihen zwischen Fensterfront und Podium zu. Seine stattliche grauhaarige Erscheinung mit dem schmalen Kopf und dem gestutzten Bärtlein über den schmalen Lippen verneigte sich zum Kollegium hin, das den Gruß mit einer wie eingeübten gleichmäßigen Verbeugung des ganzen Oberkörpers erwiderte – ohne dabei eine Miene zu verziehen.

Die Andacht konnte beginnen.

Ach, wie oft habe ich sie seitdem mitgesungen. Woche für Woche. Die nächste glich der vorhergegangenen: Choral – Bibelwort – Choral. Nicht turnusmäßig folgten die sich anschließenden „Abkündigungen"; prosaische Mitteilungen, die mit der Andacht nichts zu tun hatten, aber die gesamte Schülerschaft betrafen:

die schmale Treppe zwischen Alt- und Neubau sei wegen Ausbesserungen für eine Woche gesperrt;

die Anzahl der Papierkörbe auf dem Schulhof sei um drei erhöht worden;

der für den 23. vorgesehene Wandertag müsse ausfallen, weil die Schulaufsichtsbehörde eine Besichtigung durchführe (huuuuuuu!) ...

Am begehrtesten waren die Fensterplätze. Von ihnen aus konnte man ungestört den Verkehr auf der Straße beobachten. Wenn Mädchen um diese Zeit auch nicht vorbeigingen, weil an allen Schulen der Unterricht um die gleiche Zeit begann, so sah man aber, wer zu spät kam und wer die Wochenandacht schwänzte.

Aufgefallen ist es bei Schülern kaum oder gar nicht, wenn sie nicht zur Andacht erschienen. Es sei denn, in der sich anschließenden Unterrichtsstunde wurde gefragt: Wer war nicht in der Andacht?

Immer wieder fanden sich Dusselige, die auf diesen billigen Trick hereinfielen.

Ein ebenso begehrter Platz wie die Fensterreihe war die Orgelecke. Diese eine dunkle Seite zur Innenwand hin. Auf der anderen fuchtelte mit Armen und Beinen der Organist auf dem Manual und Pedal herum. Von den Lehrerstühlen konnte diese Ecke – genau diagonal durch den Raum – nicht eingesehen werden. Da hätte schon einer im Bogen gucken und dazu Katzenaugen haben müssen.

In diesem Dämmerloch hockten die Schwätzer, Schläfer und Bummelanten. Wer zu Hause mit den Schularbeiten nicht fertig geworden war, lieh sich vor der Andacht das Heft eines Strebers aus und pinnte die Hausaufgabe schnell und flüchtig während der

Bibellesung ab. Niemand hinderte ihn daran. Im Gegenteil. Es fanden sich stets Mitschüler, die sich schützend und – wenn's erforderlich werden würde – warnend vor den Schreiber setzten.

„Hallooooooo ...... hallooooooo!"

Wir standen in und auf und neben den Bänken in unserer Klasse, waren laut gewesen und erwarteten nun ein Donnerwetter.

Plötzlich stand er mitten unter uns. Der Herr ging bis zum Pult, legte ein paar Bücher auf den Rand und sagte mit einem freundlichen Lächeln:

„Sooo – nun setzt euch erst einmal!"

Dieser nette Mann war der Oberschullehrer Wulf. Er blieb für die ersten beiden Jahre unser Klassenlehrer. Bei uns unterrichtete er Deutsch, Religion, Turnen und Singen. Turnen lag ihm am wenigsten, Singen am besten. Er war der Musiklehrer der Anstalt.

Das Bindeglied zwischen Herrn Wulf und den Schülern bildete die Musik. Und sie zog sich doch bis in die Oberprima hinein. Wenn wir ihn also als Klassenlehrer schon nach 24 Monaten aufgeben mußten, die Musik hielt viele von uns mit ihm noch Jahre vereint.

Am wenigsten lag Papa Wulf wie erwähnt das Turnen. In seinem braunen Anzug stand er in der Turnstunde vor uns auf dem Schulhof. Wir übten Freiübungen; mit Freiübungen begann jeder Turnunterricht. Wulfs Habit paßte zum Turnen wie Marmelade zum Hering. Er rührte sich auch gar nicht vom Fleck. Er bewegte keinen Finger. Sein Mund dirigierte die ganze Gymnastik; und weil er es mit Humor machte, weil er seine Anweisungen mit Witzchen schmückte, sparte er sich jedes Vorturnen:

Die Arme vooor ... ja soooo – und du da drüben auch – Arme sind das, wo die Hände dran baumeln!"

Über solche Mätzchen mußten wir dauernd kichern.

„Und jetzt Kniiiiiie – beuuuuuugt! ... nun geht mal richtig runter – und wieder hooooch – und noch einmal richtig nach unten ... auch, wenn's in der Buxe kracht!"

Ach je, das sagte unser Lehrer zu uns! Wir konnten uns vor Lachen nicht halten in der Hocke. Wir ließen uns auf den Kies purzeln, oder wir standen auf und krümmten uns vor Lachreiz. Und Herr Wulf ließ uns gewähren. Er schien selbst seinen Spaß daran zu haben.

Im Anschluß spielten wir meistens Schlagball. Währenddessen spazierte unser „Turnlehrer", als gehöre er gar nicht zu uns, im Zickzack, in Schleifen und Kreisen über den Schulhof.

Die Musik ist das Band gewesen, das später manchen Schüler jahrelang an den Menschen Wulf knüpfte. Wulf ist auch der eigentliche Gründer der Schülerkapelle gewesen: er rührte die Werbetrommel, er regte zu Sammlungen an, er kaufte die ersten Instrumente.

Und all dieses segensreiche Wirken nahm für ihn plötzlich ein Ende:

„... und nun wollen wir noch einmal das SANCTUS singen!"

Hatten wir recht gehört? Was sollte das? Wir sangen das SANCTUS; reiner und feierlicher als bei offiziellen Anlässen, meinte ich.

Als die letzte Strophe verklungen war, blieben wir stumm stehen. Keiner rührte sich. Wir wußten noch nicht, daß wir ihm den Abschied gesungen hatten. Mit sehr leiser Hand legte er den Taktstock auf das Notenpult des Flügels.

„Jaaa, liebe – Jungens – das war nun – meine – letzte – Chorstunde ... wegen eines Gehörleidens muß ich –"

Weiter kam er nicht. Rührung erstickte die Vollendung des Satzes.

Wie lange Papa Wulf noch an unserer Penne Dienst tat – ich weiß es nicht.

Gewiß ist aber, daß die Musik eine Macht des Guten ist, der sich anzuvertrauen allezeit lohnt ...

Die Satzzeichen einer Kindheit

Jürgen Borchers

Kaum Fragezeichen,
denn die Antwort war klar:
Du bist nichts.
Was alles sein sollte,
das Volk,
hielt sich verborgen.
Ausrufungszeichen sausten
in den Händen der Lehrer.
Unsere Kurzsätze knallten
die Hacken zusammen,
wie aus der Pistole geschossen
die Punkte.
Zwischen Alarmen
dann und wann
eine unerlaubte Entfernung
hinter den Gedankenstrich.

Fragwürdige Umstände

Peter Rühmkorf

Ein messerscharfer Einschnitt war für meine Generation (die eigentlich nur aus dem einen Jahrgang 1929 bestand) in jedem Fall das zweite Kriegsjahr 1940. Wir wurden zwangsläufig in das „Deutsche Jungvolk" (DJ) aufgenommen mit Treuegelöbnissen und Fahneneid in der dörflichen Heldengedenkanlage („Jungvolkjungen sind hart/schweigsam und treu/ Jungvolkjungen sind Kameraden / Der Jungvolkjungen Höchstes ist die Ehre") und traten neugierig freiwillig durch die Pforten des Stader „Athenäums" in neue Bildungszusammenhänge ein („Jacks first English Lesson"), das schaffte schon ziemlich kontroverse Hirnreize.

Was die Sache im nachhinein etwas schwierig macht, ist das allerdings keineswegs für alle Zeiten hübsch geordnete Spannungsverhältnis von Koppelschloß und Knickerbocker, Horde und Club, vormilitärischer Ausbildung und zivilistischem Lehrbetrieb. „Ja, Bauer, das ist ganz ein anders" stand in gotischer Schönschrift an der Eingangswand der ein wenig heruntergekommenen Gelehrtenschule, was gewiß nicht bloß als frohe Botschaft zu verstehen war, und wir Jungens lasen es allgemein in dem Sinn, daß man uns den Kopf hier zurechtsetzen werde.

Die Schule begann auf ihre Art an uns herumzudrechseln, während das neue Dingsda, das seinerzeit Dienst hieß („Ich hab' heute Dienst", „Wir müssen zum Dienst"), oft genug ein entschuldigtes Entkommen aus dem Paukbetrieb ermöglichte.

Da ich ohne Vater aufwuchs (der meine hatte sich ohne Angabe von Gründen vor meiner Geburt verflüchtigt), sah ich mich schon früh veranlaßt, mir meine eigenen Kindergedanken über meine wacklige Stellung in der Welt zu machen. Die Menschheit ist ja nicht gut und die Landbevölkerung auch nicht viel besser, und unter Umständen kann sie sogar biestig werden. Die Neugier nach meinem nichtvorhandenen Vater schien schlechterdings ununterdrückbar, und das zudringlich enthüllungsgeile Gefrage begleitete mich durch Kindheit und Jugendjahre wie ein unabschüttelbarer Alpdruck: ein Bloßstellungsverlangen – oder Aushorchgelüste –, das im Zeichen der braunen Herkunftsforschung dann schon seine eigene böse Färbung bekam.

Ich sah mit zehn Jahren aus wie ein leibhaftiges Kind Israels und mit dreizehn oder vierzehn völlig wie ein „Judenbengel", das machte den Nachfassern Laune. Wo immer ich in fragwürdige

Umstände geriet, wo ein neuer Lehrer mich in die Zucht, ein neuer Vorgesetzter mich in Augenschein nahm, lag die Frage nach dem Beruf des Vaters wie von selbst auf der Lauer, und schon zerrte man die eingeborene Schmählichkeit ans Licht, diese Schande der Jungfrauengeburt, diesen Makel der natürlichen Kindschaft, vollends zu schweigen von der Peinlichkeit, in die ich kam, wenn es Ahnentafeln zu erstellen oder regelrecht verzweigte Stammbäume aufzumalen gab.

Kaum etwas fürchtete ich so sehr wie diese kanülenhaft sich vorspitzende Frage nach Beruf und Verbleib des Vaters – die stellte gelegentlich sogar der Kartenkontrolleur in unserem Fahrschülerzug. Nichts schmerzte mich so sehr wie das schier unabwendliche Herumgepolke an meiner heimlichen Wunde. Was meine Unschuldsmama vor der Welt verborgen glaubte und vor dem Kind im dunkeln hielt – den Puppenspieler-Papa und die für dörfliche Verhältnisse schon ziemlich einmalige Degoutanz eines Sündenfalls –, wuchs sich in der Phantasie des Jugendlichen dann zu einem fürchterlichen Rätselgebilde aus mit allen mitten aus der Zeit bezogenen Zwangsvorstellungen von „artfremd" und „minderrassig" und „unwürdig, die Uniform des Führers zu tragen" und „Abholen" und „Konzentrationslager" –, denn das wußte bei uns jedes Schulkind, daß sie „Jakobjud" abgeholt hatten und Dantzer aus Otterndorf „ins Lager gekommen war", da gibt es im nachhinein also gar nichts zu dramatisieren. Die Frage hinter der Vaterfrage – „lebenswert oder nicht?" – wurde von mir schon in einem Alter herausgehört, das man für solche dunkle Ahnung noch gar nicht befugt hält (die Verschonten können mir heute viel erzählen!), und ich flüchtete mich von einem Tarnbezug unter den anderen, tauschte eine fadenscheinige Schutzbehauptung gegen die nächste ein: „Ich bin angenommen und heiße eigentlich Neumann" (so der Name eines Onkels), „mein Vater ist gefallen, ich heiße eigentlich Lohmann" (eine Familie, bei der ich mal in Pflege gewesen war), „mein richtiger Vater wohnt in Otterndorf" (dort wohnte freilich mein Großvater), „meine Mutter hat ihren Vetter geheiratet und hieß immer schon Rühmkorf" (weil: im Chemiebuch stand: „Elisabeth Rühmkorf, 1918"), ein toller Zirkus, gewiß, und doch noch nicht so toll wie eine Zeit, in der die „Rassengesetze" hingenommen wurden wie heute beispielsweise die „Straßenverkehrsordnung".

Aufgefordert, von meiner Schulzeit zu erzählen, sehe ich mich bereits rettungslos vom Thema abirren. Aber ohne diese leidensvolle Vor-Schule läuft bei mir gar nichts. Dabei war das, was dann vielleicht so was wie einen Rückhalt oder eine idealistische Vergütung hätte bedeuten können, auch nicht schon von dem Stoff, aus dem die einfachen Kinderträume sind.

Um den eigenen Abweichwinkel vor dem großväterlichen Pastorat in Otterndorf zu rechtfertigen, hatte mein kreuzprotestantisches Mütterchen sich einen Schutzpatron an die Seite gebeten – den Theologen Karl Barth, meinen Patenonkel –, und über den las dann der Schüler eines Tages im ‚Stürmer'-Kasten: „Karl Barth, der Kriegshetzer! – Auch der Theologe Karl Barth stimmt mit seiner antideutschen Propaganda und talmudischen Rabulistik in den Chor der jüdischen und freimaurerischen Kriegshetzer ein."

Ich erinnere mich noch wie heut: gar nichts verstand ich, aber diese Wetterwolke über meinem Haupt (beziehungsweise Pimpfenscheitel mit dem Streichholzschnitt) begann sich augenblicklich zu verdichten, die schleichende Selbstverdächtigung sich beinah zu Gewißheit zu erhärten: mein jüdisches Aussehen – mein frommes Mütterchen, das immer wieder auf den „Mann aus Nazareth" zu sprechen kam, der unter „Deutschen Christen" kein Jude mehr sein durfte – und jetzt auch noch der Patenonkel mit dem Judentum im Bunde – was lag da näher, als sich selbst endgültig in Zweifel zu ziehen und sich (im Gegenzug) eine unangreifliche Identität wortwörtlich zu erdichten.

Um auf die Schule zurückzukommen: Schule war für mich kein Weg, mich zu beweisen, und wahrscheinlich habe ich niemals den rechten Sinn für Schule gehabt. Das Stader „Athenäum" war bis zu jenem Zeitpunkt, wo die Erinnerung dann abreißt (weil wir der Schule entrissen und von Lager zu Lager umgeschlagen wurden), ein Bildungsantiquarium, wie es im Buche steht, in Heinrich Spoerls „Feuerzangenbowle" oder in Wilhelm Speyers „Kampf der Tertia", das las uns unsere Lieblingslehrerin, die Studienassessorin Emmy Starcke, auszugsweise vor, obwohl der Autor Halbjude war und das Buch wohl zu den halbverbotenen zählte.

Jenseits einer nur noch über Fußnoten und parenthetische Eselsbrücken zugänglichen Welt (in der jeder heimliche Antihitlerhauch der Erklärung und manchmal sogar ein dick hervorgekehrtes Parteiabzeichen der psychologischen Hinterspiegelung bedarf) ist aber wohl wenig geblieben, was der Erinnerung wert und einer Ehrenrettung bedürftig wäre. Unsere Schule war einfach nur Penne – Penne als Druckanstalt und Penne als Kuriositätenkabinett – kaum wirklich offensive Nazis unter den Lehrern und auch keine wildgewordenen Nazissen, und was sich manchmal völkisch plusterte, beeindruckte allenfalls als Karikatur.

Rückblickend sehe ich hier zivilistische Lässigkeit (die uns sehr allgemein imponierte), dort dickpampiges Ordnungsfordern und Auf-Haltung-Sehen (was uns abstieß), hier ein gewisses militärisches Lehrgehabe (das aber die Macht beziehungsweise Ohnmacht eines Sprachfehlers nicht wirklich übertönen/überdröhnen konnte), dort eine gewisse unangepaßte Bissigkeit (die freilich ihren misanthropischen Ingrimm oft genug an uns ausließ), und was die Geisterbeschwörung ans Licht bringt, ist nicht viel mehr als repräsentativ verkorkster Durchschnitt.

Hoch auf in der verdämmernden Erinnerung ragt dann nur noch ein beinah zwergenhaftes Gestältchen, unser späterer Klassenlehrer Walther Braun (Mathe, Physik, Chemie), und obwohl ich in Mathematik so schwach war wie in den schönen Sprengkünsten früherfahren, schleppte er mich mit durch wie ein wahrhaftiger Christophorus, und obwohl er uns nie auf unseren Beutezügen zu den abgestürzten britischen Bombern hätte begleiten dürfen, teilte er gerade diese verbotene Passion mit soviel Wissenschaft wie Leidenschaft – ein rührender Leuchtfleck seine schillernde Glatze in dem öden Einerlei der Pensen und der Zwangsverpflichtungen – nur: hatte das speziell mit dieser Zeit zu tun? Und: hätte sich die schön verquere Neigung (als Erwachsener an Indianerspielen teilzunehmen) nicht unter anderen Umständen genauso hübsch entfalten können?

Etwas anderes war allerdings und ohne den Hintergrund des Naziregiments mit seinen unerbittlichen Gleichrichtungsmethoden gar nicht zu denken: unser geheimer Verschwörerclub, unser Bombenbauer- und Flugblattsammler-Seminar, unser tief im Verborgenen operierender Informations- und Diversantenzirkel: die Stibierbande. Das um drei Ecken verschlüsselte Etikett leitete seinen Namen von dem chemischen Element „Stibium" her, im populären Sprachgebrauch wohl eher als „Antimon" bekannt, von uns als „anti-Mon" gelesen (heißt: gegen den Monokraten, gegen seine Monokratie gerichtet), und zu dieser Geheimsekte zählten in unserer etwa vierzigköpfigen Quarta immerhin fünf Personen.

Warum und wieso diese unegalen Fünf zueinander gefunden hatten und was sie – außer einer obsessionierten Neigung zur Feuerwerkschemie – dann auch wie Pech und Schwefel zusammenhalten ließ, ist freilich ein besonderes Kapitel, das Kapitel 20 meines Memo-Buches ‚Die Jahre, die ihr kennt', das will ich nicht nochmal zum besten geben. Nur dies vielleicht der Verständigung halber ergänzen dürfen, daß wir alles hoch und heilig hielten, was von „drüben“ und von oben kam: Brandbomben und Benzintanks, Fallschirme und abgestürzte Flugzeuge, Phosphorkanister und „Windows“ (sogenannte „Düppel“) und schließlich die nach jedem Fliegerangriff zu erwartenden Flugblätter.

Diese vor allem fanden meine ungeteilte Aufmerksamkeit und bald auch meinen ungeteilten Glauben. Sie kamen einmal einer jugendlichen Sammlerleidenschaft entgegen, die sich bisher auf alles mögliche Sammelbare gerichtet hatte, Briefmarken, Mineralien, Zigarettenbilder, WHW-Abzeichen und Versteinerungen, sie waren zum anderen aber doch ein Interessenmagnet, dessen weiterwirkende Suggestion auf die prägsame Bildungsperson mit nichts auf der Welt auch nur im mindesten verglichen werden konnte.

Sie versorgten den jugendlichen Kopf mit einem exklusiven Geheimwissen und versetzten die wenigen Eingeweihten in den Rang von Illuminaten. Sie gaben uns eine Art zu denken vor, die nicht nur ungewöhnlich, sondern nachgerade verboten war und mit äußersten Strafen geahndet wurde, und diese Mischung aus Erleuchtung und Geheimnis zog mich immer tiefer in den Bann. Als ich eines Tages dann gar in einem „Wolkigen Beobachter“ den vom „Stürmer“ so übel beleumdeten Patenonkel zitiert fand – als moralische Institution gewissermaßen und als objektive Stimme aus der neutralen Schweiz –, verfestigte sich meine kipplige Stellung in der Welt zum immer deutlicheren „anti“ – was freilich in der eigenen Brust beschlossen bleiben mußte und insofern gerade niemals deutlich werden.

Die Camouflage undurchschaubar zu machen, beschloß ich – nein, nicht Politiker zu werden, sondern die beste Mimikry zu nutzen, die es damals gab, das braune Tuch. Das klingt beinah nachträglich geschönt und für einen Dreizehnjährigen reichlich altklug, allein es gibt Frühbegabungen ganz gewiß nicht nur auf dem Feld der Mathematik und Musik. Hinzu kam, was ich allerdings nicht dick genug unterstreichen kann, daß das Jungvolk und die HJ durchaus Versuchungen auch für ihre Verächter werden konnten, und eine oberste Versuchung begann für mich in einer Sphäre, die man sich gemeinhin gar nicht in die Oberhoheit der Hitlerjugend denkt: die Welt des Eros und der Liebe.

Wir waren, wie gesagt, dreizehn Jahre alt und standen frisch in der Pubertät – und wenn ich diesmal „wir“ sage, dann muß ich sofort hinzufügen, daß unsere jugendliche Welt nicht nur aus „Stibiern“ bestand (das war ein wild entflammter, aber ziemlich puritanischer Verein), sondern aus allen möglichen Sympathieclubs, Fahrschülercliquen, Raucherkongregationen, Theater- und Sport-Sympathisanten, und über den Sport geriet ich unversehens auf ein ausgesuchtes Übungsgelände der Hajott: den Sportplatz mit all seinen neu unsäglichen Versuchungen.

Was der Sportplatz seinerzeit für uns bedeutete, ist sicher nicht mit einem Wort zu sagen, allenfalls mit einer ganzen Wortbatterie. Er war ein Turnierfeld unserer jungen Kräfte, gewiß, aber er war auch unser Corso und unsere Stätte der Begegnung, unser Kommunikationszentrum und ein Treffpunkt der Geschlechter, unsere Darbietungsbühne und unsere Peepshow – und eines Tages sah ich dann auch SIE sich für den Kampf entkleiden, H. H., die aus der großen Stadt Hamburg in unser grau-bescheidenes Zementmixerdorf Warstade-Hemmoor verschlagene Citysirene, und wenn ich bisher um meine öffentliche Rehabilitation gerannt war, so überrundete ich nun meine Wettkampfgegner einzig mit dem Blick auf SIE.

Ich glaube wirklich, die Wahrheit zu sagen, wenn ich meine, daß Orden und Ehrenzeichen und entsprechendes Gebimmel und Gebammel nie sehr viel für mich bedeutet haben. Die Wahrheit aber und nichts als die Wahrheit schreibe ich, wenn ich gestehe, daß das Hin- und- her-Gezucke ihres BDM-Salmis auf dem bibbernden Makkoturnhemd auch noch heute in meiner schwingungsbereiten Seele nachbebt und daß die Vorstellung ihrer beim gemischten Staffellauf so schön bewegten Schlapp-Schlapp-Affenschaukeln an einen tiefsten Nostalgienerv rührt.

Daß der Graben zu tief war zwischen mir und ihr und nicht einmal durch spektakuläre Weit- und gewagteste Mutsprünge zu überwinden, hat gewiß mit obenerwähntem Aussehen, dann aber auch mit einem gar nicht zu leugnenden Rangunterschied zu tun: Sie trug ein rotweißes Schnürchen. Nun wäre ich mir gewiß nicht zu fein gewesen, ein ähnliches Schnürchen auch an meine Schulter zu wünschen – so unerweichlich abweichlerisch war man ja wieder nicht. Vielmehr schien mir von oben her ein ziemlich undurchdringlicher Cordon um mich gezogen, ein Berührungstabu oder doch sowas wie eine Beförderungssperre – und wenn dieser Dunstkreis der verachtungsvollen Vorbehalte möglicherweise nur in meiner Vorstellung existierte, so war er für mich und meine vielgeprüfte Seele dennoch vollkommen wahr.

Irgend etwas schien mir zu fehlen, und ich überlegte, was es sei – ach nein, ich wußte genau, was es war. Nach offen bekundeter Meinung unseres Bannführers Bargans „ein krummgeschissenes Fragezeichen“, saß ich irgendwie falsch in der Hose, schief im Braunhemd, verspannt unterm Schulterriemen, und auch die

Stimme war so zivilistisch zag und alles andere als ein brauchbares Befehlsorgan. Die Gelegenheit, mich zu beweisen, wuchs mir denn auch nicht auf dem Exerzierplatz zu und auch nicht auf den Schulungsabenden, sondern auf einer Bühne, die bisher kein Mensch auf der Rechnung gehabt hatte: der Brettlbühne.

Ein Elternabend sollte der Gemeinde einen Eindruck von Hajott-Kultur vermitteln, und weil ich mir als Gelegenheitsreimer und Parodist von Schulballaden bereits einen kleinen Narrennamen gemacht hatte, kommandierte man mich in die Rolle eines Nummernconférenciers. Ich kann nun nicht sagen, daß die Aussicht auf einen öffentlichen Auftritt mich gerade frei und glücklich stimmte. Vor versammelter Mannschaft, vor geschlossener Front, vor einem erwartungsvoll gespitzten Publikum war ich unendlich befangen. Auch legte sich mir auf die Stimme und verwirrte mir den Geist, daß ich in einem Sketch an ihrer Seite paradieren sollte – freilich nicht als bevorzugter Froschkönig und späterer Märchenprinz (die Rolle wurde von einem grünbekordelten Konkurrenten eingenommen), sondern als vertrottelter Gelehrten-Tintenkleckser.

Weil ich nun aber außerdem auch noch meine Ansagenummer hatte mit Parodien zum Beispiel eines englischen Nachrichtensprechers (den man sich seinerzeit etwa als Chamberlain-Figur vorstellte und dessen Äußerem ich in Großvaters Bratenrock und Zylinder schon ziemlich nahe kam), verlor ich mich während meines Vortrags so tief in diese Rolle, daß schließlich kein Mensch mehr zu sagen wußte, wer ich wirklich war, ich selbst am allerwenigsten. Geschult an den Tonlagen und Akzenten unserer heimlichsten Helden und verbotensten Zuflüsterer (den tief in meinen Ohren verankerten Stimmen der Hugh Carleton Green und Lindley Frazer und Peter Peterson und Victor Gollancz), beschwor ich das, was man öffentlich gar nicht kennen durfte, in der magisch zitierenden Parodie, und wenn auch die Inhalte versetzt und die Botschaften ironisch überzogen waren, schien doch das lange Training nicht zu leugnen, der oft genug wahrgenommene Lokaltermin überhaupt nicht zu überhören, weshalb auch die Ohren meines Stibierkollegen Walter S. gefährlich ins Glimmern gerieten und seine Zuschaueraugen sich am liebsten vor Furcht verkrochen hätten.

Es war kein Wagnis gewesen – eher eine Art von Tollheit – das Hineingleiten in eine Larve, die sich wirklich nur dem Wissenden als das entpuppte, was sie war, und auf den Effekt hin betrachtet sogar mein Gewinn. Der Applaus war mächtig. Der Beifall setzte sich dann auch in Presse um, und die gute Kritik zog bald das Kordelchen nach sich, nur daß SIE, der ich mit diesem Aufstieg nachzusteigen gedachte, mir wieder einmal vor der Nase wegbefördert worden war.

Um der Wahrheit die Ehre zu geben und die Glaubwürdigkeit meiner Erinnerungen endgültig in Frage zu stellen, soll noch angemerkt werden, daß ich meinen neuen Führerpflichten mit der äußersten Gewissenhaftigkeit nachkam und meine „Jungschaft" (fünf, sechs Pimpfe, was weiß ich) anhielt, in Zukunft besonders sorgfältig auf feindliche Flugblätter zu achten – die seien unversehrt und ungemindert bei mir abzuliefern.

Der Befehl wurde damals ohne Diskussion befolgt und mißverstanden. Keine Diskussion allerdings und kein in gebrochenem Deutsch-Französisch geführtes Aufklärungsgespräch konnte mich von einem Mißverständnis befreien, das heute noch zwickt, weil es traf. Unser hochgeschätzter Parlierpartner Amadee (der französische Kriegsgefangene, der den Milchwagen kutschierte und den die Leute „Almetti" nannten): er grüßte mich nicht mehr.

Nach dem Krieg

Bernward Vesper

Die Schule begann im Herbst, und bald fehlten einige, weil sie Kartoffeln ernten mußten, und dann gab es Kartoffelferien. Als die Schule wieder anfing, war es kalt, und der Lehrer sagte: „Bringt jeden Morgen ein Stück Torf mit, dann können wir heizen.“ Ich kam in die erste Klasse. Vor der Treppe, die in den Schulraum hinaufführte, mußten wir antreten. Über der Tür stand, links und rechts von goldenen Palmwedeln begrenzt: „Sei getreu bis in den Tod, so werde ich dir die Krone des Lebens geben.“ Da wir die schwarzen Frakturbuchstaben auf dem schmutzigen Grund nicht selbst lesen konnten, setzte der Lehrer diese Worte an den Schluß seiner Ansprache, mit der er uns begrüßte. Er hieß Anklam, aber man nannte ihn einfach Klammeraffe. Sein brauner Dackel hieß Bazi, Nazi. „Dort oben auf dem Berg: dort hinter vergitterten Fenstern / da saß ich ein Jahr / warum? Weil ich Nazi war!“

Ich hatte einen Schulranzen aus brauner Pappe und eine weiße Lodenjacke mit grüner Paspel. Die erste Klasse saß ganz links in den kleinsten Bänken, dicht an dem mit grüner Ölfarbe gestrichenen Paneel. Ich wollte gern hinten sitzen, wo man durch die geöffneten Fenster die Eichkater sehen konnte, die jetzt in den Haselsträuchern am Kanal die Nüsse holten. Aber ich erhielt meinen Platz vorn in der ersten Reihe, direkt vor der umklappbaren schwarzen Tafel, die auf der einen Seite mit roten Sütterlinlinien, auf der andern mit Rechenkaros versehen war.

Solange der Lehrer nicht im Klassenraum war, liefen die Kinder der vier Schulklassen, die immer gemeinsam unterrichtet wurden, durcheinander. Plötzlich kam Herr Anklam hinter der Tafel hervor, die die Tür zu seinem Wohnzimmer verbarg, ein Rohrstöckchen in der Hand, er kaute, er schrieb ein A an die Tafel, für die erste Klasse. Er schrieb eine Rechenaufgabe an die Tafel für die zweite Klasse. Mit der dritten Klasse las er einen Text aus dem neuen Lesebuch, die alten hatte man verbrannt. Die vierte Klasse, die an den Fenstern saß, durfte malen. Die Tintenfässer in unseren Pulten waren mit Staub gefüllt. Wir durften noch nicht mit Tinte schreiben. Wir schrieben, da es keine Schiefertafeln gab, auf Tafeln aus Zelluloid. Die Bleistiftstriche ließen sich mit einem Schwamm entfernen, aber es blieben feine Gravierungen zurück, so daß die Tafel, die wie ein Heft in einem Umschlag stak, mit der Zeit unbrauchbar wurde.

Während wir das A schrieben, wurden wir aufgerufen. Jeder wurde gefragt, woher er komme, ob der Vater gefallen sei, ob er arbeitslos sei, ob man zu Hause „Normalverbraucher“ oder „Selbstversorger“ sei, wie viele Kinder? „Elf“, sagte ich der Ärztin, die uns untersuchte. „Schulspeisung“, sagte die Ärztin, denn ich war sehr mager und groß für mein Alter. „Er kommt vom Gut“, sagte Herr Anklam, „ich glaube nicht, daß das nötig ist. Selbstversorger.“

Bärbel erhielt Schulspeisung: Die Kinder gingen in der großen Pause zur Waschküche, wo in einem Kessel die Suppe kochte, und erhielten einen Schlag Suppe. Man sah alte Kochgeschirre, aber die meisten hatten eine Konservendose mit einem Henkel aus Draht oder Bindfaden.

Ich war kurzsichtig und konnte die Zahlen an der Tafel nicht erkennen. Rechnen konnte ich bald überhaupt nicht mehr. Ich mußte die Hände vorhalten und „kriegte eins mit dem Stock“. Oft versuchte ich gar nicht erst, Schularbeiten zu machen, der Morgen war dann die Hölle. „Hast du sie, oder hast du sie nicht?“ fragte Herr Anklam vom Katheder herab. „Dann komm mal nach vorne!“ Ich fürchtete mich, ich sah der Demütigung mit Entsetzen entgegen. Unter den großen Jungen war es Ehrensache, nicht zu heulen. Ich beugte mich vor, aber Herr Anklam riß mich hoch und sah mir in die Augen: „Na, kommen die Krokodilstränchen schon?“ fragte er mich. Als ich heulte, mußte ich draußen, wo die feuchten, dampfenden Jacken hingen, „warten, bis ich ausgeheult hatte“.

In der Pause gingen wir über die Straße, wo unser Haus lag und holten aus der Anrichte das Frühstücksbrot: Schwarzbrot, das von dem süßen Rübensirup, den die Mädchen am Morgen darauf gestrichen hatten, fett und schwer durchtränkt war. Die großen Jungen gingen in der Pause „austreten“, sie pißten sich auf die Hand und strichen den Mädchen durchs Gesicht.

Alle Hefte mit schlechten Noten mußten von den Eltern unterschrieben werden. Ich wartete manchmal bis zum Morgen, weckte dann meine Mutter und sagte ihr: „Du sollst unterschreiben.“ Ich wagte nicht, meinen Vater zu fragen, der abends allein in seinem Arbeitszimmer saß, oder die Eltern, wenn sie im Salon meiner Mutter saßen und „Musik hörten“. Alle andren Kinder machten viel weniger Fehler.

In der Schule war ein schönes blondes Mädchen, das Karin Weiß hieß und schöne Hefte mit weißem Papier und grünen Umschlägen besaß. Karin war in der gleichen Klasse. Sie wohnte in einem Behelfsheim mit ihrem Vater, der ihr die Hefte aus Wien mitgebracht hatte. Ich war mit ihr „in einer Klasse“, und sie schenkte mir und meiner Schwester je ein Heft. Mein Vater fragte sofort, woher die Hefte kämen, und ich verstand nicht, warum er wütend wurde und uns befahl, die Hefte sofort zurückzugeben. Auch sollten wir auf keinen Fall mit Karin Weiß sprechen. Und zu meiner Mutter sagte er, es wäre nur gut, daß Weiß, der Emigrant, bald wieder verschwände, der Jude.

Etwas später schrieb ich ein Wiederholungsdiktat mit zahlreichen Fehlern – oder hatte ich mitten im Diktat aufgehört, mitzuschreiben, weil es doch sinnlos war? Ich wagte nicht, das Heft meiner Mutter zur Unterschrift vorzulegen: Am Morgen, im Badezimmer, auf dem grauen Marmorwaschtisch übte ich: Rose Vesper, Rose Vesper. Es sah genau so aus wie die Unterschrift meiner Mutter. Schließlich setzte ich die Züge unter das Diktat, „Rose“ gelang ganz gut, aber „Vesper“ sah zu ungeschickt aus, und so nahm ich eine Rasierklinge und entfernte den verräterischen Nachnamen. Der Lehrer fragte: „Hat das Deine Mutter unterschrieben, einfach ‚Rose‘?“ Ich sah ihn an. Da die Beleuchtung schwach war und ich kurzsichtig bin, erkannte ich sein Gesicht nicht, sondern sah in dem weißen, zuckenden, fletschenden Gewaber über seiner offenen Jacke das Gesicht meines Vaters. „Das ist Urkundenfälschung“, schrie er. Jemanden schlagen, bis der Stock zersplittert.

Er schickte mich nach Hause. Meine Mutter sprach viele Tage lang nicht mit mir. Als Gäste bei Tisch fragten: „Warum ist er so schweigsam“, antwortete mein Vater: „Wir haben keinen Sohn mehr.“ (Dann abends, im Bett mit Moritz, wenn draußen in den beiden Linden der Wind strich.)

Auf dem Schulhof prügelten wir uns, bis Herr Anklam von der Treppe her pfiff: „Antreten!“ – Vier Reihen – vier Klassen. An der Leiter, die am Telegrafenmast lehnte, Klimmzüge: „Hoch, Du Fettsack, na, Muttersöhnchen, sehr schwach, sehr schwach.“ Ich bekam eine Vier, und Alexander verdrosch die Jungen, die mich auslachen wollten. Er war aus der Fabrik und half mir, ich weiß nicht warum. Dann: laufen, über hundert Meter vom Bahnübergang bis zur Brücke. Ich weiß, ich laufe schnell, ich habe lange Beine, aber: Mitten im Lauf mit den vier andern „verliere“ ich den rechten Sandalen, suche ihn im Gras am Wegrand.

Als Tilly sich dem Gifhorner Schloß näherte, dessen Bewohner die Aller gestaut hatten, so daß alle Wiesen meilenweit überschwemmt waren, sagte er zu seinen Soldaten: „Laß die Ente schwimmen.“ In den Hünengräbern bestatteten die Germanen ihre Toten. „Familie Wildo“ zähmte sich den Wolf zum Hund.

Westerbeck liegt im Boldecker Land, und jener weit nach Süden reichende Zwickel des Kreises Gifhorn heißt Papenteich. Ich malte alle Dörfer und Straßen. Ich tuschte die Seen preußischblau und die Eisenbahnen schwarz-weiß. Ich war weder in Calberlah noch in Bodenteich gewesen, aber ich dachte, eines Abends Heinrich den Löwen am Ufer der Aller zu treffen, wie er sein Boot abstieß, um sich vor Kaiser Barbarossa in Sicherheit zu bringen.

Während dieser Stunden langweilte ich mich bald, so wurde ich in den Schulgarten geschickt, wo ich Unkraut jätete und unter einem Dickicht von Eschen und Birkenanflug einen schon verkrüppelten Schößling einer japanischen Kirsche entdeckte, die ich an einen Pfahl band, den ich aber nicht tief genug in den Grund rammen konnte, so daß er umfiel und den zarten Kirschenzweig im Herabfallen abknickte.

Geschichtsstunde 1947

Günter Grass

Zwischen meinem letzten Schulbesuch und dem erneuten Besuch waren zwei Jahre ins Land gegangen. Ich war mittlerweile ein Erwachsener geworden. Ich kam in diese Klasse hinein, und die zweite Stunde, an der ich teilnahm, war eine Geschichtsstunde; der Geschichtslehrer, ein mehr oder weniger sympathischer Mensch, den ich vergessen habe, sagte: Wo waren wir stehengeblieben? Bei der Emser Depesche. Er wollte mich nicht ärgern damit; er hat es ganz unabsichtlich getan, aber er hat wirklich gefragt: Wo waren wir stehengeblieben bei der letzten Schulstunde? Für mich war das aber ein Rückgriff zwei Jahre zurück. Auch dort war die Emser Depesche im Geschichtsunterricht behandelt worden. Ich habe es nun in der Klasse nicht mehr ausgehalten. Ich bin während der Geschichtsstunde rausgegangen und habe zwei Tage später die Arbeit im Bergwerk angefangen. Es kam dazu, daß ich nun wirklich so neugierig und ausgehungert war auf Leben und auf das, was sich nach dem Kriege bot. Aus der Uniform raus, aus der Gefangenschaft heraus und nun gerade dieser Schulunterricht: Das wäre für mich ein Rückfall, ein Rückschritt gewesen, obgleich ich gern das Abitur nachgemacht hätte.

Quellenangaben und biographische Daten

Karl Philipp Moritz: *Auf dem Gymnasium in Hannover (1771)*

Aus „Anton Reiser. Ein psychologischer Roman“, Berlin 1785.

Karl Philipp Moritz wurde am 15. 9. 1756 in Hameln geboren. 1763 siedelte die Familie nach Hannover über. Der Vater war ein in militärischen Diensten stehender Oboist, Karl Philipp wuchs mit seinen Geschwistern in ärmlichen Verhältnissen auf. Eine Hutmacherlehre in Braunschweig brach er vorzeitig ab. Von 1771 bis 1776 besuchte er das Gymnasium in Hannover, wo ihm ein Pfarrer ein Stipendium und Freitische verschaffte. Nach zeitweiligem Studium wurde er 1778 Lehrer in Berlin, kurz darauf Konrektor, Gymnasialprofessor und 1791 „Kgl. Preußischer Hofrat“.

Als Journalist, Pädagoge, Psychologe, Sprachforscher, Denker und Dichter hinterließ Karl Philipp Moritz – neben seiner berühmten Autobiographie „Anton Reiser“ – ein erstaunliches Werk, das erst heute wiederentdeckt wird. Er starb am 26. 6. 1793 in Berlin.

Fritz Biedenweg: *Oppe hoge School in Stad*

Aus „Harten, Smarten un Begebenheiten. Bunte Biller ut mine Lebenstid in dree Afdeelungen“, Stade 1873, im Selbstverlag des Verfassers.

Fritz (Johann Peter Friedrich) Biedenweg wurde am 22. 11. 1812 in Nesse (Amt Lehe) geboren. Seine Kindheit verbrachte er in Kuhla bei Himmelpforten, wo sein Vater das Gut gekauft hatte. Zusammen mit seinem Bruder wurde er zunächst von Hauslehrern unterrichtet. Als die Familie nach Hechthausen zog, wurde er dort mit anderen Kindern wohlhabender Eltern von einem Pastor für den Besuch des Gymnasiums in Stade vorbereitet. Bevor er in Göttingen Rechtswissenschaften studierte, ging er noch 1830 für ein Jahr auf das Gymnasium in Verden.

Fritz Biedenweg gehörte 1867 dem preußischen Abgeordnetenhaus an. Er starb als Obergerichts-Anwalt und Notar am 19. 12. 1874 in Stade.

Hermann Allmers: *Hauslehrer*

Aus „Theodor Siebs: Hermann Allmers. Sein Leben und Dichten“, Berlin 1915.

Hermann Allmers wurde am 11. 2. 1821 im Unterweserdorf Rechtenfleth geboren. Seine schwere Sprachstörung, verursacht durch eine Hasenscharte, mag der Anlaß gewesen sein, weshalb man ihn nicht in die Schule geschickt hat. Deshalb hat er auch einen eigentlichen Beruf im üblichen Sinne nicht ergreifen können. Er hat den väterlichen Hof, der bis an sein Lebensende Mitte seines Lebens war, bewirtschaftet – wirkliche Freude hat ihm das jedoch nie gemacht. Hermann Allmers wurde früh schriftstellerisch tätig und als „Marschendichter“ bekannt. Durch sein begeisterndes Eintreten für Freiheit und deutsche Einheit wurde er in seiner Heimat einer der volkstümlichsten Männer, und er stand mit bekannten Gelehrten und Dichtern in Deutschland in regem Verkehr. Er starb am 9. 3. 1902.

Wilhelm Raabe: *Glückliche Jahre*

Aus „Der Hungerpastor", Berlin 1864.

Wilhelm Raabe wurde am 8. 9. 1831 in Eschershausen im Herzogtum Braunschweig geboren. Sein Vater war Aktuar am dortigen Amtsgericht. Schon 1832 siedelte die Familie nach Holzminden über. Hier verlebte Raabe acht glückliche Kindheitsjahre, ebenso wie die anschließenden Jahre in Stadtoldendorf. An den Schulen lernte er allerdings wenig. Als der Vater 1845 starb, zog die Familie nach Wolfenbüttel um, wo Raabe das Gymnasium – die „Große Schule" – besuchte. Hier gab es eine schwere Enttäuschung, da er wenig auf das Gymnasium vorbereitet gewesen war, was nicht gerade seine Schullust förderte. Er versagte in den wichtigsten Fächern. Im grammatisch betonten und daher oft trokkenen Sprachunterricht stand Raabe seine Phantasie im Wege. Diede Erfahrung kommt in der abgedruckten Schilderung aus dem „Hungerpastor" zum Ausdruck.

1849 verließ er als über 17jähriger Sekundaner die Schule, wurde Buchhändlerlehrling in Magdeburg und dann freier Schriftsteller in Berlin. Er verbrachte acht Jahre in Stuttgart, ging dann wieder nach Braunschweig und baute dort still und zurückgezogen sein umfassendes Erzählwerk auf. Er starb am 15. 11. 1910 in Berlin.

Stoffer Harms: *Das Stader Lehrerseminar (um 1850)*

Aus „Enthüllungen. Intimes von Internen aus einem Internat vor 50 Jahren", Druck der Eisenbahn-Zeitung, Lübeck 1905.

Stoffer Harms wurde am 12. 5. 1830 in Breddorf geboren, er ging Ostern 1847 als Präparand auf das Lehrerseminar in Stade. Er wurde dann Lehrer – zuletzt lebte er als Pensionär in Lübeck.

Gustav Stutzer: *Die „Hohe Schule" in Wolfenbüttel*

Aus „In Deutschland und Brasilien. Lebenserinnerungen", Christliche Verlagsanstalt zu Konstanz in Baden, 1913.

Gustav Stutzer wurde am 30. 1. 1839 in Seesen geboren. Er wurde Pastor in Neu-Braunschweig und gab das „Christliche Volksblatt" heraus. Zeitweilig wirkte er in der Kolonie Blumenau in Brasilien. Nach der Rückkehr gründete er das Pensionat Theresienhof bei Goslar, lebte dann wieder in Brasilien und zuletzt in Heidelberg. Gustav Stutzer wurde bekannt als Erzähler und Reiseschriftsteller. Er starb am 18. 3. 1921 in Heidelberg.

Helene Lange: *Bei „Tante Wöbcken"*

Aus „Lebenserinnerungen", Verlag F. A. Herbig, Berlin 1921, mit freundlicher Genehmigung der F. A. Herbig Verlagsbuchhandlung GmbH München.

Helene Lange wurde am 9. 4. 1848 in Oldenburg geboren. Sie wurde Lehrerin und Führerin der deutschen Frauenbewegung (Gleichberechtigung, allgemeines Wahlrecht und Zulassung zum Hochschulstudium).

Sie gründete 1890 den „Allgemeinen Deutschen Lehrerinnenverein“ und 1893 die Zeitschrift „Die Frau“. Vor dem 1. Weltkrieg gehörte sie als Abgeordnete der Freisinnigen Vereinigung, dann der „Fortschrittlichen Volkspartei“ an. Sie wurde Ehrendoktor der Staatswissenschaften in Tübingen. Helene Lange starb am 13. 5. 1930 in Berlin.

Heinrich Behnken: *Annerlinger Winterschool*

Aus „Lütje Micheels, de Schoolmester. En Lebensbild ut ole Tied“, Verlag der Gesellschaft der Freunde des vaterländischen Schul- und Erziehungswesens Hamburg e.V., Hamburg 1956, mit freundlicher Genehmigung von Herrn Hans Heinrich Behnken, Hamburg.

Heinrich Behnken wurde am 25. 12. 1880 als Sohn eines Lehrers in Ahlerstedt, Kreis Stade, geboren. Seine eigentliche Kindheit verlebte er in Sittensen, wohin sein Vater versetzt worden war.

Heinrich Behnken wurde wie sein Vater Lehrer. Seine Ausbildung erhielt er auf der Präparande in Rotenburg und auf dem Seminar in Stade. Er wurde Lehrer in Sittensen und später in Hamburg, wo er 48 Jahre gewirkt hat, zuletzt als Schulleiter. Er hat seinen Beruf mit großer Freude ausgeübt. Sein eigentliches Zuhause war die Stader Geest, was auch seinen Niederschlag in seinem dichterischen Schaffen gefunden hat. Er verfaßte Lustspiele, Dramen, Hörspiele und Prosaschriften. In seiner reifsten Erzählung „Lütje Micheels, de Schoolmester“ schildert er das Leben seines Vaters und gibt zugleich ein Stück Schulgeschichte von der Stader Geest. Heinrich Behnken starb am 1. 12. 1960.

Adolf Ey: *Das Clausthaler Gymnasium (um 1860)*

Aus „Bekenntnisse eines alten Schulmeisters“, A. Hofmann & Comp., Berlin 1914.

Adolf Ey wurde am 18. 1. 1844 in Clausthal als Sohn eines Knappschaftsbeamten und späteren Stadtkämmerers geboren. Der Entwicklungsgang des Jungen führte durch Klippschule, Privatschule und Gymnasium. Schon früh hat er zu dichten begonnen, bereits in der Quarta schrieb er Gedichte. Nach der Reifeprüfung studierte er Theologie in Göttingen, sattelte aber kurzentschlossen um und studierte Englisch, Französisch, Deutsch und Geschichte. Adolf Ey wurde Lehrer an Gymnasien in Lüneburg, Hannover und Flensburg. Er starb am 18. 9. 1934.

Heinrich Siegfried: *Die Kantor-Schule in Lüneburg*

Aus „Erinnerungen aus meinem Leben“, Selbstverlag des Verfassers, Northeim i. Hann. 1930

Heinrich Siegfried wurde 1854 in Lüneburg geboren. Da die Eltern früh verstarben, wuchs er dort bei seinen Großeltern auf. 1860 besuchte er ein Jahr lang eine Privatschule, bevor er 1861 auf die Kantor-Schule kam. Heinrich Siegfried wohnte später in Alfeld, Hannover und Northeim.

Karl Wüstefeld: *Aufnahmeprüfung in Duderstadt*

Aus „Wie ein niedersächsischer Bauernjunge zum Studium kam", Niedersachsen, Heft 37/1932, mit freundlicher Genehmigung des Niedersächsischen Heimatbunds e.V.

Karl Wüstefeld wurde am 19. 1. 1857 in Obernfeld, einem wohlhabenden Bauerndorf im hannoverschen Untereichsfeld, geboren. Nach dem Besuch des Duderstädter Gymnasiums ging er 1873 für drei Jahre zum Schullehrerseminar in Hildesheim und wurde Volksschullehrer. Er trat zuletzt in den Schuldienst der Stadt Duderstadt über, wo er seine freie Zeit zur Erforschung seiner eichsfeldischen Heimat verwandte. Er starb am 24. 1. 1937 in Duderstadt.

Jann Berghaus: *Dorfschule Weene (um 1875)*

Aus „Lebenserinnerungen von Jann Berghaus, herausgegeben von Siever Johann Meyer-Abich", Verlag Ostfriesische Landschaft, Aurich 1967, mit freundlicher Genehmigung des Verlags.

Jann Berghaus wurde am 19. 8. 1870 in Schirum, einem Dorf auf der Auricher Geest, geboren. Hier trat er auch in die Volksschule ein. Er besuchte die Präparandenanstalt in Aurich von 1884 bis 1887, danach bis 1890 das Seminar. Er wurde Lehrer in Werdum und 1893 in Oldeborg, wo er sich mit großem Fleiß seiner Fortbildung widmete. 1903 wurde er als Rektor nach Norderney berufen. 1918 wählte man ihn zum Bürgermeister; der Wechsel von der Schule zur Gemeinde fiel ihm schwer. Krönung seiner Tätigkeit als Verwaltungsbeamter wurde die Ernennung zum Regierungspräsidenten 1922. Dem 1946 von der Militärregierung ernannten Landtag gehörte er als Mitglied und Vertreter der FDP an und eröffnete als Alterspräsident in Hannover die erste Sitzung. Bis zu seinem Tode am 19. 2. 1954 war er Präsident der Ostfriesischen Landschaft.

Theodor Lessing: *„Nicht schulgemäß"*

Aus „Einmal und nie wieder", Bertelsmann Sachbuchverlag, Gütersloh 1969, mit freundlicher Genehmigung des Internationaal Literatuur Bureau BV, Hilversum.

Theodor Lessing wurde am 8. 2. 1872 in Anderten bei Hannover geboren. Seine Lebenserinnerungen beleuchten den Jahrhundertbeginn der Wilhelminischen Ära aus der kritischen Distanz von dreißig Jahren. Sie wurden geschrieben von einem Mann, der als Marxist und Jude seine eigenen, trüben Erfahrungen hatte sammeln müssen. Er gründete 1904 die ersten Arbeiterunterrichtskurse in Dresden, war von 1922 bis 1926 Professor der Philosophie an der TH Hannover und emigrierte 1933 nach Böhmen. Dort wurde er am 31. 8. 1933 in Marienbad ermordet. Theodor Lessing machte sich einen Namen als Kulturhistoriker, Lyriker und Erzähler.

Paul Ernst: *Vom Schulmeistergrößenwahn*

Aus „Jugenderinnerungen", Sigbert Mohn Verlag, Gütersloh 1959, mit freundlicher Genehmigung von Herrn Karl August Kutzbach, Bonn.

Paul Ernst wurde am 7. 3. 1866 in Elbingerode als Sohn eines Grubenarbeiters geboren. Er studierte zunächst Theologie, dann Geschichte, Literatur und Staatswissenschaften und war später in Berlin Redakteur eines sozialdemokratischen Blattes. Er zog sich jedoch bald von der journalistischen und politischen Tätigkeit zurück, war vorübergehend Dramaturg in Düsseldorf (bis 1905) und lebte dann als freier Schriftsteller, zuletzt auf seinem Besitz St. Georgen in der Steiermark. Er starb dort am 13. 5. 1933.

Julius Plath: *Als Schulrat unterwegs*

Aus „Ein Lehrerleben. Erinnerungen des Geheimen Regierungsrates Dr. phil. Julius Plath", Lüneburger Blätter, Heft 19/20, 1968/69, mit freundlicher Genehmigung des Museumsvereins für das Fürstentum Lüneburg.

Julius Plath wurde am 19. 6. 1845 in Schubin, Reg. Bez. Bromberg, als Sohn eines Pfarrers geboren. Dort besuchte er die Volksschule, danach das Gymnasium in Bromberg, wo er 1862 das Abitur machte. Er studierte Mathematik, Physik und Theologie in Halle und Berlin und wurde anschließend Lehrer an Gymnasien in Berlin und Roßleben. 1887 wurde er Direktor des Schullehrer-Seminars in Köpenick, 1894 schließlich Regierungs- und Schulrat bei der Regierung in Lüneburg. 1907 erhielt er den Titel „Geheimer Regierungsrat", 1919 trat er in den Ruhestand. Julius Plath starb am 6. 3. 1937 in Lüneburg.

Alma Rogge: *Unser Herr Lehrer*

Aus „Seid lustig im Leben", Bremen 1958, mit freundlicher Genehmigung des Verlags Carl Ed. Schünemann KG, Bremen.

Alma Rogge wurde am 24. 7. 1894 auf dem elterlichen Hof in Brunswarden bei Rodenkirchen in der Wesermarsch geboren. Dort verbrachte sie auch ihre Kindheit und Jugend. Mit 14 Jahren verließ sie die Schule und arbeitete als Haustochter auf dem väterlichen Hof. Mit 16 Jahren kam sie in ein Pensionat für „höhere Töchter", mit 17 schrieb sie bereits ihr erstes plattdeutsches Lustspiel. Sie machte Abitur und studierte in Göttingen, München, Berlin und Hamburg.

Als Schriftstellerin wurde sie schnell bekannt, sie verfaßte Bühnenstücke, erzählende Werke und Lyrik. Ihr Werk zeigt das Bemühen, im kleinen Umkreis einen Spiegel der großen Welt zu geben. Alma Rogge starb am 7. 2. 1969 in Bremen.

Karl Jakob Hirsch: *Der Knabenlehrer Jünger*

Aus „Kaiserwetter", S. Fischer Verlag, Frankfurt am Main, Erstausgabe 1931, neu herausgegeben 1971, mit freundlicher Genehmigung von Frau Ruth Gassner-Hirsch, München.

Karl Jakob Hirsch wurde am 13. 11. 1892 in Hannover geboren. „Kaiserwetter" ist ein stark autobiographisch geprägter Roman, in dem am Beispiel zweier Familien in Hannover die Zeit vor dem 1. Weltkrieg lebendig wird. Joe de Vries ist der Verfasser, dessen Eltern assimilierte Juden waren (der Vater war Arzt und nicht Rechtsanwalt). Karl Jakob Hirsch wurde Maler, der sich dem Expressionismus verbunden fühlte.

Zwischen 1918 und 1925 wirkte er als Bühnenbildner in Berlin und stattete expressionistische Filme aus, schließlich war er als Schriftsteller und Journalist tätig. „Kaiserwetter" wurde ein großer Erfolg, eine Fortsetzung des Romans ging verloren, als Hirsch 1934 emigrieren mußte. 1945 kehrte er nach Deutschland zurück, arbeitete für Rundfunk und Presse, als Schriftsteller konnte er an seine Erfolge von 1931 allerdings nicht anschließen. Er starb am 8. 7. 1952 in München.

Wilhelmine Siefkes: *Höhere Töchterschule in Leer*

Aus „Erinnerungen", Verlag Schuster, Leer 1979, mit freundlicher Genehmigung des Verlags.

Wilhelmine Siefkes wurde am 4. 1. 1890 in Leer geboren. Dort besuchte sie die Volksschule, das Lyzeum und das Lehrerinnenseminar. Von 1910 bis 1933 war sie Lehrerin in Jemgum, Fallersleben und Leer. 1933 wurde sie aus dem Schuldienst entlassen und erhielt Schreibverbot wegen Unterschriftsverweigerung unter eine Ergebenheitsadresse an Hitler.

Wilhelmine Siefkes war seit 1919 schriftstellerisch tätig. Nach 1945, als sie aus gesundheitlichen Gründen nicht in den Schuldienst zurückkehren konnte, begann ihre Hauptschaffenszeit. Sie wurde 1970 Ehrenbürgerin der Stadt Leer und starb 1985.

Otto Haase: *Sedanfeier*

Aus „Pennäler, Pauker und Pachanten", Hermann Schroedel Verlag K. G., Hannover-Darmstadt 1953.

(Dietrich) Otto Haase wurde am 8. 10. 1893 in Köln geboren. In seinem Beitrag beschreibt er seine Gymnasiastenzeit in Hannover. Als junger Theologe wurde er 1914 Kriegsfreiwilliger und später Jagdflieger. Nach dem Krieg und nach Beendigung des Studiums für das höhere Lehramt arbeitete er in Landerziehungsheimen. 1930 wurde er Leiter der neugeschaffenen Pädagogischen Akademie in Frankfurt/Oder, 1932 in Elbing. 1933 unter Hitler aus dem Amt entfernt, entschloß er sich, in Hannover als Volksschullehrer zu arbeiten. Nach 1945 gestaltete er den Wiederaufbau des niedersächsischen Schulwesens mit. Hierbei wurden die von ihm begründeten Pädagogischen Hochschulen und, in den letzten Jahren seiner Amtszeit im Kultusministerium (bis 1958), alle Hochschulen des Landes Niedersachsens sein Aufgabengebiet. Otto Haase starb am 19. 3. 1961 in Hannover.

Erich Maria Remarque: *Der Weg zurück*

Aus „Der Weg zurück", Propyläen-Verlag 1931, mit freundlicher Genehmigung des Verlags Kiepenheuer & Witsch, Köln.

Erich Maria Remarque, getauft auf den Namen Erich Paul Remark, wurde am 22. 6. 1898 in Osnabrück als Sohn eines Buchbinders geboren. Er wollte Lehrer werden und bezog Ostern 1912 die „Katholische Präparande" als Vorstufe für das Lehrerseminar. 1916 wurde sein Jahrgang von der Schulbank weg geschlossen eingezogen. 1917 wurde er verwundet und schließlich nach Osnabrück entlassen. Seit 1919 besuchte er wieder das neue katholische Lehrerseminar. Er wurde Junglehrer und lange Zeit Sportjournalist. 1929 wurde er über Nacht durch seinen Roman „Im Westen nichts Neues" weltberühmt. 1933 haben die Nazis seine Bücher öffentlich verbrannt, er hatte aber schon 1929 Deutschland verlassen, lebte ab 1931 in Ascona und siedelte 1939 nach New York über, wo er die amerikanische Staatsbürgerschaft annahm. Er starb am 25. 9. 1970 in Locarno.

Gernot de Vries: *Gastschoolkinner*

Aus „Lamke Pannkook un hör Lü. En Dörpgeschicht", Verlag Schuster, Leer 1982, mit freundlicher Genehmigung des Verlags.

Gernot de Vries wurde am 26. 10. 1925 in Völlenerfehn/Ostfriesland geboren. Er besuchte das Gymnasium in Papenburg und Leer, bevor er 1943 zum Militärdienst eingezogen wurde. Nach dem Abitur 1949 studierte er Theologie in Münster, Bonn und Göttingen und wurde Pastor.

Für seine erste Buchveröffentlichung „Lamke Pannkook un hör Lü" erhielt der Autor 1982 den Fritz-Reuter-Preis der Stiftung F. V. S.

Werner Wildhage: *Die neue Schülermütze*

Aus „100 Jahre Ernst-Moritz-Arndt-Gymnasium, vormals Real-Gymnasium", herausgegeben von Walter Kaufmann, Verlag H. Th. Wenner, Osnabrück 1967, mit freundlicher Genehmigung der Schule und des Verlags (bei dem das Buch noch vorrätig ist).

Werner Wildhage wurde am 7. 12. 1911 in Osnabrück geboren. Er besuchte das Ernst-Moritz-Arndt-Gymnasium von Ostern 1922 bis Ostern 1930.

Jürgen Borchers: *Die Satzzeichen einer Kindheit (Gedicht)*

Aus „Störanfällige Kreise", Druckerei und Verlag August Lax, Hildesheim 1981, mit freundlicher Genehmigung des Verlags.

Jürgen Borchers wurde am 18. 4. 1934 in Hannover geboren. Nach dem Abitur 1955 studierte er an der Pädagogischen Hochschule in Hannover. Er ist als Realschullehrer und Fachseminarleiter in Hildesheim tätig. 1971 erhielt er den Lyrikpreis im Wettbewerb „Junge Dichtung in Niedersachsen".

Peter Rühmkorf: *Fragwürdige Umstände*

Aus „Meine Schulzeit im Dritten Reich. Erinnerungen deutscher Schriftsteller", herausgegeben von Marcel Reich-Ranicki, München 1984, mit freundlicher Genehmigung des Autors.

Peter Rühmkorf wurde am 25. 10. 1929 in Dortmund geboren. Er studierte von 1951 bis 1958 Germanistik und Psychologie in Hamburg. Ab 1953 schrieb er unter dem Pseudonym Leslie Meier für den „studentenkurier" (später „konkret"). 1958 bis 1963 war er Verlagslektor, 1964/65 als Stipendiat der Villa Massimo in Rom.

Peter Rühmkorf, der eine Reihe bekannter Literaturpreise erhielt, lebt heute als freier Schriftsteller in Hamburg.

Bernward Vesper: *Nach dem Krieg*

Aus „Die Reise“, herausgegeben von Jörg Schröder, März-Verlag, Jossa 1977, mit freundlicher Genehmigung der Kalender Kommunikation von Barbara Kalender, Herbstein.

Bernward Vesper wurde am 1. 8. 1938 geboren und wuchs auf dem Gut Triangel bei Gifhorn auf. Nach dem Abitur 1959 machte er bis 1961 eine Lehre als Verlagsbuchhändler und studierte anschließend Geschichte, Germanistik und Soziologie in Tübingen und Berlin. Er veröffentlichte Funkessays und Aufsätze über zahlreiche Themen, gründete 1966 die „Voltaire Flugschriften“, 1968 die „Edition Voltaire“ und die „Voltaire Handbücher“. Am 15. 5. 1971 hat sich Bernward Vesper in Hamburg-Eppendorf das Leben genommen.

Günter Grass: *Geschichtsstunde 1947*

Aus „Mit solchem Gespräch“. Günter Grass in Selbstaussagen. In: Günter Grass Gespräche. Werkausgabe Bd. X, Luchterhand Literaturverlag, Frankfurt/Main 1987, mit freundlicher Genehmigung des Verlags.

Günter Grass wurde am 16. 10. 1927 in Danzig geboren, wo er auch seine Jugend verbrachte. 1933 bis 1944 besuchte er die Volksschule und das Gymnasium. Im Krieg war er zuerst bei der HJ, dann Flakhelfer und Soldat, bis 1946 in amerikanischer Gefangenschaft. Nach kurzem Aufenthalt im Saarland ging er nach Göttingen und kurzfristig wieder zur Schule mit dem anschließenden Verzicht, das Abitur nachzuholen. Er arbeitete dann in einem Kalibergwerk und war darauf als Steinmetz in Düsseldorf tätig. Von 1949 bis 1952 studierte er an der Düsseldorfer Kunstakademie, dann an der Berliner Hochschule für Bildende Künste. Seit 1972 lebt er in Wewelsfleth in Schleswig-Holstein.

Günter Grass konzentriert sich seit 1958 auf die erzählende Prosa, ohne seine anderen künstlerischen Tätigkeiten aufzugeben.

In den Fällen, wo die Inhaber der Rechte trotz aller Bemühungen nicht festzustellen oder erreichbar waren, verpflichtet sich der Verlag, rechtmäßige Ansprüche im üblichen Rahmen abzugelten.

Inhaltsverzeichnis

Niedersachsen im HUSUM TASCHEN BUCH

Anekdoten aus Niedersachsen
111 Anekdoten von A bis Zet
Gesammelt und niedergeschrieben von Richard Carstensen
2. Aufl., 79 Seiten, broschiert

Märchen aus Niedersachsen
Hrsg. von Günter Petschel
3. Aufl., 111 Seiten, broschiert

Volkssagen aus Niedersachsen
Hrsg. von Günter Petschel
3. Aufl., 134 Seiten, broschiert

Schwänke aus Niedersachsen
Gesammelt von Karl Buse
4. Aufl., 70 Seiten, broschiert

Plattdeutsche Sprichwörter aus Niedersachsen
Hrsg. von Günter Petschel
2. Aufl., 80 Seiten, broschiert

Weihnachtsgeschichten aus Niedersachsen
Hrsg. von Gundel Paulsen
8. Aufl., 135 Seiten, broschiert

Gerhard Eckert
Niedersachsens Kunst – entdecken und erleben
Von der Nordsee bis zu Harz und Weser
175 Seiten, zahlreiche Abb., broschiert

Gerhard Eckert
Niedersachsens Literatur – entdecken und erleben
Begegnungen mit Schriftstellern und ihren Werken
ca. 96 Seiten, zahlreiche Abb., broschiert

HUSUM
HUSUM DRUCK- UND VERLAGSGESELLSCHAFT
Postfach 1480 · 2250 Husum

Regionalia im HUSUM TASCHEN BUCH

Anekdoten aus Baden-Württemberg · aus Bayern · aus Berlin · aus Hamburg · aus Hessen · aus Niedersachsen · aus Ostpreußen · aus Schleswig-Holstein 1 · aus Schleswig-Holstein 2 · aus Westfalen · vom Militär – **Entdecken und erleben (Reiseführer):** Niedersachsens Kunst · Schleswig-Holsteins Geschichte · Schleswig-Holsteins Kunst · Schleswig-Holsteins Literatur – Berlin im **Gedicht** – **Kalendergeschichten** aus Niedersachsen – Schlesische **Kinderreime** – **Kinder- und Jugendspiele** aus Schleswig-Holstein 1 · aus Schleswig-Holstein 2 · aus Westfalen – **Kindheitserinnerungen** aus Hamburg · aus Ostpreußen · aus Pommern · aus Schlesien · aus Schleswig-Holstein · aus Westfalen – **Komponisten** aus Schleswig-Holstein – **Legenden** der kanadischen Indianer – **Lügengeschichten** aus Schleswig-Holstein – **Märchen** aus Baden-Württemberg · aus Niedersachsen · aus Schleswig-Holstein · aus Westfalen – **Aus dem Sagenschatz** der Brandenburger und Schlesier · der Hessen · der Niedersachsen und Westfalen · der Ostpreußen und Pommern · der Sachsen · der Schleswig-Holsteiner und Mecklenburger · der Schwaben · der Thüringer – **Volkssagen** aus Niedersachsen – **Sagen** aus Baden-Württemberg · aus Hamburg · aus Schlesien · aus Schleswig-Holstein · aus Südtirol · aus Westfalen – **Schulerinnerungen** aus Hamburg · aus Niedersachsen · aus Schleswig-Holstein – **Schwänke** aus Bayern · aus Franken · aus Niedersachsen · aus Schwaben · aus Schleswig-Holstein – **Sprichwörter** aus Hessen · **Sprichwörter und Redensarten** aus Mecklenburg · aus Schleswig-Holstein – **Plattdeutsche Sprichwörter** aus Niedersachsen – **Weihnachtsgeschichten** aus Baden · aus Bayern · aus Berlin · aus Brandenburg · aus Bremen · aus Franken · aus Hamburg · aus Hessen · aus Köln · aus Mecklenburg · aus München · vom Niederrhein · aus Niedersachsen · aus Oberschlesien · aus Ostpreußen · aus Pommern · aus dem Rheinland und der Pfalz · aus Schlesien · aus Schleswig-Holstein 1 · aus Schleswig-Holstein 2 · aus Schwaben · aus dem Sudetenland · aus Westfalen · aus Württemberg – **Witze** aus Hamburg · aus Mecklenburg · aus Ostpreußen · aus Pommern · aus Sachsen · aus Schleswig-Holstein

HUSUM HUSUM DRUCK- UND VERLAGSGESELLSCHAFT
Postfach 1480 · 2250 Husum